Huckemann · Bußmann · Dannenberg · Hundgeburth
Verkaufsprozess-Management – So erzielen Sie Spitzenleistungen im Vertrieb

Huckemann/Bußmann/Dannenberg/
Hundgeburth

Verkaufsprozess-Management

**So erzielen
Sie Spitzenleistungen
im Vertrieb**

Luchterhand

Die Deutsche Bibliothek – CIP Einheitsaufnahme

Verkaufsprozess-Management: So erzielen Sie Spitzenleistungen im Vertrieb / Huckemann . . . - Neuwied ; Kriftel : Luchterhand, 2000
    ISBN 3-472-03854-3

Umschlaggestaltung: Reckels & Schneider-Reckels, Wiesbaden
Satz: Satz- und Verlags-Gesellschaft mbH, Darmstadt
Druck, Bindung: Wilhelm & Adam, Heusenstamm
Printed in Germany, Juli 2000

∞ Gedruckt auf säurefreiem, alterungsbeständigem und chlorfreiem Papier

Vorwort des Aufsichtsratsvorsitzenden der Deutschen Post AG und Wirtschaftssenators von Bremen Josef Hattig

Der Vertrieb steht im neuen Jahrtausend auf dem Prüfstand. Sicherlich ist diese Erkenntnis nicht neu oder besonders spektakulär. Neu ist aber der Druck, mit dem Trends Unternehmenslenker zwingen, liebgewonnene Freiräume des Vertriebs auf den Prüfstand zu stellen und alle vorhandenen Reserven auszuschöpfen. Vertriebsaufwendungen bis zu 30% vom Umsatz zeigen, dass vielerorts die Hausaufgaben noch nicht ausreichend gemacht wurden.

Zunächst: **Das Internet** verändert radikal. Es wird den klassischen Vertrieb vielfach ergänzen, teilweise sogar ersetzten. Vollständig substituieren wird es ihn jedoch nicht. Der »virtuelle Kunde« wird zwar möglich, aber nicht die Vertriebswirklichkeit schlechthin. Gleichwohl werden die Gründe für die **Globalisierung** auch die Markterschließung und die Marktbearbeitung verändern. Selbst Unternehmen, die nicht international arbeiten, werden in keiner regionalen Idylle mehr leben, so weit das bisher der Fall war. Sprache, Kultur, Rahmenbedingungen, um nur einige Aspekte zu nennen, verlangen andere Leistungsqualität, verändern das Anforderungsprofil.

Dann: Erhebliche Konsequenzen für den Vertrieb hat auch die zunehmende **Unternehmenskonzentration**. Es gibt kaum eine Branche, die davon ausgenommen ist. Es zeigen sich gegenwärtig fast epidemische Züge. Nationale Unternehmen schließen sich zu kontinentalen, weltumspannenden Konzernen zusammen.

Weiterhin: Die Notwendigkeit in »gesättigten Märkten«, bei nahezu ausgeglichener Produktqualität, die Unterscheidungskriterien durch verstärkte psychologische Segmentierung – Emotionalität der Marke – zu bewirken, verändert die Arbeit des Vertriebs erheblich. Es wird härter für ihn, weil die Emotionalität der Botschaft sehr unterschiedliche Adressaten erreichen und die Vielfalt der technischen Kommunikationsmittel beherrscht werden

muss. Eine einheitliche Währung (EURO) schafft Preistransparenz. Preis-
diskussionen verlangen daher noch mehr wirtschaftliche Substanz. Auch
eine andere, nur scheinbar widersprüchliche Entwicklung ist aufzunehmen:
Globale Märkte ermöglichen neue Marktnischen, der Vertrieb muss sich
darauf einstellen. Im übrigen gilt auch: Je entfernter die Entscheidungszen-
trale, umso notwendiger ist eine intensive Arbeit »vor Ort«.

Die hier **kurz angesprochenen Entwicklungen**, welche in diesem Buch an-
gemessen vertieft werden, verändern die qualitative und zeitliche Intensität
der Marktwirtschaft. Sie sind umfassend und wirken in alle Märkte hinein.
Komplexität, Härtegrad und Geschwindigkeit nehmen zu. Diese Wirklichkeit zu erkennen, anzunehmen und mitzugestalten, ist die zentrale unternehmerische Herausforderung. Der Vertrieb ist dabei als Speerspitze im
Markt im besonderen Maße gefordert und muss in der Zukunft viel systematischer vorgehen als bisher. Die Autoren geben wertvolle Hinweise, die
genannten Herausforderungen zu meistern. **Verkaufsprozesse** werden in
der Zukunft eine entscheidende Rolle spielen, um den Vertrieb strategiekonform zu lenken. Der Vertrieb ist gefordert, zu akzeptablen Kosten erfolgreich umzusetzen. Der Bauch und Emotionen alleine reichen dazu nicht aus,
auch wenn sie nach wie vor wichtig sind.

Josef Hattig im Mai 2000

Vorwort des Vorstandsvorsitzenden der Hamburg-Mannheimer Versicherungs-AG, Dr. Götz Wricke

Wenn es darum geht, Strategien umzusetzen, muss ein Unternehmen einen langen Atem beweisen. Das ist vergleichbar mit einem Marathonlauf, der von vielen (unerfahrenen) Läufern zu Beginn zu schnell angegangen wird. Ab Kilometer 30 wird dann die Luft dünner. Wichtig ist also, sich den Lauf richtig einzuteilen, das heißt in Meilensteinen oder Etappen zu denken (Kilometer 5, 10 usw.). Dadurch wird der Lauf psychologisch kürzer und einfacher zu bewältigen. Es reicht also keinesfalls mehr aus, sich – und bleiben wir noch einen Moment beim Marathon – nur die Endzeit anzuschauen. Vielmehr müssen die Zwischenzeiten und regelmäßig der Puls überprüft und dann das Tempo angepasst werden. Orientiert man sich während des Laufes nur an den anderen Läufern, wird man seine eigenen Ziele nicht erreichen können.

Hier gibt es eindeutige Parallelen zur Vertriebsarbeit in den Unternehmen. Wer heute in einem immer härteren Wettbewerb bestehen und sogar gewinnen will, muss ebenfalls in Teilschritten denken, handeln und managen. Die Akteure müssen sich permanent fragen, wo sie besser, produktiver werden können. Natürlich gab es diese Anforderungen früher auch, allerdings verlangen heute Intensität und Schnelligkeit bekannter Trends wie Konzentration der Märkte oder E-Commerce, dass konsequenter denn je gehandelt wird.

In der Versicherungsbranche hat sich, wie in vielen anderen Industrien auch, der Wettbewerb verschärft. Durch den steigenden Bedarf der Altersvorsorge werden immer mehr Wettbewerber in den Markt drängen, um sich »eine Scheibe vom Kuchen« abzuschneiden. Die Hamburg-Mannheimer (HM) hat sich darauf eingestellt, indem sie beispielsweise die unterschiedlichen Kundensegmente fokussiert bearbeitet, um damit die Qualität und Zielgenauigkeit der Vertriebsaktivität zu erhöhen.

So stellt sich der HM-Vertrieb nach Zielgruppen auf, die sich in ihrem Verhalten und ihren Anforderungen deutlich unterscheiden. Die Zeiten des Massenmarketings sind vorbei. Der Vertrieb muss heute selektiv agieren. Folgerichtig gibt es ein spezielles **Konzept für Arbeitnehmer**, welches sich durch die Produkte, die Ansprache und den Beratungsansatz von z. B. dem **Konzept für Selbständige** unterscheidet.

Zielsetzung der HM ist es, sowohl in der Neukundengewinnung als auch in der Betreuung und Beratung von Bestandskunden exzellente Performance aufzuweisen. Im Neukundengeschäft bauen wir unsere zielgruppengerechte Ansprache aus. Bei Bestandskunden wollen wir durch intensive und qualitativ hochwertige Rund-um-Beratung den Cross-Selling-Gedanken forcieren. Ein Top-Berater bei der HM muss beide Prozesse beherrschen, bei denen er letztlich aktiv eine Kundenbeziehung auf- bzw. ausbaut. Wer nur Bestandskunden betreut, verliert schnell das Gespür für Neukunden. Er muss deshalb ein Mehrkämpfer sein, der mehrere Disziplinen sehr gut beherrscht und seine knappe Zeit optimal managt.

Um dem Vertriebsmitarbeiter zu helfen, diese beiden Aufgaben Neukundengewinnung und Bestandskundenintensivierung so erfolgreich wie möglich zu meistern, unterstützt ihn das **Kundenservice Center**. Dieses soll den Vertrieb sowohl von administrativen Aufgaben entlasten, als auch Kundenanfragen kurzfristig bearbeiten. An diesem Beispiel lässt sich verdeutlichen, dass Aufgaben im Vertrieb an die jeweils geeigneten Stellen verteilt werden müssen. Das funktioniert nur, wenn Meilensteine oder Teilaufgaben gebildet werden. Nur so kann der Verkäufer einen Großteil seiner Zeit beim Kunden einsetzen. Denn der Wettkampf findet letztlich beim Kunden statt, und da muss die Qualität stimmen, um erfolgreich verkaufen zu können.

In Zeiten, in denen Intensität und Geschwindigkeit zunehmen, muss der Vertrieb seine Kapazitäten konsequenter als bisher bei den richtigen Zielgruppen mit den richtigen Themen und der richtigen Ausrichtung einsetzen. Das ist so einfach und gleichzeitig so schwer, wie einen Marathon zu laufen.

Götz Wricke im Mai 2000

Vorwort der Autoren: Trends, Triviliatäten, Folgelasten der Globalisierung und die Rolle des Vertriebs

»Totaliter aliter«[1] – völlig anders ist alles geworden. Globalisierung, das ist kein Projekt, keine Möglichkeit mehr – selbst der Begriff ist fast schon zehn Jahre alt. Globalisierung ist Zustand, Wirklichkeit. Globalisierung, »die Internationalisierung und Integration der Wirtschaftsfähigkeit und der ökonomischen Strategien« hat ökonomische Gewohnheiten, Vertrautheiten, Beschaulichkeiten längst überwunden: »Global Players« in »Emerging Markets« sind, besonders seit dem Zusammenbruch des Sowjetimperiums, aktiv und sie verursachen einen Sog, dem sich nichts und niemand entziehen kann. Keinem Staat, in welchem Winkel der Welt auch immer er existiert, wird es auf Dauer möglich sein, die Globalisierung nicht mitzumachen. Ebenso wird kein Unternehmen die Folgen der Globalisierung ignorieren können, es sei denn um den zu hohen Preis autosuggestiver Selbstberuhigung, indem es sich das ebenso angenehme wie trügerische Gefühl verschafft, das Richtige zu tun, obwohl es das Falsche ist: Illusionspflege als anstrengungslose Scheinbewältigung real-existierender Probleme.

Die einschlägigen Trends der Globalisierung sind inzwischen bekannt. Sie sind beschrieben, analysiert. Ihre Präsentation aus Gründen der Information wäre nach alledem trivial. Wenn hier trotzdem wenige wichtige genannt sein sollen, dann weniger, um zu informieren, sondern um den Kontext für ihre unausweichlichen und einschneidenden Folgen ins Bewusstsein zu heben. Denn alles andere als trivial sind in der Tat die Folgewirkungen der Globalisierung. Diese Einsicht gilt ganz besonders für das Akquirieren, für den Kundenerwerb und die Kundenpflege. Sie gilt also schließlich für das, was der **Vertrieb** entscheidend zu leisten hat. Denn, so gewiss ist, dass sich alles verändert, der **Vertrieb** in seiner fundamentalen Bedeutung wird auch im einundzwanzigsten Jahrhundert ein Schlüssel für den unternehmerischen Erfolg sein. Will er jedoch zukunftsfähig bleiben, so muss er sich selbst, seine Zielsetzung, seine Organisationsstrukturen, seine Steuerungssysteme und sein Verhalten ändern. Qualität, Quantität und Richtung der Vertriebsaktivitäten stehen verstärkt im Blickwinkel kritischer Beobachtung. Intuition alleine wird nicht mehr ausreichen. Erfolge und auch Misserfolge müssen

---

1 Aus der Geschichte »Der Mönch von Heisterbach«, in der zwei fromme Mönche sich darüber verabreden, dass der, der zuerst stürbe, dem anderen erscheinen solle, um ihm zu sagen, ob es im Himmel so sei, wie erwartet, also »taliter«, oder ob es anders als vorgestellt sei, also »aliter«. Der zuerst verstorbene Mönch erscheint seinem Mitbruder, wie versprochen und sagt ihm nur die zwei Worte »totaliter aliter«, also: unvorstellbar anders als erwartet.

erklärbar werden. Das steht ebenfalls außer jedem Zweifel, ist aber keineswegs gängige Praxis.

Auf welche Veränderungen in der sich globalisierenden Welt wird ausgerechnet der **Vertrieb** reagieren müssen? Und: wie konkret wird er mit diesen Veränderungen umzugehen haben?

Netzverdichtung ist eine der entscheidenden Voraussetzungen und zugleich ein signifikantes Merkmal der Globalisierung. Mit Netzverdichtung sind hier weniger die Verkehrsnetze gemeint: der Tigersprung in die moderne Welt ist der Sprung in den cyberspace, in den Zustand totaler Information und Kommunikation. Wir nehmen Abschied vom Raum, von der Geographie. Die Entfernungen schwinden, die Erde schrumpft, die Raum-Dimension verliert an Bedeutung. An die Stelle des Raumes tritt die Zeit. Die neuen elektronischen Medien sind es vor allem, die »Teilhabe ohne Anwesenheit« (Guggenberg) ermöglichen. Das »you cannot not not communicate« des Philosophen Watzlawik ironisiert den inzwischen erreichten Zustand weltweiter Zeitgleichheit. Und, eher bissig, Baudrillard: »alle unsere Maschinen sind Bildschirme. Wir selbst sind zu Bildschirmen geworden«.

Die Allgegenwart der Bildschirme, welche die **Allgegenwart der Informationen und Daten** symbolisiert, ist Realität, an die wir uns längst gewöhnt haben. Schon in naher Zukunft werden die elektronischen Rechner immer kleiner. Immer mehr Daten werden vorgegeben, kombinierbar und hochrechenbar. Die Beschleunigungskurve dieser Entwicklung ist hier noch völlig offen. Gordon Moore's Law aus dem Jahre 1960, seines Zeichens Intel-Entwickler, nach dem sich die Rechengeschwindigkeit der Chips alle 18 Monate verdoppeln wird, ist eingetroffen und zugleich überholt. Nach Ansicht des bei Intel heute für die Technologie zuständigen Paolo Gargini werden Speicherchips im Jahr 2014 aus 64 Milliarden Transistoren bestehen, die, statt der heute üblichen 500 bis 733 Megahertz, mit 3600 Megahertz getaktet sein werden, wobei die einzelnen Schaltkreise mit 0,15 Mikron dem Achthundertstel der Breite eines menschlichen Haares entsprechen (Bericht aus der FAZ am 25. 11. 99). Ganz zu schweigen von dem, was sich auf dem Kommunikationsmarkt unter dem Stichwort Mobilität bereits abspielt und noch abspielen wird. Im Mobilfunk werden Übertragungsgeschwindigkeiten möglich, die heute noch nicht einmal ansatzweise zur Verfügung stehen.

Diese wenigen Hinweise sollen nur zeigen, wie überlebenswichtig es für die Unternehmen ist, die ungeheuren Möglichkeiten elektronischer Kommunikation zu erkennen, wie wichtig es für den Vertrieb sein wird, damit professionell umzugehen.

Wenn die sich beschleunigende Netzverdichtung eine der entscheidenden Voraussetzungen für eine weltumspannende, also globale Weltzivilisation wird, dann werden die Weltmärkte durch den Welt-Markt ersetzt. Dieser »Mega-Trend« ist nicht nur das Resultat sich verdichtender Kommunikationsnetze. Er erhält einen kräftigen Schub dadurch, dass die ideologisch begründeten Kommandowirtschaften sozialistischer Prägung verschwinden – selbst China ist auf einem eigenwilligen zwar, aber seit Machtübernahme Deng Xiaopings 1978 (gestorben 1997) unumkehrbaren »langen Marsch« in die Marktwirtschaft. Diese Entwicklung zum Welt-Markt wird weiterhin dadurch angeheizt, dass auch die westlichen Länder mit ihrer sogenannten freien Marktwirtschaft immer weniger auf den Interventionsstaat und immer mehr auf den Markt setzen.

Die Konsequenz aus alledem ist, der Wettbewerb wird nicht nur weltweit, grenzenlos. Er wird vor alledem, drastisch formuliert, auch gnadenlos. Überleben in diesem sich verschärfenden Wettbewerb werden zunächst die Starken. Die Starken, das sind zunächst die Großen: die Konzentrationswelle nimmt zu, die Fusionswelle schwappt um den ganzen Globus. So hat sich die Zahl der Fusionen von 1990–1999 fast verdreifacht (von ca. 9.000 auf ca. 25.000). Aber: die Starken, das sind gewiss auch die Schnellen. Schon jetzt ist zu beobachten, dass unter Wettbewerbsdruck die Halbwertszeiten der Produkte dramatisch absinken. Mit der Halbwertszeit, einem Bild aus der Physik, ist die Zeit gemeint, in der das Produkt als überholt gilt. Überholt ist das Produkt unter den neuen Produktverhältnissen der Globalisierung aber nicht deshalb, weil es gewissermaßen schrottreif wäre, sondern vielmehr, weil es im Interesse der Abschöpfung wirtschaftlicher Produktionsvorteile ausgetauscht werden muss. Die sinkende Halbwertszeit der Produkte folgt einem Innovationsdruck, der sich rasant erhöht, weil durch die Netzverdichtung der elektronischen Medien auch technisches Wissen blitzschnell um den Globus befördert werden kann.

In der Quintessenz: die hier nur leicht angedeuteten, längst spürbaren Megatrends wie E-Commerce, Hyperwettbewerb durch Konzentration und Fusion und professioneller Einkauf stecken den Problemrahmen ab, in dem die Unternehmen und ihre Vertriebsorganisationen sich organisieren müssen, wenn sie sich im Markt behaupten bzw. ihre Position ausbauen wollen. Wer diese Trends nicht vor Augen hat, sie ignoriert, der beginnt einen größeren Unfall zu riskieren. »*Der Dinge geduldig harren, heißt, sich damit zu begnügen, was andere übrig lassen*« (Abraham Lincoln).

In diesem Buch werden **Verkaufsprozesse** als eine Chance vorgestellt, die aktuellen im Tagesgeschäft für den Vertrieb auftretenden sowie die beschriebenen globlen Herausforderungen zu erkennen und zu meistern. Viel Spaß beim Lesen und schnellen Erfolg bei der Umsetzung wünschen

Die Autoren   Meerbusch, im Mai 2000

Danksagung

Basis für dieses Buch sind die Erfahrungen der vielen Kunden und Berater von Mercuri International. Sie haben sich genügende Zeit für den erforderlichen Gedankenaustausch genommen, der erst die Praxisnähe ermöglicht. Besonders zu Dank verpflichtet sind wir Heinz-Jürgen Schmidt (Continental AG), Gerhard Klein (Alcatel), Andreas Dinges (3M), Dieter Nonhoff und Dr. Götz Wricke (beide Hamburg Mannheimer Versicherungs-AG), Rainer Krüger (Reemtsma) und Rudi Tusch (DSV).

Ulrike Bakker, Dr. Bernd Becker, Frank Schellmann und Corinna Weisert haben das Werk kritisch begleitet. Marc Flamme hat den Kontakt zu den deutschen Skispringern hergestellt. Peter Hattig verdanken wir wertvolle inhaltliche und stilistische Anregungen. Frank Herbertz hat das Thema Internet/E-Commerce für uns aufbereitet, Tanja Pawelzyk mit viel Geduld die Grafiken erstellt. Thomas Hoch hat uns professionell als Lektor begleitet.

Inhaltsverzeichnis

Teil 1: Die Neuausrichtung des Vertriebs und die Rolle der Verkaufsprozesse

Teil 2: Verkaufsprozesse strukturieren

Abbildungsverzeichnis

Verzeichnis der Checklisten

Hinweise für den Nutzer

Damit Sie als Leser und Nutzer sich in diesem Buch schnell zurecht finden, lernen Sie zunächst den roten Faden kennen (vgl. Abb. 1). Dazu werden hier die wichtigsten Kapitel kurz vorgestellt. Gleichzeitig erleichtern praktische Hinweise das Lesen und verschaffen einen Überblick zu den wichtigsten Stellen.

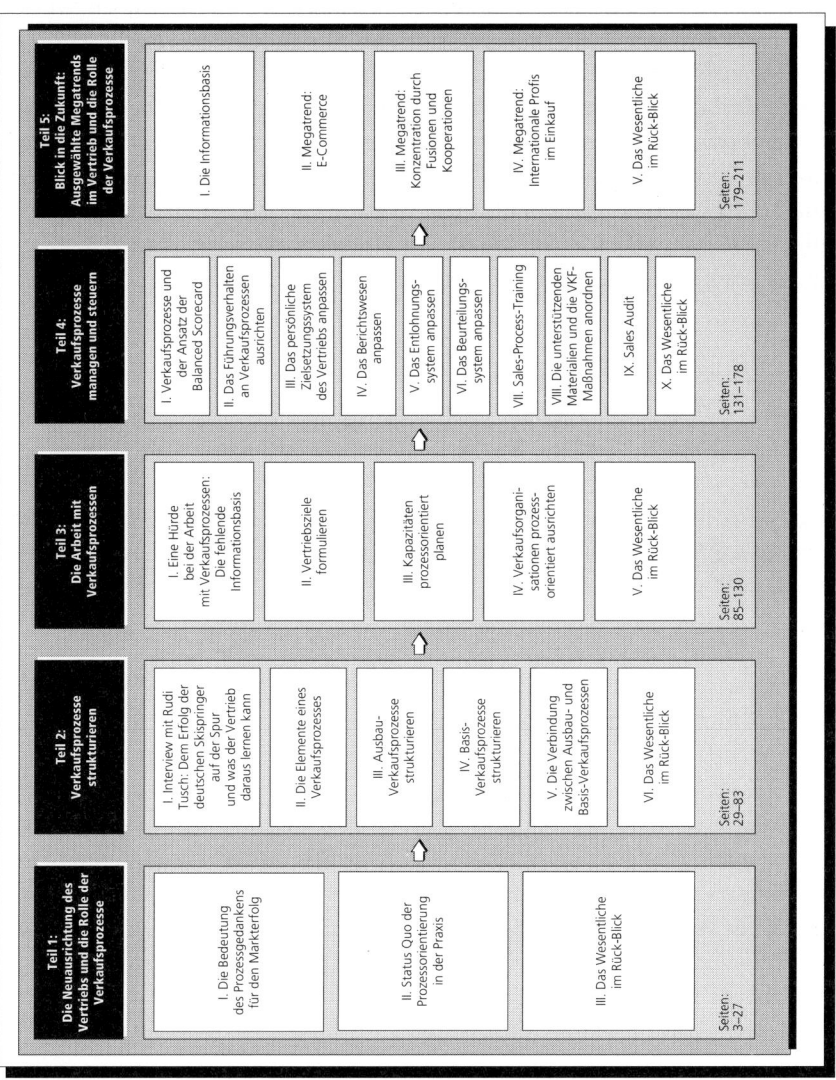

Abb. 1: Überblick zu den einzelnen Kapiteln des Buches

Quelle: Mercuri International

Teil 1: Die Neuausrichtung des Vertriebs und die Rolle der Verkaufsprozesse

In der **Produktion** ist es selbstverständlich, in Input-Output-Relationen zu denken: Die Prozesse, die ablaufen, werden im Blick auf klare Zielvorgaben analysiert und optimiert. Der **Vertrieb** hingegen tut sich mit solcher Prozessanalyse schwer, obwohl bekannt ist, dass die Vertriebskosten zu hoch sind. Allzu häufig gilt der Verkäufer noch als eine Art »**Gesamtkunstwerk**«: Man muss ihm nur genügend Freiräume einräumen, dann wird er schon irgendwie erfolgreich sein. Wir setzen jedoch vielmehr darauf, mit der Methode der **Verkaufsprozesse** den »normalen« Verkäufer so in Szene zu setzen, dass er kostengünstiger und zugleich effektiver seinen Job erledigt. Dazu wird der Leser **fünf unterschiedliche Verkaufsprozesse** kennenlernen. Die »Black Box« Vertrieb wird auf diese Weise scharf ausgeleuchtet, wirkliche Spitzenleistungen werden möglich. Es gibt ungeahnte Möglichkeiten, die Effizienz des Vertriebs zu steigern.

Teil 2: Verkaufsprozesse strukturieren

Wir unterscheiden **Ausbau- und Basis- Verkaufsprozesse**. Warum, das erfährt der Leser, indem er mit unterschiedlichen Arbeitsschritten und Erfolgskennziffern der beiden Prozesstypen konfrontiert wird. Wie wichtig die einzelnen Elemente eines Prozesses sind, ist ebenfalls Thema dieses Kapitels. Wer gezielt wachsen will, muss Kunden kontrolliert stabilisieren und ausbauen.

Teil 3: Die Arbeit mit Verkaufsprozessen

Hier wird konkret mit Verkaufsprozessen gearbeitet. Vor dem Hintergrund klarer Ziele werden die knappen und teuren Kapazitäten des Vertriebs adäquat geplant und eingesetzt. Sodann antwortet das Kapitel auf die spannende Frage, ob und wie die Prozesse die Vertriebsorganisation neu ausrichten. Und schließlich gibt es die Antwort darauf, wie das **Internet** den Vertrieb in den Teilschritten unterstützen kann oder ihn sogar ersetzt. In der Quintessenz: dieser Teil des Buches will den Leser dazu anleiten, seine Ressourcen im Vertrieb wirkungsvoller einzusetzen.

Teil 4: Verkaufsprozesse managen und steuern

Die Rolle von Verkaufsprozessen für eine **Balanced Scorecard**, welche die Zukunft eines Unternehmens einschätzen hilft, wird in diesem Kapitel zuerst diskutiert. Danach wird beschrieben, wie Mitarbeiter, welche die Prozesse umsetzen sollen, unterstützt und gesteuert werden. Durch an Prozessen ausgerichteten Werkzeugen wie Training, Entlohnung oder Berichtswesen wird sichergestellt, dass nicht nur das Tempo verschärft, sondern von den Mitarbeitern auch die strategisch gewollte Richtung eingeschlagen wird. Dazu ist auch eine konsequente Führungsarbeit und eine professionelle Unterstützung durch geeignete Informationstechnologie erforderlich. Also zeigt das Kapitel 4, wie die Mitarbeiter den Prozessgedanken aufnehmen und umsetzen sollen. Weiterhin erfährt der Leser, wie mit Hilfe eines Modells praxisnah **ein Sales Audit** durchgeführt werden kann.

Teil 5: Ein Blick in die Zukunft: Ausgewählte Megatrends im Vertrieb und die Rolle der Verkaufsprozesse

Ausgewählte Experten, die wir befragt haben, erkennen **drei Megatrends.** Der Leser begreift, dass der Vertrieb sich tatsächlich umstellen **muss.** Deshalb enthält dieser Teil den dringenden Appell zu handeln. Welche Konsequenzen die Trends für die Zukunft haben (werden) und wie Verkaufsprozesse helfen, den Herausforderungen erfolgreich zu begegnen, soll an dieser Stelle diskutiert werden.

Das gesamte Buch ist aus der **Praxis für die Praxis** geschrieben. In vielen erfolgreichen Projekten mit unterschiedlichen Branchen und Unternehmen haben wir den Prozessgedanken entwickelt und realisiert. Gleichwohl gilt: die Realität ist bekanntlich so komplex, dass unser Buch nicht auf alle **Eventualitäten und Branchenspezifika** eingehen kann. Hier nun sind Sie, verehrter Leser, gefragt. Übertragen Sie die Anregungen und Hilfen, die dieses Buch bietet, in die konkrete Vertriebspraxis. Das ist gewiss eine anspruchsvolle Herausforderung, der sich jedoch jemand, der im Vertrieb verantwortlich ist, sicher gerne stellen wird. Sollten sich dabei Fragen ergeben, wenden Sie sich doch einfach direkt an die Autoren: webside/gelbe Antwortkarte.

Es gibt noch ein paar Hinweise, die Ihnen helfen werden, das Buch schnell zu lesen und erfolgreich in der Praxis anzuwenden. Sie haben sich bereits bei den anderen Fachbüchern, die Mercuri International im Luchterhand Verlag veröffentlicht hat, bewährt.

Jedes Buch wird mit einem **FOKUS** abgeschlossen, der noch einmal die wichtigsten Kerngedanken eines Abschnittes zusammenfasst.

 Checklisten sind grau markiert und über das Symbol »Häkchen« am Rand zu identifizieren.

 Bestimmte Stellen im Text sind mit einem **Stoppschild** versehen. Es fordert Sie auf, innezuhalten. Wie ist es eigentlich in Ihrem Unternehmen um den angesprochenen Sachverhalt bestellt? Oder: Wie können Sie die Idee konkret umsetzen?

 Mit dem **Icon** (Piktogramm) P am Rande werden Sie auf besondere Praxisbeispiele bzw. den Orginalton anderer Praktiker aufmerksam gemacht. Da wir mit vielen gesprochen haben, wird dieses Zeichen Ihnen sehr schnell vertraut sein.

Im **Literaturverzeichnis** sind Werke enthalten, die den Autoren mitgeholfen haben, ihre Gedanken zu sortieren. Um das Begriffswirrwarr in Grenzen zu halten, werden die Begriffe Vertrieb und Verkauf synonym verwendet. Und nun viel Spaß und Erfolg, wenn Sie den Prozessgedanken im Vertrieb lesen, diskutieren und umsetzen.

Teil 1
Die Neuausrichtung des Vertriebs und die Rolle der Verkaufsprozesse

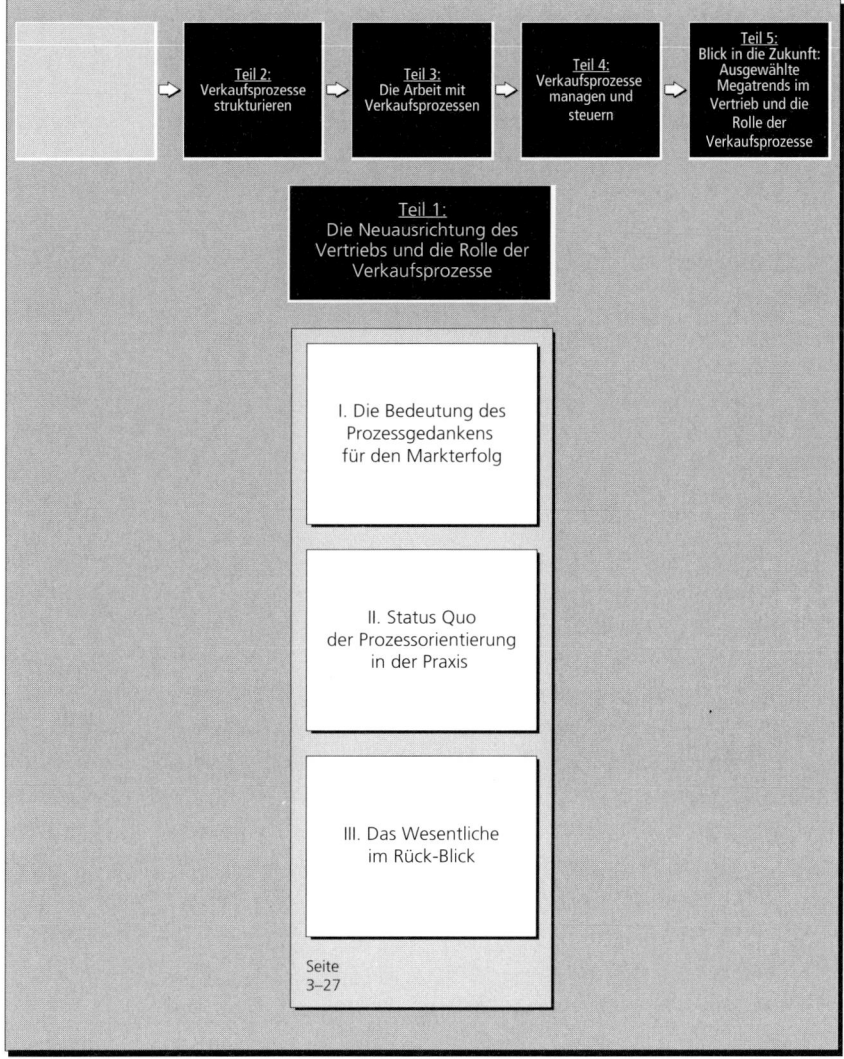

Dieser **erste Teil** beschäftigt sich damit, wie wichtig Verkaufsprozesse für den Vertrieb sind, warum ein Vergleich zur Produktion nahe liegt, welche Verkaufsprozesse es gibt und worin sie sich unterscheiden (I.). Ein Blick in die Praxis zeigt, wie wichtig Verkaufsprozesse für ausgewählte Unternehmen sind und wie mit ihnen zur Zeit gearbeitet wird (II.).

I. Die Bedeutung des Prozessgedankens im Vertrieb für den Markterfolg

1. Der Vertrieb als »Black Box«

Was macht den **erfolgreichen Verkauf** aus? Diese Frage beschäftigt Vertriebsexperten schon lange. Immer wieder wurden in diesem Kontext neue Methoden und Heilsbotschaften veröffentlicht. Die Erfolgsrezepte der Vertriebsgurus füllen inzwischen Bibliotheken. Die Praxis hingegen ist weitaus nüchterner. Der Vertrieb präsentiert sich auch heute noch häufig als eine Art »Black Box«, was durch Abb. 2 gezeigt wird.

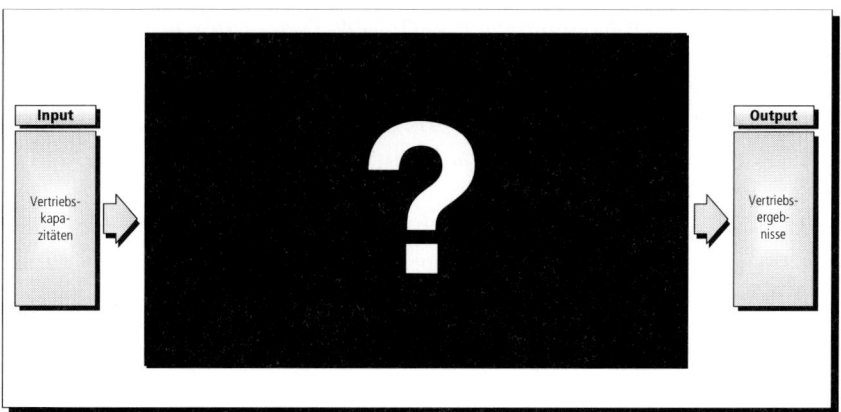

Abb. 2: Vertrieb als »Black Box«

Quelle: Mercuri International

Man kennt zwar die Inputfaktoren und selbstverständlich den Output, aber die Wirkungsmechanismen sind nach wie vor unbekannt. Für viele hat erfolgreiches Verkaufen immer noch etwas Unerklärliches. Verkaufserfolg ist eine Art Geniestreich ausgeprägter Individualisten, der sich kaum fassen und schon gar nicht beliebig reproduzieren lässt. Die Zeit der Vertriebskünstler jedoch läuft unwiderruflich ab. Der Einzelkämpfer und Alleskönner wird schlichtweg zu teuer und überfordert sein, wenn er weiter macht wie bisher. Ohnehin hat er schon in der Vergangenheit wenig Zeit direkt beim Kunden verbringen können. Denn mit jährlich 70.000 und mehr gefahrenen Kilometern waren 100 Arbeitstage auf der Straße »verloren«. Ging der Verkäufer dann noch zu den falschen Kunden oder Ansprechpartnern, sprach dort über die falschen Themen oder Produkte, verpuffte seine Wirkung nahezu vollständig.

Die Unternehmen werden also professioneller mit der wertvollen Ressource Vertrieb umgehen müssen, zumal hiermit die höchsten Kosten verursacht werden. Immer noch liegen die Vertriebskosten in vielen Unternehmen bei mehr als 14% des Umsatzes. **Durchlaufzeiten** im Vertrieb gilt es permanent und konsequent zu analysieren und zu verbessern. Wer sich jedoch verbessern will, sollte die **Leistungstreiber** und **Leistungsverhinderer** kennen. Nur so lässt sich der Erfolg oder Misserfolg letztlich konkret messen, verbessern oder abstellen. Ohne detailliertes Denken und Handeln in Verkaufsprozessen ist das kaum mehr möglich.

Sportler wissen: Athleten, die agieren, ohne nach dem warum und wie zu fragen, werden schnell an ihre Grenzen kommen. Nur wer analysiert und dazu etwa seinen Bewegungsablauf in einzelne Phasen einteilt, wird letztlich weiterkommen. Folgerichtig kommentierte dazu Heinz Günthardt, der letzte Trainer von Steffi Graf anlässlich ihres Abschieds vom aktiven Leistungssport: *»Die Zusammenarbeit mit einem Spitzensportler ist immer extrem. Es handelt sich um das letzte Prozent, das man versucht herauszuarbeiten. Man ist als Trainer stündlich, ja minütlich gefordert: Was spürt der Sportler? Wie geht es ihm? Was gestern noch richtig war, kann heute schon falsch sein. Man muss dauernd hinterfragen: Bin ich noch auf dem richtigen Weg? Und alles entwickelt sich in einem extremen Tempo.«*

Auf die unternehmerische Situation übertragen bedeutet dies: Wer seine Wettbewerbsfähigkeit unter sich permanent verändernden Bedingungen behalten und sogar steigern will, wer Spitzenleistungen erzielen will, sollte seine Verkaufsprozesse kennen, permanent aktualisieren und sie aktiv gestalten können. Er sollte bereit sein, sich zu verändern. Die Pfade, die zum Erfolg führen, sollten bekannt sein, um sie multiplizieren zu können.

FOKUS

1. **Der Vertrieb ist immer noch eine Art »Black Box«, bei der die Wirkungsfaktoren nahezu unbekannt sind.**

2. **Unternehmen sollten mit der Ressource Vertrieb, die Kosten von ca. 14% des Umsatzes verursacht, wesentlich professioneller umgehen, um auch in der Zukunft wettbewerbsfähig zu sein.**

3. **Dazu müssen Leistungsförderer und Leistungsverhinderer identifiziert werden.**

2. Licht in das Dunkel der Vertriebsarbeit bringen

Vor diesem Hintergrund stellt sich nun die Frage, wie die Vertriebsarbeit wirklich transparent gemacht werden kann. Vertriebsleistungen werden von Menschen erzielt. Streng genommen ist aber auch der Vertrieb oder eine Vertriebsmannschaft nichts anderes als eine Art »Produktionsanlage«. Eine Produktionsanlage, wenn wir diesen Vergleich ziehen dürfen, die **Verkaufsergebnisse produziert**, wenn vorher ein entsprechender Input gegeben wird.

Zugegebenermaßen handelt es sich bei Verkäufern um eine sehr komplexe, ganz besondere »**Produktionsanlage**«. Mit dieser Aussage fühlt sich hoffentlich kein Verkäufer zu einer Maschine degradiert. Sie ist durchaus wertschätzend gemeint. Allerdings kann sich heute eine Verkaufsleistung eben nicht mehr jeder Analyse und Steuerung entziehen. Der erfolgreiche Vertrieb wird nicht mehr alleine durch den persönlichen Verkauf vor Ort beim Kunden geprägt. Spezialisierte Vertriebsteams, in die bei Bedarf Fachleute aus anderen Unternehmensfunktionen integriert werden, lösen den Einzelkämpfer ab. Hier muss koordiniert, abgestimmt und kommuniziert werden. Ansonsten gibt es unnötige, teure Reibungsverluste und wahrscheinlich ein heilloses Durcheinander. Auf jeden Fall reicht das viel zitierte Bauchgefühl eines Einzelnen nicht mehr aus. »*Der Vertrieb verliert sein Monopol auf den Verkauf*« (Sieghard Marzian).

Auch deshalb muss der Vertrieb es sich gefallen lassen, starker als bisher an seiner Produktivität, das heißt an seiner **Input-Output-Relation**, gemessen zu werden. Warum gibt es trotzdem noch immer so viele Unternehmen, die zwar in allen möglichen Funktionen professionell Prozesse analysieren, aber die die Leistungen ihrer Vertriebsmannschaft kaum transparent machen? Was verhinderte bisher, dass Verkaufsprozesse detailliert betrachtet wurden?

Um aufzuklären, bemühen wir nochmals die Metapher mit der Produktionsanlage. Das Leistungspotenzial einer Drehmaschine wird z.b. durch Faktoren wie Umdrehungszahl, die Bearbeitungstoleranzen oder Rüstzeiten beschrieben. Übertragen wir diesen Gedanken auf eine Vertriebsmannschaft, ergeben sich durchaus vergleichbare Faktoren. Allerdings wird nicht eine Drehzahl, sondern eine Anzahl von Kundenkontakten erfasst. Es wird auch nicht von Rüstzeiten, sondern von der Vor- und Nachbereitung gesprochen. Im Prinzip müsste es daher ganz einfach sein, den Vertrieb genauso zu planen wie einen Produktions- oder einen anderen beliebigen Arbeitsprozess im Unternehmen.

Doch de facto kann von Prozess- oder Strategietransparenz in den meisten Vertriebsorganisationen keine Rede sein. Auch den immer komplexeren Abläufen bei Kunden wird kaum Rechnung getragen. Vertriebsteams seien dazu als ein ein möglicher Lösungsansatz genannt. Aber nicht einmal jede 2. Vertriebsorganisation in Deutschland hat bisher überhaupt Erfahrungen mit Vertriebsteams sammeln können, so das Ergebnis des Vertriebs-Informations-Panels der WHU-Koblenz aus dem Jahr 1999. Wenn es überhaupt Analysen gibt, die in die angesprochene Richtung gehen, dann werden meistens nur einzelne Arbeitsschritte aufgezählt und aneinander gereiht. Aber in der Zukunft muss ein Vertriebsmanager mehr wissen, denn auch einen Produktionsprozess zu steuern, verlangt präzise Informationen.

Simpel ausgedrückt, muss angegeben werden, welche Vertriebskapazitäten eingesetzt werden müssen, um eine Einheit eines gewünschten Vertriebsergebnisses (z.B. 1000 DM Umsatz oder Deckungsbeitrag) zu erzielen. Zahlreiche Unternehmen rechnen zwar in ihren Budgetplanungen fest damit, dass der Vertrieb produktiver wird. Allerdings können sie sich nicht vorstellen, was sich dafür konkret ändern muss. Meistens werden als Alibi drei Tage Verkaufstraining eingekauft und ein knackiger Incentive-Wettbewerb gestartet. Der Rest besteht aus dem Prinzip Hoffnung.

Für die angesprochenen Mängel gibt es natürlich Gründe. Untersuchen wir dazu noch etwas eingehender, worin sich ein **Produktions- und ein Vertriebsprozess** grundlegend unterscheiden. Zunächst wird der Vertriebsprozess ganz wesentlich durch Menschen bestimmt. Inputfaktoren sind deshalb im Gegensatz zu einer Maschine weniger Energie und Material, sondern Motivation, Engagement und menschliche Fähigkeiten. Eine Vertriebsmannschaft kann folglich nicht auf eine bestimmte Drehzahl eingestellt werden. Weiterhin ist jeder Verkäufer anders, Leistungsschwankungen sind geradezu programmiert. Die Ursachen für unterschiedliche Leistungen sind nicht einfach zu finden. Der Mensch ist ein komplexeres Wesen. Es ist schwierig, in sein Inneres zu schauen.

Zum zweiten unterscheiden sich die Prozesse darin, dass bei einer Maschine etwa ein Rohling bearbeitet wird. Im Vertrieb verhandeln Menschen. Kunden als Menschen reagieren – zum Glück – emotional. Sie haben Gefühle und lassen sich nicht in eine feste Schablone pressen. Sie lassen sich auch nur schwer normieren. Weiterhin sind Kunden nicht uneingeschränkt zeitlich verfügbar. Sie gehören uns nicht und wir sind nicht die Einzigen, die mit ihnen arbeiten. Ganz im Gegenteil. Kunden sind »Werkstücke«, die gleichzeitig auch in einem »Produktionsprozess« der Konkurrenz bearbeitet werden. Sie verändern darüber hinaus ihre Eigenschaften von Tag zu Tag.

Diese Eigenarten erklären einen weiteren Aspekt, der zumindest in dieser extremen Form nur in Verkaufsprozessen vorkommt: Kunden gehen während eines Verkaufsprozesses verloren. Damit bleiben einige Prozesse ohne konkretes Ergebnis. Letztlich ähnelt das einer Fehler- oder **Ausschuss-Quote** in der industriellen Produktion. Allerdings toleriert der Verkauf eine Ausschussquote, die in der Produktion niemand akzeptieren könnte. Stellen Sie sich einmal vor, in der Produktion verschwänden vier von fünf Aufträgen und keiner wüsste wohin. Das Unternehmen steuerte in kürzester Zeit in den Konkurs. Die »Ausschussquote« im Verkauf hat unvergleichliche Dimensionen: wer neue Kunden gewinnen will, muss großzügig sein. Wenn es bei der Akquisition von neuen Zielkunden gelingt, etwa von fünf angepeilten tatsächlich einen zu gewinnen, dann ist diese Quote in vielen Branchen ausgesprochen erfolgreich.

Diese Unterschiede zwischen einem Produktions- und einem Verkaufsprozess, der vor allem den Bedingungen schwer kalkulierbarer Komplexität zwischenmenschlicher Beziehungen unterliegt, begründet für viele Unternehmen die Auffassung, dass auch heutzutage Verkaufserfolge als Geniestreich einzelner Verkäufer zu verstehen sind. Ergebnisse in Form von Umsatz oder Deckungsbeiträgen, sind bekannt. Das, was dazwischen passiert, bleibt meist im Dunkeln. Wie die einzelnen Inputfaktoren wirken, was passiert, wenn man einen dieser Inputfaktoren ändert und wo man ansetzen muss, um die Produktivität eines Verkaufsprozesses zu erhöhen, ist oft genug ebenso offen wie die Frage, in welcher Form die **teuren Ressourcen** zielorientierter eingesetzt werden können.

Hier tut man sich schwer, denn schließlich existieren im Vertrieb die letzten Freiräume, weswegen viele Mitarbeiter sich dort so wohl fühlen. Vertriebsmitarbeiter – so ein beliebtes Vorurteil – dürfen nicht eingeengt werden, wenn sie erfolgreich agieren sollen. Wir sind anderer Meinung. Der Vertrieb benötigt Leitplanken, in denen er sich tummeln kann. Ansonsten setzt er seine individuellen Vorstellungen durch. Die decken sich allerdings selten mit den Vorgaben des Unternehmens und führen zu unnötigen Streuverlusten, was gleichbedeutend mit Kosten ist. Halten wir hier fest: Mit Hilfe von Verkaufsprozessen lässt sich der Vertrieb in die strategisch gewollte Richtung lenken und die Wirkung zwischen Input und Output nachvollziehen.

FOKUS

1. **Der Vertrieb lässt sich – stark vereinfacht – mit einer Produktionsanlage vergleichen, die Verkaufsergebnisse produziert. Er ist kaum steuerbar und planbar.**

2. **Die Frage, wie Inputfaktoren im einzelnen wirken, was geschieht, wenn einer der Faktoren variiert, wird in der Zukunft beantwortet werden müssen. Dann erst lässt sich die geforderte Transparenz erzeugen.**

3. **Nur der ziel- und strategiebewusste Verkäufer weiß zukünftig, wo er ansetzen muss, um produktiver zu sein.**

3. Was sind Verkaufsprozesse und welche gibt es?

Was sind nun Verkaufsprozesse, deren Notwendigkeit für den Vertrieb im letzten Abschnitt diskutiert wurde? Ein Praktiker hat uns während eines gemeinsamen Projekts mit einer einfachen Definition überzeugt: »*Prozesse sind das, was sich in und zwischen den Kästchen eines Organisationscharts abspielt.*« Natürlich gibt es auch Prozesse innerhalb einer Abteilung und je nach gewünschtem Abstraktionsgrad kann sogar noch ein Verkaufsgespräch als Prozess betrachtet werden.

Prozesse sind eine Serie von Arbeitsschritten, die notwendig sind, um aus einem Input einen Output zu erzeugen. Selbstverständlich sind auch in der Vergangenheit Aufgaben vernünftig strukturiert worden. Nur zu häufig hat man dabei nicht den gesamten Prozess von A bis Z im Visier gehabt, sondern in Abteilungen gedacht und gehandelt. Damit konnten zwangsläufig nur einzelne Teile optimiert werden, weil entscheidende Schnittstellen zu anderen Organisationseinheiten unbeachtet blieben.

Der **pauschale Begriff** »**Verkaufen**« beschreibt ein sehr umfangreiches Bündel von Tätigkeiten, die von einem oder immer häufiger mehreren Akteuren ausgeübt werden. Die Komplexität des Verkaufens macht es nicht sinnvoll, alle Aktivitäten in einem Prozess zu erfassen. Somit kann ein Verkäufer nicht einfach verkaufen, sondern muss sich pro Kunden bzw. pro Produkt auf eine bestimmte Zielsetzung konzentrieren, aus der sich wiederum unterschiedliche Vorgehensweisen und Verkaufsprozesse ergeben. Entweder will er das bestehende Geschäftsvolumen erhalten und stabilisieren. Er versucht Wettbewerber abzuwehren und den Kunden, ohne ihm etwas aktiv zu verkaufen, zu begeistern. Bezeichnet wird dieses Ziel und alle damit verbundenen Aktivitäten als **Basis-Verkaufsprozess.**

Oder der Verkäufer will das Volumen bei Kunden vergrößern und mehr verkaufen, also zum Beispiel neue, andere oder mehr von den bereits eingesetzten Produkten. Fassen wir alle dort anfallenden Aktivitäten und Vorgehensweisen unter dem Begriff **Ausbau-Verkaufsprozesse** zusammen. Der Begriff »Ausbau« signalisiert: Die Marktposition soll aktiv verändert werden. Damit haben wir eine erste Basis gelegt, und **zwei unterschiedliche Gruppen von Verkaufsprozessen** definiert. Erweitern wir nun diese Überlegungen um die Produkte des Anbieters, um die relevanten Kunden bzw. Wunschkunden und um die Potenzialausschöpfung, zeichnen sich insgesamt folgende **5 Verkaufsprozesse** ab:

(1.) **Basis-Verkaufsprozess:** Kunden mit hoher Ausschöpfung und vielen genutzten Produkten sollen gehalten bzw. stabilisiert werden.

(2.) **Ausbau-Verkaufsprozess Cross Selling:** Kunden mit Potenzialen sollen zusätzliche Produkte kaufen, die sie bisher noch nicht verwenden. Das können Produkte aus dem aktuellen Sortiment des Lieferanten sein oder aber neue Produkte (**Produktneueinführung**).

(3.) **Ausbau-Verkaufsprozess Erhöhung des Lieferanteils:** Kunden mit noch nicht ausreichend »abgeschöpften« Potenzialen sollen mehr der bereits eingesetzten oder verbrauchten Produkte kaufen. Dieser Prozess versucht von Wettbewerbern Anteile hinzu zu gewinnen.

(4.) **Ausbau-Verkaufsprozess Erhöhung der Verwendungshäufigkeit:** Kunden decken bei dem Lieferanten 100 % ihres bisherigen Verbrauchs ab. Der Anbieter versucht den Kunden davon zu überzeugen, von dem bestehenden Produkt mehr zu verwenden oder auf Lager zu legen (also den Bedarf vorzuverlegen).

(5.) **Ausbau-Verkaufsprozess Neukunden:** Neue Kunden (mit hohem Potenzial oder Image) sollen von dem Nutzen der Produkte des Lieferanten überzeugt werden und sie kaufen.

Jeder dieser Kernprozesse folgt eigenen Gesetzmäßigkeiten. Das wiederum verlangt individuelle Vorgehensweisen und damit spezifische Anforderungen an die handelnden Verkäufer. Bei einem Kunden oder Noch-Nicht-Kunden zu **verhandeln**, fordert in unterschiedlicher Form heraus.

Die nachfolgende Grafik (Abb. 3) zeigt noch einmal die fünf Kernprozesse, schafft den Kontext zu den Zielen und den realisierten Ergebnissen. Letztlich lassen sich mit Hilfe von Prozessen die vorhandenen und meistens knappen Kapazitäten in die richtige **Richtung** mit der erforderlichen **Quantität** und **der gewünschten Qualität einsetzen.**

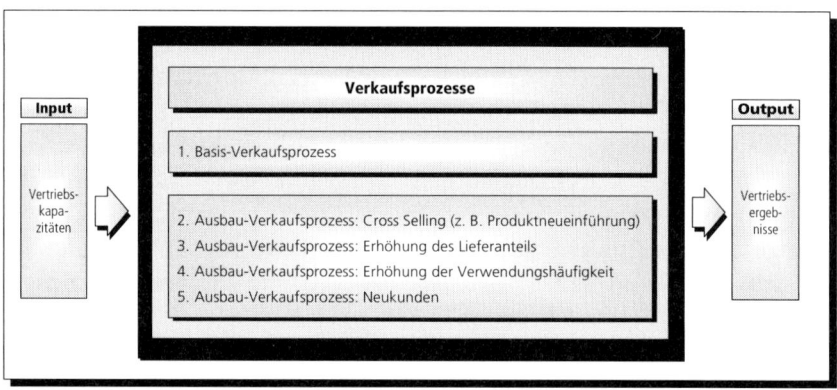

Abb. 3: Die 5 Verkaufsprozesse

Quelle: Mercuri International

Wie weit die Potenziale bei einem Kunden bereits ausgeschöpft sind, sollte zudem in die Überlegungen integriert werden. Daraus lässt sich erkennen, wo welcher Prozess sinnvoll eingesetzt werden kann. Natürlich sind Potenziale nicht die einzige Größe, um Kunden zu gewichten, aber eine besonders wichtige. In den meisten Märkten ist die Zahl der tatsächlichen oder potenziellen Kunden relativ groß. Es ist sicher nicht wirtschaftlich, alle Kunden mit dem gleichen Aufwand zu bearbeiten. Die Kapazität der Verkäufer wäre entweder schnell erschöpft und viele interessante Kunden könnten nicht bearbeitet werden. Oder der Einsatz pro Kunde wäre zu gering, um wirkliche Überzeugungsarbeit leisten zu können. Kurzum: Die verfügbare Zeit ist limitiert. Am Anfang eines jeden Ausbau-Verkaufsprozesses wird daher die **Definition von Zielkunden, von »lohnenden Kunden«,** stehen, mit denen man die Erreichung der Prozessziele erreichen will. Dieser Schritt ist eminent wichtig, da er die knappe und teure Verkaufszeit in die strategisch gewünschte Richtung bringt. *»Wer das Tempo erhöhen will, muss auch die richtige Richtung kennen«,* kalauerte dazu ein erfahrener Vertriebsprofi. Recht hat er! Viele Verkäufer halten sich jedoch bei Kunden auf, die viel Aufwand erzeugen, wenig Potenzial haben und noch weniger Ergebnisse produzieren. Die nachfolgende **Abbildung 4** erinnert daran, wie Kunden nach erreichbarem Potenzial und bisher erzielten Ergebnissen für bestimmte Verkaufsprozesse definiert werden und welche Prozesse bei welchen Kundenklassen sinnvoll sein können.

Dazu eine **Faustformel**: der Außendienst sollte sich zunächst darauf konzentrieren die A- und B-Kunden sowie Wunschkunden zu überzeugen, weil sie über die erforderlichen Potenziale verfügen. Die kleineren Kunden sollten wiederum verstärkt durch Innendienst-Mitarbeiter, Call Center, etc. betreut werden. Der Außendienst ist für diese letztgenannten Kundengruppen oftmals viel zu teuer. Welche Akteure welche Aktivitäten **innerhalb der Prozesse** abwickeln, wird zu einem späteren Zeitpunkt diskutiert (vgl. Teil 3/IV). Ob das Internet Aufgaben in einzelnen Prozessen übernehmen kann oder den Vertrieb sogar komplett substituiert, wird dann ebenfalls erörtert (vgl. Teil 3, IV., S. 114).

Selbstverständlich verändert sich das Kundenportfolio mit der Zeit. So werden A-Kunden zu B-Kunden und umgekehrt, C-Kunden vergrößern das relevante Potenzial, weil sie wachsen usw. Märkte sind dynamisch. Somit müssen die Kunden mit ihren relevanten Potenzialen in regelmäßigen Abständen überprüft und ggf. neu eingeteilt werden. Darüber hinaus sind B-Kunden (mit hohem Potenzial und geringer Ausschöpfung) eher für die Ausbau-, und A-Kunden (mit hohem Potenzial und hoher Ausschöpfung) für die Basis-Verkaufsprozesse prädestiniert. Der Verkäufer vor Ort ist für die beiden letzten Gruppen besonders teuer. Deshalb sollte genau abgewägt werden, wie und wann er diese beiden weniger potenzialstarken Kunden besucht.

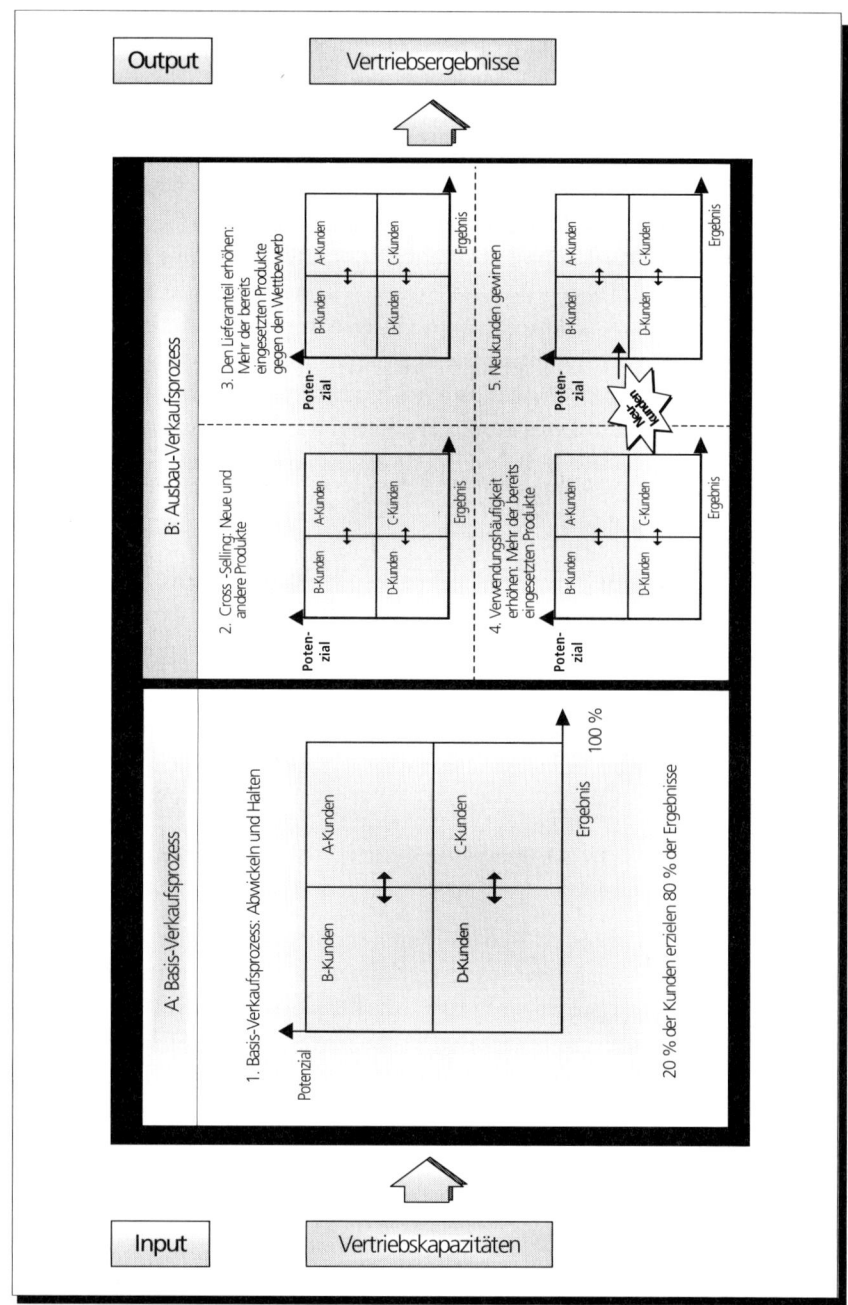

Abb. 4: Kundenklassifizierung und Verkaufsprozesse

Quelle: Mercuri International in Anlehnung an Boston Consulting Group

Neue Kunden zu gewinnen, ist dabei sicher eine der größten verkäuferischen Herausforderungen überhaupt. Es handelt sich für viele Vertriebs-Experten um die »**Königsdiziplin**« des Verkaufs. Ein neuer Kunde soll von den Vorteilen eines Produktes oder einer Dienstleistung überzeugt werden. Der Verkäufer verfolgt dabei zwei Ziele parallel. Zum einen muss er eine **persönliche Beziehung** zu einem oder mehreren ihm unbekannten Menschen aufbauen. Zum anderen muss er einen Bedarf analysieren oder wecken, was schwierig ist bei potenziellen Kunden. Sie sind in aller Regel zufrieden mit ihren aktuellen Lieferanten (sonst hätten sie sich wahrscheinlich selber schon nach einem adäquaten Ersatz umgesehen).

Etwas einfacher hat es der Vertrieb augenscheinlich bei den sogenannten **Cross Selling-Prozessen.** Einem Kunden soll ein zusätzliches Produkt verkauft werden. Hier findet zwar ein ähnlicher Überzeugungsprozess wie bei der Neukundengewinnung statt, der Verkäufer kann jedoch auf einer bereits existierenden **zwischenmenschlichen Beziehung** aufbauen. Der Kunde hat – wenn der Verkäufer bisher erfolgreich war – bereits eine positive emotionale Kaufentscheidung getroffen. Dadurch kann sich der Verkäufer stärker auf den produktspezifischen, rationalen Überzeugungsprozess konzentrieren.

Dies gilt auch für die beiden **Prozesse,** die sich mit der **Erhöhung des Lieferanteils** und der **Erhöhung der Verwendungshäufigkeit** auseinandersetzen. Hier kann ebenfalls auf einer bereits vorhandenen Kundenbeziehung aufgebaut werden. Der Kunde muss außerdem nicht vom Produkt selbst überzeugt werden, sondern nur davon, dass er es intensiver als bisher nutzt. Allerdings ist dies gerade bei Industriegütern schwierig, weil der Kunde selber wieder vom Bedarf seiner Abnehmer abhängig ist.

Der **Basis-Verkaufsprozess** wiederum beschäftigt sich damit, wie bestehende Kunden zu betreuen sind. Ein moderner Begriff nennt das **Customer Relationship Management (CRM).** Hierbei soll die Kundenbeziehung gepflegt und die Position des Anbieters stabilisiert werden. Dazu wird der Status Quo für das jeweilige Produkt oder das Marktsegment abgesichert. Dieser Prozess erscheint auf den ersten Blick vielleicht weniger anspruchsvoll. Er ist sicherlich nicht der Prozess, mit dem der Umsatz um 50% erhöht wird. Er sichert jedoch die Existenz des Unternehmens und bindet die weitaus meiste Zeit der Verkaufsmannschaften (erfahrungsgemäß ca. 70 bis 80%). Fehler in diesem Prozess können selbst durch Spitzenleistungen in den anderen Verkaufsprozessen nicht mehr ausgeglichen werden. Bedenkt man weiterhin, dass die Abhängigkeit von wenigen großen Kunden in der Regel enorm hoch ist, wird deutlich, dass mit diesem Prozess die Existenzgrundlage eines jeden

Unternehmens berührt wird. Die zunehmende Konzentration und Internationalisierung dieser wichtigen Zielgruppe verdeutlicht, wie schnell man sich nur in trügerischer Sicherheit wähnt und man bei der Komplexität die Übersicht verliert. Also ist gerade vor diesem Prozess höchster Respekt geboten. Zumal die angesprochenen Trends immer häufiger dazu führen, dass Ansprechpartner wechseln, Entscheidungsprozesse sich verändern und Bedarfssituationen variieren. Damit verändern sich natürlich auch die für den Vertrieb relevanten Prozesse und die damit verbundenen Aufgaben.

Fassen wir zusammen: Jedesmal wenn es darum geht, Verkaufsergebnisse zu erzielen, muss einer oder mehrere dieser fünf Prozesse beschritten werden. Je systematischer das getan wird und je besser die verschiedenen Verkaufsprozesse strukturiert, vorbereitet und umgesetzt werden, desto **erfolgreicher wird ein Unternehmen sein.** Die unterschiedlichen Aufgaben, die dabei bewältigt werden müssen, fordern die Akteure in unterschiedlicher Form heraus. »*Wer nur den Hammer kennt, wird immer nur Nägel einschlagen können*«, sagte uns mal salopp ein Verkäufer. Benötigt wird ein Werkzeugkasten, um die einzelnen Prozesse zu beherrschen. Fraglich und zu einem späteren Zeitpunkt zu diskutieren ist, ob diese Anforderungen **von einer Person** zu bewältigen sind (vgl. Teil 3/IV S. 114)

Viele Vertriebsmannschaften verbringen einen Großteil ihrer Arbeitszeit mit allen Aktivitäten, mit denen das **bestehende Geschäftsvolumen abgewickelt** wird. So wichtig das auch ist, aber damit allein kann kein Unternehmen überleben. Der Verlust von bestehenden Kunden ist nie zu verhindern und lässt sich letztlich nur durch aktives Wachstum mit Ausbauprozessen bewältigen. Viele Unternehmen reagieren nur noch auf veränderte Märkte, weil sie sich größtenteils auf die Abwicklung konzentrieren. Es besteht somit permanent die Gefahr, dass die **Ausbau-Verkaufsprozesse durch den Basis-Verkaufsprozess zu stark eingeschränkt** werden. Wenn dann noch die falschen Kundenklassen besucht werden, geht die Wirkung gegen Null. Wie sich die Arbeitszeit auf die beiden Verkaufsprozess-Gruppen in vielen Unternehmen verteilt, zeigt Abbildung 5.

Es ist unverzichtbar, die Prozesse differenziert zu betrachten, obwohl sie in der Praxis teilweise zeitgleich ablaufen. Auch sind die Aktivitäten in der Praxis sicher nicht ganz einfach zuzuordnen. Interessanterweise ist das aber für Firmen, die ohne einen persönlichen Verkauf, sondern nur mit Direct Marketing arbeiten, kein Problem. Dort sind diese Prozesse standardmäßig getrennt. Es gibt sogar Programme, mit denen simuliert wird, wie sich der gesamte Unternehmensgewinn ändert, wenn einzelne Inputfaktoren (z. B. Anzahl Mailings) geändert werden.

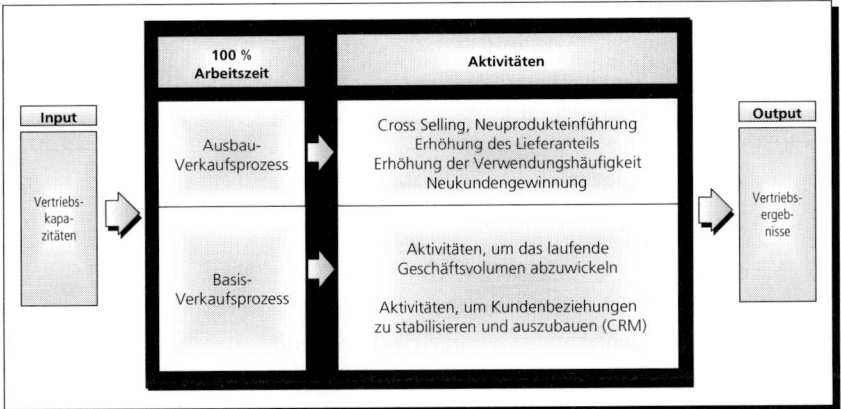

Abb. 5: Typische Verteilung der Arbeitszeit auf Basis- und Ausbau-Verkaufsprozesse

Quelle: Mercuri International

In neuen, innovativen Märkten wie etwa der Informations- und Telekommunikationsbranche stehen besonders die Ausbauprozesse und hier die Neukundenakquisition bzw. das Cross-Selling im Vordergrund. Hier müssen dann die vorhandenen Ressourcen konzentriert werden. Komplexität erfordert Struktur. Wir werden später noch sehen, dass die Welt des Verkaufs immer komplexer wird (vgl. Teil 5).

FOKUS

1. Der pauschale Begriff »Verkaufen« lässt sich in einen Basis-Verkaufsprozess und vier Ausbau-Verkaufsprozesse systematisieren.

2. Verkaufen heißt, einen oder mehrere dieser Prozesse zu aktivieren.

4. Neuigkeitswert und Nutzen des Prozessgedankens im Vertrieb

Wer mit Verkaufsprozessen arbeitet, schafft mehr Transparenz. Er erkennt die **Leistungstreiber und -verhinderer**. Das alleine jedoch kann kein Selbstzweck sein. Wo genau liegen nun die **Vorteile** von Verkaufsprozessen?

Nachfolgend werden fünf konkrete Nutzen von Verkaufsprozessen vorgestellt, die helfen werden, zukünftig noch erfolgreicher im Vertrieb zu arbeiten. Es wird deutlich werden, dass durch die neue Denkrichtung »Verkaufsprozesse« die Vertriebsarbeit konzentrierter in den Fokus genommen werden kann.

(1) Differenzierte Vertriebsziele

Vertriebsziele lassen sich auf Basis von Prozessen differenziert und präzise beschreiben. Traditionell werden dem Vertrieb Zielsetzungen für einzelne Produkte vorgegeben. Nur in wenigen Fällen erfolgt dies auch für einzelne Marktsegmente wie Branchen oder Kundenkategorien. Meistens bleibt es jedoch dem Vertriebsmitarbeiter überlassen, wie er die Produktziele realisiert. Er entscheidet für sich alleine über die Branche und ob er das Ziel mit neuen oder mit bestehenden Kunden erreicht.

Das, was aus Sicht des Vertriebsmitarbeiters nach der von ihm selbst geforderten Gestaltungsfreiheit aussieht, führt erfahrungsgemäß dazu, dass Märkte ineffizient bearbeitet werden. Es ist in vielen Fällen nicht gleichgültig, ob z. B. Umsätze über Akquisitions- oder Intensivierungsprozesse wachsen. Es kommt vielmehr darauf an, welche Positionen im Markt aus strategischen Gründen besetzt werden sollen, wie mit dem geringsten Aufwand das beste Ergebnis erreicht werden kann und welche Ressourcen und welche Zeit überhaupt dafür verfügbar sind. Vielleicht ist das Potenzial eines Marktes bereits soweit ausgeschöpft, dass es wenig Sinn macht, Neukunden zu suchen. Vielleicht ist es aber auch genau umgekehrt: Die bestehenden Kundenpotenziale sind ausgeschöpft, so dass Ergebnisse nur über die Akquisition von neuen Kunden verbessert werden können. An dieser Stelle sollte auf keinen Fall der lapidare Hinweis eines Verkäufers akzeptiert werden: *»Ich kenne meinen Markt, dazu benötige ich keine Prozesse. Das engt alles nur noch mehr ein.«*

Meistens ist die Frage, welcher Verkaufsprozess beschritten wird, eine wichtige Komponente der Unternehmensstrategie. Wenn der Verkäufer vor Ort entscheiden muss, welchen Verkaufsprozess er durchführen soll, wird er sich schnell auf seine eigenen Zielrichtungen konzentrieren. Dadurch verschwendet er häufig seine wertvolle Verkaufskapazität bzw. investiert sie falsch. Denn er hat meist nur eingeschränkte Informationen über die Marktentwicklungen und -potenziale und damit oft auch andere Interessen als sein Unternehmen.

Wer **die fünf verkäuferischen Kernprozesse** definiert, kann dagegen grundsätzlich jedes Unternehmens-, Marketing- oder Produktziel durch unterschiedliche Verkaufsprozessziele präzisieren. Erst die Angabe von Verkaufsprozesszielen, sorgt dafür, dass die Verkaufsarbeit auch tatsächlich strategisch ausgerichtet wird. Soll der Zufall nicht die entscheidende Rolle spielen, muss der Vertrieb genauso vorgehen, wie es von der Strategie her sinnvoll und damit von der Unternehmensführung gewünscht ist.

(2) Exakte Kapazitätsplanung

Bisher war es äußerst schwierig zu entscheiden, ob die Vertriebskapazitäten für die Realisierung von Verkaufszielen ausreichen oder nicht. Tendenziell behauptet der Vertrieb immer, dass die Kapazitäten zu knapp sind. Das wird inzwischen wie ein Gewohnheitsrecht behandelt. Andererseits fällt es einem Unternehmen schwer, ohne stichhaltige Argumente zusätzliche Mittel in den Verkauf zu investieren. Hier bieten sich neue Chancen. Mit den definierten Verkaufsprozessen kann relativ exakt bestimmt werden, wie groß der Vertriebsaufwand ist, um die gewünschten Ergebnisse zu erreichen. Es ist ohne großen Aufwand zu berechnen, wieviel mehr Manpower im Vertrieb eingesetzt werden muss, um eine Einheit mehr zu verkaufen.

Verkaufsprozesse beschreiben Input-Output-Relationen. Die Basisdaten dafür sind – sofern das Reportingsystem dafür ausgelegt ist – echte Praxiswerte, die in der Vergangenheit realisiert wurden. Die einzige Unbekannte in dieser Gleichung, sozusagen das Restrisiko, ist nur noch wie die Marktentwicklung eingeschätzt wird. Übrigens gibt es solche Kapazitätsberechnungen auch durchaus schon in der Praxis. So hat zum Beispiel eine große deutsche Bank in Zusammenarbeit mit Mercuri ihre gesamte Personalkapazitätsplanung im Privatkundengeschäft auf Basis von Verkaufsprozessen geplant. Mit Hilfe von Standardprogrammen können per Knopfdruck die Vertriebskapazitäten für beliebige Ziele berechnet werden.

(3) Zielgenaue Umsetzung des Marketing

Ohne detaillierte Verkaufsprozessziele ist es kaum möglich, eine Vertriebsmannschaft ausreichend zu unterstützen. Unterstützungs- und Promotionmaßnahmen müssen exakt auf die einzelnen Prozessphasen ausgerichtet werden, damit sie optimal wirken können. Zumal nur wenige Marketingkonzepte für jeden Prozess gleich gut geeignet sind. In der Praxis wird jedoch immer wieder versucht, mit einheitlichen »Paketen« alles abzudecken. Der Vertrieb beschwert sich, weil aus seiner Sicht alles im Elfenbeinturm des Marketing entstanden ist. Verschiedene Untersuchungen sehen den Grund für mangelnde Markterfolge in der fehlenden Abstimmung zwischen Marketing und Vertrieb. So wurden vom Institut für Marketing der Universität Münster in Zusammenarbeit mit dem Emnid Institut 600 Unternehmen zum Thema »Marketing Quo Vadis?« befragt. Über 50 % der befragten Unternehmen sagen, dass die Implementierung von Marketingkonzepten versagt hat. Für eine bessere Strategieumsetzung kommt es entscheidend darauf an, dass alle Beteiligten viel mehr voneinander verstehen und ihre Ziele und Aktivitäten besser koordinieren. (vgl. Abb. 6).

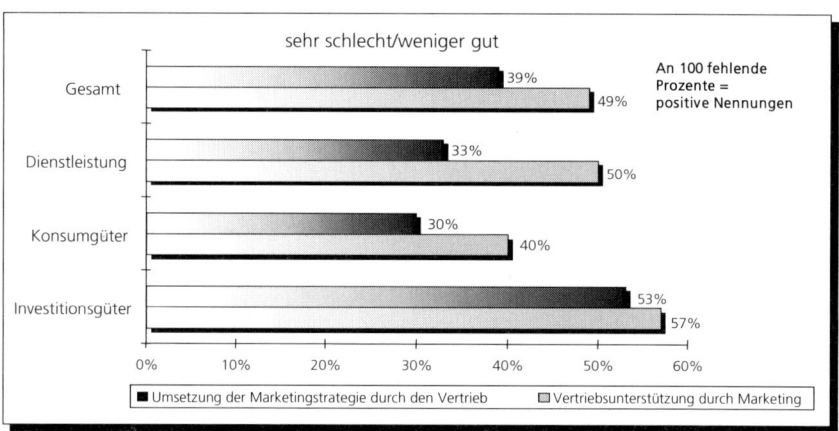

Abb. 6: Für wie gut halten Sie die Abstimmungsprozesse zwischen Marketing und Vertrieb?

Quelle: Mercuri International

Die Verkaufsprozesse und ihre jeweiligen Etappen helfen dem Marketing, seine Maßnahmenbündel exakter abzustimmen und damit eine höhere Akzeptanz beim Vertrieb sicherzustellen.

(4) Interne Benchmark und zielgerechte Aus- und Weiterbildung

Für den Ablauf eines Prozesses können ebenfalls Ziele, Leistungsstandards oder Benchmarks definiert werden. Es gibt Richtwerte für die Dauer einer Aktivität, den Wirkungsgrad von Aktivitäten, der durch **Erfolgsquoten** und die **Dauer des Gesamtprozesses** ausgedrückt wird. Daran kann ein Beobachter sich konkret orientieren. Wenn ein Ziel oder gewünschte Benchmarks nicht erreicht werden, lässt sich schnell lokalisieren, wo die Ursachen dafür liegen und in welcher Phase des Verkaufsprozesses die kalkulierten Werte nicht erreicht wurden. Diese werden dann mit identischen Prozessen aus anderen Branchen oder Segmenten verglichen. Damit bekommt auch die Aus- und Weiterbildung eine neue Dimension. Entwicklungsanforderungen können exakt bestimmt werden. Ausbildungsschritte, Trainings und Coachings können genau auf einzelne Arbeitsschritte ausgerichtet werden.

(5) Produktivitätssteigerungen

Die ersten vier beschriebenen Vorteile führen schließlich zum wichtigsten Nutzen und sind damit Mittel zum Zweck: die **Produktivität** wird mit Hilfe von Verkaufsprozessen **gesteigert**. Oft genug sind Unternehmen mit ihrem Verkaufserfolg nicht zufrieden. Andererseits kann oder will man aber auch nicht einfach nur mehr Kapazitäten einsetzen. Erst durch das Denken und Arbeiten in Prozess-Strukturen wird nun systematisch angefangen, die Produktivität im Vertrieb zu steigern. Die verschärften Marktbedingungen zwingen dazu. Es gibt zwar nach wie vor keine Erfolgsgarantien. Jeder, der es wünscht, kann jetzt einen Vertriebsprozess systematisch auf seine Potenziale abklopfen, um effizienter zu agieren. Für einzelne Arbeitsschritte können neue Verhaltensweisen entwickelt, personelle Zuständigkeiten neu geordnet, unterstützende Maßnahmen wie VKF-Materialien und Promotions neu konzipiert und Steuerungsinstrumente besser ausgerichtet werden. Damit die aufgezeigten fünf Vorteile von Verkaufsprozessen nicht verloren gehen, werden sie in Abbildung 7 zusammengefasst.

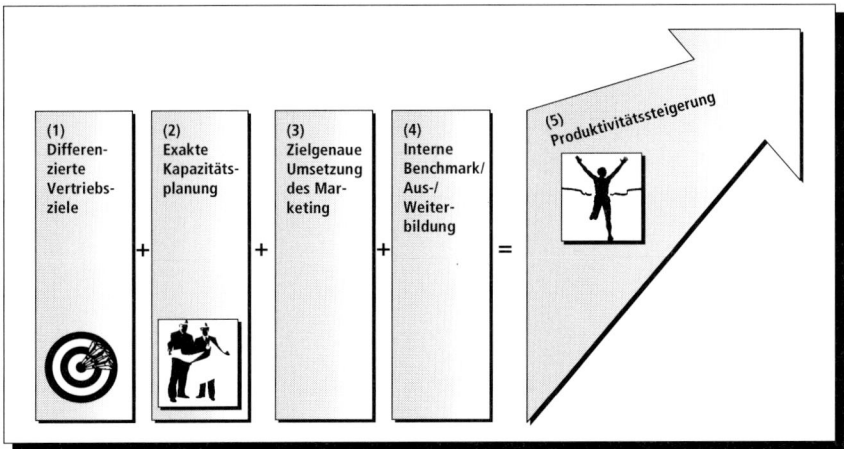

Abb. 7: Verkaufsprozesse – die Revolution in der Vertriebsarbeit

Quelle: Mercuri International

Ein wichtiger Hinweis an dieser Stelle: Natürlich spielt auch zukünftig der persönliche Kontakt und damit der Mensch eine ganz wesentliche Rolle. Er wird nach wie vor das Salz in der Suppe bleiben. Aber den richtigen persönlichen

Kontakt herauszufinden (**Richtung der Arbeit**), mit der richtigen Intensität zu betreuen (**Quantität der Arbeit**) und dabei die richtigen Themen anzusprechen (**Qualität der Arbeit**), ist die eigentliche Herausforderung. Fassen wir diese Erkenntnis in der **QQR-Fomel zusammen**. Quantität, Qualität und Richtung der Arbeit gilt es mit Hilfe von Verkaufsprozessen richtig zu definieren.

FOKUS

1. **Verkaufsprozesse helfen, die Verkaufsarbeit produktiver zu gestalten und die vorhandenen Stellschrauben richtig zu justieren. Quantität, Qualität und Richtung der Arbeit werden mit Hilfe von Verkaufsprozessen präzise definiert.**

2. **Bauchentscheidungen werden durch systematisches Agieren im Verkauf ergänzt oder teilweise sogar abgelöst. Praktikern wird es zunehmend schwer fallen, eine systematische Planung des Verkaufserfolges abzulehnen.**

3. **Insgesamt sprechen fünf Vorteile dafür, mit Prozessen im Vertrieb zu arbeiten.**

II. Status Quo der Prozessorientierung in der Praxis

Anhand einer aktuellen Studie soll nun auszugsweise gezeigt werden, in welcher Form der Prozessgedanke in die Praxis bereits eingezogen ist. So sollen die praktischen Erfahrungen, die Unternehmen mit Verkaufsprozessen gesammelt haben, systematisch ausgewertet, die Erfolgsfaktoren identifiziert und Verbesserungspotenziale genannt werden. Dazu erhielten 400 repräsentativ ausgewählte Zielinterviewpartner einen strukturierten Fragebogen. Die Rücklaufquote von mehr als 25 Prozent (102 Unternehmen) zeigt das hohe Interesse in der Praxis für diese Untersuchung.[1] Bemerkenswert sind vor allen Dingen folgende Ergebnisse:

(1) Die überwiegende Mehrheit der Befragten hat den Stellenwert systematisch strukturierter Verkaufsprozesse erkannt, um die eigenen Wachstumsziele und Marktstrategien umzusetzen (Abb. 8).

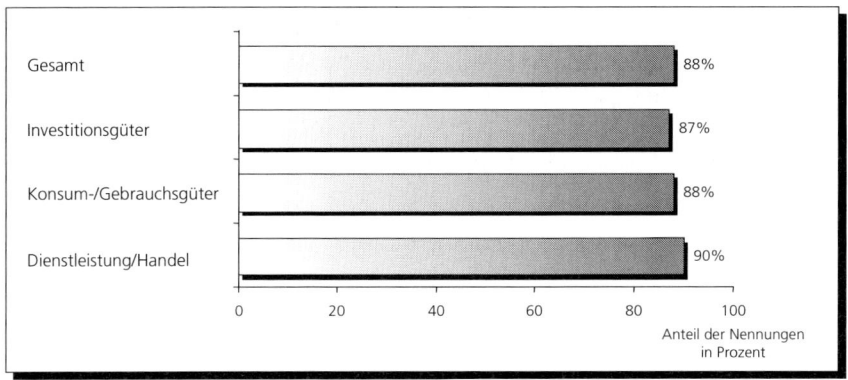

Abb. 8: Bedeutung strukturierter Verkaufsprozesse

Quelle: Mercuri International

(2) Besonders unzufrieden sind die Unternehmen jedoch gerade mit der Umsetzung ausgewählter Ausbauprozesse, die das gewünschte Wachstum garantieren sollen (Abb. 9).

---

1 Die komplette Studie kann bei Mercuri International Deutschland, Theodor-Hellmich-Str. 8; 40667 Meerbusch abgerufen werden.

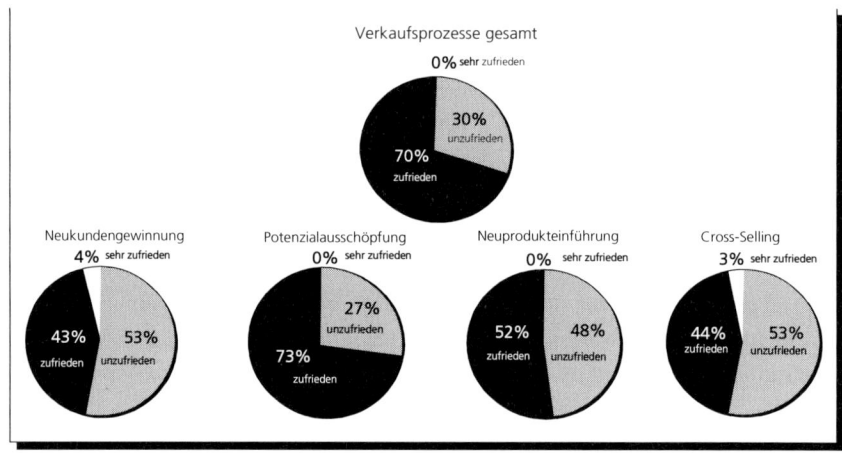

Abb. 9: Zufriedenheit mit der Umsetzung der Verkaufsprozesse

Quelle: Mercuri International

(3) Vergleicht man die Bedeutung, die dem Prozessgedanken eingeräumt wird, mit dem tatsächlichen Einsatz wichtiger Prozesselemente, zeigt sich eine deutliche Diskrepanz zwischen Anspruch und Wirklichkeit. Wichtige Tools müssen offensichtlich erst noch etabliert werden (Abb. 10).

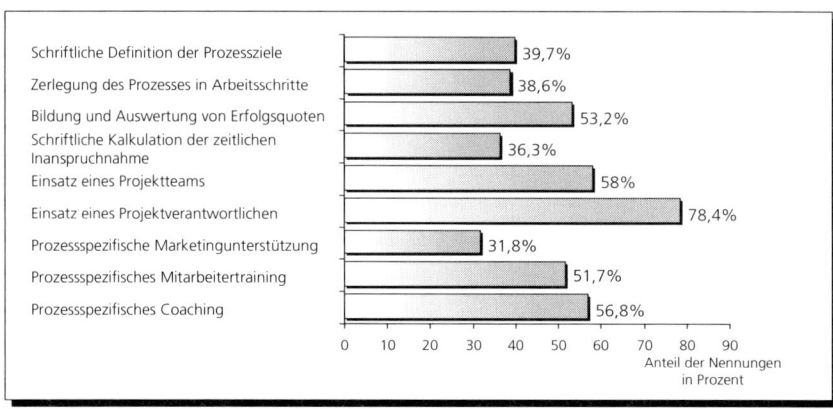

Abb. 10: Nutzung von Prozesselementen

Quelle: Mercuri International

(4) Verbesserungspotenziale werden besonders auf der Mitarbeiterebene gesehen. Wir glauben jedoch, dass auch auf der Managementebene genügend Ansatzpunkte vorhanden sind. Die harten Erfolgsfaktoren,

wie zum Beispiel die Kapazitätsplanung oder die Definition von Erfolgskennziffern, sind noch deutlich ausbaufähig.

Das Fazit: Obwohl die Unternehmen dem Prozessgedanken grundsätzlich sehr positiv gegenüber stehen, mangelt es noch an der professionellen Handhabung. Offensichtlich wird der Prozessgedanke noch eher aus einer generellen Denkhaltung heraus befürwortet, als konkret umgesetzt. Es gibt also unverkennbar deutliche Defizite bei der Nutzung der Verkaufsprozesse.

FOKUS

1. Prozesse werden als Chance in der Praxis gesehen, die eigene Vertriebsarbeit zu professionalisieren.

2. Die konsequente Umsetzung bereitet allerdings Probleme.

III. Das Wesentliche im Rück-Blick

Der Vertrieb ist immer noch eine Art »**Black Box**«. Man kennt zwar die In-putfaktoren und den Output, die **Wirkungsmechanismen** sind aber wei-testgehend unbekannt. Damit scheint der Verkaufserfolg kaum beein-flussbar oder multiplizierbar. Man glaubt in der Praxis vielmehr, sich dem Geniestreich ausgeprägter Individualisten überlassen zu müssen. Wenn sie nur genügend Freiräume erhalten, werden sie es schon richten. Da die Ver-triebskosten vielerorts immer noch zu hoch sind, gilt es, **Durchlaufzeiten** zu analysieren und zu verbessern. Wer sich verbessern will, muss aber auch die Leistungstreiber und Leistungsverhinderer kennen. Mit dem Ansatz der Verkaufsprozesse lässt sich exakt nachvollziehen, bei welchem Input welcher Output entsteht. Um die Diskussion um den richtigen Einsatz der Vertriebs-ressourcen zu versachlichen, lässt sich der Verkauf etwa mit einer **Produkti-onsanlage** vergleichen, die Verkaufsergebnisse erzielt. Wer diesem Gedan-ken folgt, wird den Vertrieb auch stärker als bisher an seiner Produktivität, also an seiner Input-Output-Relation, messen müssen.

Ein Verkaufsprozess ist eine Serie von Arbeitsschritten, die notwendig sind, um aus einem gegebenen Input einen optimalen Output zu erzeugen. Da der Begriff des Verkaufens sehr komplex ist, macht es keinen Sinn, gleichzeitig alle Aktivitäten in einem Prozess zu erfassen. Ein Verkäufer kann nicht ein-fach verkaufen, sondern muss sich pro Produkt und Kunden auf eine be-stimmte Vorgehensweise konzentrieren, um seine Ziele zu erreichen. In die-sem Kontext lassen sich **fünf unterschiedliche Verkaufsprozesse** identifi-zieren, die zum einem die Kundenbeziehung stabilisieren (**Basis-Verkaufs-prozess**) und sie zum anderen ausbauen (**Ausbau-Verkaufsprozesse**). Wer in seinem Markt wachsen will, muss die **vier vorgestellten Ausbauprozesse** forcieren. Die einzelnen Aktivitäten innerhalb der Prozesse unterscheiden sich grundsätzlich voneinander. So ist es wesentlich schwieriger, einen neu-en Kunden von einem Produkt oder einer Dienstleistung zu überzeugen, weil zwischen den Gesprächspartnern noch keine persönliche Beziehung und keine Erfahrungen im Umgang miteinander bestehen.

Um die Ressourcen im Vertrieb in die strategisch gewollte Richtung zu len-ken, gilt es die Potenziale und die jeweilige Ausschöpfung der Kunden im Auge zu behalten. Das gelingt mit Hilfe des **Portfolios**, das die Kunden klas-sifiziert. Wer diese Matrix einsetzt, erkennt, dass sich der Aufwand nicht im-mer lohnt, der mit bestimmten Kundengruppen verbracht wird. In der Konsequenz werden die Verkaufsressourcen in solche Kontakte investiert, die bessere Ergebnisse versprechen.

Wer mit Prozessen arbeitet, profitiert von **fünf konkreten Vorteilen**. Vertriebsziele lassen sich besser differenzieren, Kapazitäten genauer planen, das Marketing zielgenauer ausrichten, die Aus- und Weiterbildung aufgabenbezogen gestalten und damit die Produktivität steigern.

Teil 2
Verkaufsprozesse strukturieren

Teil 2
Verkaufsprozesse strukturieren

Überblick zu den einzelnen Kapiteln des Buches   Teil 2

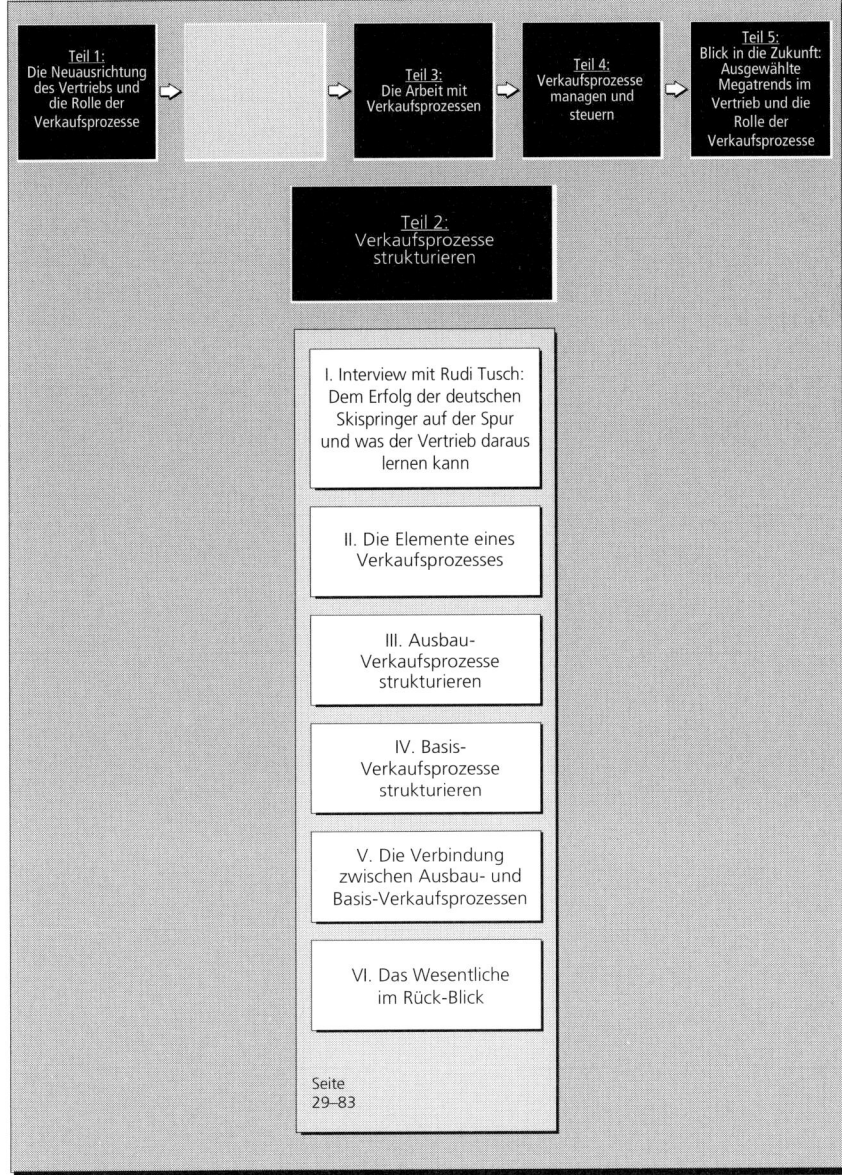

Teil 1:
Die Neuausrichtung des Vertriebs und die Rolle der Verkaufsprozesse

Teil 3:
Die Arbeit mit Verkaufsprozessen

Teil 4:
Verkaufsprozesse managen und steuern

Teil 5:
Blick in die Zukunft: Ausgewählte Megatrends im Vertrieb und die Rolle der Verkaufsprozesse

Teil 2:
Verkaufsprozesse strukturieren

I. Interview mit Rudi Tusch: Dem Erfolg der deutschen Skispringer auf der Spur und was der Vertrieb daraus lernen kann

II. Die Elemente eines Verkaufsprozesses

III. Ausbau-Verkaufsprozesse strukturieren

IV. Basis-Verkaufsprozesse strukturieren

V. Die Verbindung zwischen Ausbau- und Basis-Verkaufsprozessen

VI. Das Wesentliche im Rück-Blick

Seite
29–83

Teil 1 hat sich damit auseinander gesetzt, was überhaupt unter Prozessen zu verstehen ist, welche es gibt, warum es sich lohnt, konsequent mit ihnen zu arbeiten und in welchen Kontext sie eingebettet sind. Daran schließt sich eine weitere Frage an: Wie sind Verkaufsprozesse zu strukturieren und aufzubauen (vgl. Abb. 11)? Zusätzlich wird die Frage beantwortet, wie Ausbau- und Basis-Verkaufsprozesse zusammenhängen.

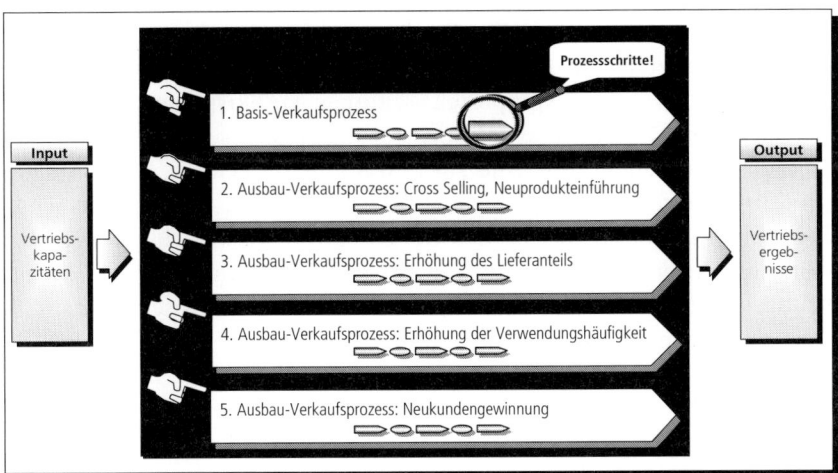

Abb. 11: Der Zusammenhang zwischen Prozessen und Prozess-Schritten

Quelle: Mercuri International

Dazu wird die Unterteilung in **Ausbau- und Basisverkaufs-Prozesse** wieder aufgegriffen, da bei diesen beiden Kategorien ganz unterschiedliche Verkaufsaktivitäten ablaufen. Der Begriff Ausbau signalisiert, dass in diesem Prozess mehr verkauft werden soll. Das setzt voraus, dass die richtigen Gesprächspartner kontaktiert und überzeugt werden. Damit ist ein anderer **verkäuferischer Anspruch** definiert als bei den Basis-Verkaufsprozessen, ohne damit zu stark werten zu wollen. An anderer Stelle wird noch deutlich werden, welche große Bedeutung gerade auch dieser Prozess für Unternehmen besitzt. Gleichwohl sind beide Verkaufsprozesstypen auch eng miteinander verbunden (vgl. Abschnitt VI.). Starten wollen wir aber mit einem Interview, das die Geheimnisse der deutschen Skispringer durchleuchtet. Es verdeutlicht, wie Prozesse bei Spitzensportlern eingesetzt werden.

I. Interview mit Rudi Tusch: Dem Erfolg der deutschen Skispringer auf der Spur und was der Vertrieb daraus lernen kann

Jeder der aktiv Sport treibt, weiß, dass die Wirtschaft von den Erfahrungen der Spitzensportler profitiert. Das Denken und Handeln in Prozessen spielt in vielen Sportarten eine entscheidende Rolle. Dies gilt besonders für technisch anspruchsvolle und komplexe Disziplinen wie **Skispringen** oder **Stabhochspringen**. Die deutschen Skispringer haben sich seit vielen Jahren in der Weltspitze etabliert und sind zur Zeit populärer denn je. Jens Weisflog stand für die Erfolge Ende der 80er und Anfang der 90er Jahre, Dieter Thoma löste ihn ab, inzwischen werden Christof Duffner, Sven Hannawald und vor allen Dingen Martin Schmitt für ihre spektakulären und erfolgreichen Sprünge gefeiert. Und nicht umsonst vermarktet der Fernsehsender RTL diese Springer im großen Stil (siehe Abb. 12).

Abb.12: Skispringer

Quelle: RTL

Gerade die dramatischen WM-Springen von der Großschanze 1999, der gewonnene Weltcup durch Martin Schmitt und die Skiflugweltmeisterschaft im Jahr 2000 von Sven Hannawald haben das Interesse an diesem Sport erheblich gesteigert. Was liegt näher als von Spitzenathleten zu lernen und sich bei ihnen zu erkundigen, was sie langfristig erfolgreich macht. Dem Geheimnis kamen wir in einem **Interview** mit Rudi Tusch auf die Spur. Seine praktischen Erfahrungen, die er als Spitzensportler, Trainer und Manager sammeln konnte, bieten hervorragende Hilfestellungen für die Wirtschaft. Insofern lag der Gedanke nah, Rudi Tusch als profunden Fachmann zu befragen, was das **Skispringen mit dem Verkaufen** zu tun hat und ob es sogar einen Bezug zu Verkaufsprozessen gibt.

Lebenslauf:

Rudi Tusch wurde am 6. 11. 1954 in Oberstdorf geboren. Nach dem Besuch des Sportgymnasiums in Berchtesgaden leistete er seinen Wehrdienst bei der Bundeswehr in Bad Reichenhall und Berchtesgaden. Anschließend studierte er Sport und Mathematik. Während seiner Zeit (1984–1988) als Assistenztrainer für Skisprung beim Deutschen Skiverband studierte er an der Trainerakademie Köln via Fernstudium und schloss 1988 mit dem Trainerdiplom ab. Von diesem Zeitpunkt an wurde er auch verantwortlicher Trainer für den Skisprung und betreute unter anderem Jens Weisflog und Dieter Thoma. Von 1993 bis 1998 war er der Cheftrainer für den Skisprung und die Nordische Kombination im DSV mit 2-jähriger Tätigkeit im Skipool. Seit 1998 ist er Technischer Leiter für den Skisprung, die Nordische Kombination und den Ski-Langlauf. Die Leidenschaft zur Kombination Wirtschaft und Sport hat er durch ein weiteres Fernstudium gewonnen, dass er 1996 als Sportmanager abschloss.

Interview:

??: Herr Tusch, wie kommt ein Talent im Sport an die Spitze?

Letztlich werden sportliche Spitzenleistungen im Kopf erzielt. Wer vom Sieg träumt, muss ihn vor allem w o l l e n , muss z. B. Olympiasieger werden w o l l e n . Nur wenn dieser unbezwingbare Wille da ist, erst dann ist man auch bereit, sich für dieses Ziel zu quälen, Rückschläge und Enttäuschungen hinzunehmen.

??: Was kann der Trainer dazu beitragen?

Wer über Fähigkeiten verfügt, muss ihnen auch vertrauen. Die vornehmste Aufgabe des Trainers liegt darin, dieses Vertrauen in die eigenen Fähigkeiten zu wecken und wachzuhalten. Wenn der Wille erlahmt, nutzen auch die tollsten Trainingsmethoden nichts. Der Wille ist natürlich nicht alles, aber ohne ihn ist alles nichts.

??: Wo ein Wille ist, wie Sie sagen, ist da auch ein Weg, gar ein Königsweg?

Den gibt es selbstverständlich nicht. Gäbe es ihn, so ließe sich schließlich jedes Talent zum Olympiasieger befördern. Das wäre ebenso absurd wie langweilig. Sieg bedeutet Wettkampf, und Wettkampf heißt Konkurrenz. Und da gibt es vielfältige Konkurrenz, eine solche unterschiedlicher Persönlichkeiten, eine solche anderer Trainingsmethoden, anderer Ausrüstung usw. Im übrigen ist der Athlet in seiner Persönlichkeitsstruktur viel zu komplex für methodischen Einheitsbrei. Aber es gibt natürlich Grundsätze und auch Wege, die andere bereits erfolgreich beschritten haben und die man gehen kann.

??: Nehmen wir an, Sie als Trainer sind von einer völlig neuen Trainingsmethode begeistert, glauben fest daran, den Königsweg gefunden zu haben. Geht das ohne weiteres?

Es geht prinzipiell schon – aber es ist schwierig. Jeder Athlet ist eben auch Individualist mit höchsteigenen Vorstellungen von sich und seiner Sportart. Man kann ihm Methoden nicht einfach oktroyieren. Wichtig ist, dass der Athlet seinem Trainer vertraut. Das wird er nur, wenn er weiß, dass der Trainer sein Handwerk versteht, vielleicht sogar besser ist als andere, und dass er gemeinsam mit dem Sportler nur eines will: den **unbedingten Erfolg**.

??: Gesetzt, dieses Vertrauen ist da – mit welchen konkreten Problemen muss der erfahrene Trainer rechnen?

Jede Veränderung, die eine Verbesserung anstrebt, führt in der Regel zuerst zu einem Rückschritt. Schließlich muss der Athlet aus gewohnten Bahnen heraus, muss eingeübte Verhaltensmuster aufgeben. Zudem fehlt noch der routinierte Umgang mit der neuen Methode. Plötzlich werden Abläufe verfremdet und bewusst gemacht, die vorher automatisch abgespult und als selbstverständlich interpretiert wurden. Im Ergebnis führt das zu Unsicherheit, Irritationen und auch Unwohlsein.

??: Wie wird der Trainer damit fertig?

Zeit hat man nie, um so wichtiger ist es, das Richtige zu tun. Vor allem muss man systematisch vorgehen. Bleiben wir beim Skiweitsprung. Für den Laien ist das vor allem eine Frage des Mutes, von schwindelerregender Schanzenhöhe abzuspringen und über viele Meter durch die Luft zu fliegen, die Erde weit unter sich. Für den Skiweitspringer wird dieser Aspekt zunehmend unwichtig: Ihm geht es darum wie, und zwar wie weit, er springt. Dazu braucht er **Technik**. Die Absprung-, Flug- und Landetechnik ist für die Weite entscheidend. Technik und Sprungweite gelten überdies als Parameter für die Wertung des Sprungs.

??: Welche technischen Fertigkeiten sind unverzichtbar?

Einfach gesagt spielen Anfahrtsgeschwindigkeit, Absprungintensität und die aerodynamische Flugqualität die entscheidende Rolle. Die vier Phasen Anfahrt, Absprung, Flug und Landung dauern deutlich weniger als eine Minute. Und was so einfach zu sein scheint und nur kurze Zeit dauert, ist doch so ungeheuer anspruchsvoll. Es gibt viele technisch komplizierte Einzelphasen. Will man weiter springen, reichen Pauschalbemerkungen wie »Du musst Deine Flugphase verbessern!« nicht aus. Der gesamte Sprung muss vielmehr in seine Einzelphasen zerlegt und dann begutachtet werden. So wird der Trainer zunächst die Hauptphasen ins Auge fassen und, je nach Stärken und Schwächen des Springers, versuchen, die jeweilige Phase zu optimieren.

??: Können Sie kurz die wichtigsten Anforderungen der einzelnen Phasen benennen?

Voraussetzung für den gelingenden Absprung ist die Anfahrt. Sie muss durch entsprechende Haltung und Fahrttechnik eine möglichst hohe Geschwindigkeit erreichen. Entscheidend für den Absprung ist, diese Geschwindigkeit in die Flugphase umzusetzen. Dabei spielen die Absprungbewegung selbst sowie die Haltung der Skier eine wichtige Rolle. Während der Flugphase muss der Springer eine aerodynamische Haltung einnehmen, die ihm zu einem geringen Luftwiderstand und einem möglichst hohen Auftrieb verhilft. Die Flugphase selbst wird zu Zwecken der Analyse des Fluges nochmals in **vier Teilabschnitte** geteilt: Also zunächst den **Übergangsabschnitt**, der von 0–15 m gemessen wird. Daran schließt sich **der 1. Flugabschnitt** an, ungefähr von 15–50 m, gefolgt von der **2. Flugphase** 50–90 m und zu guter letzt vom **Landeanflug**. Nur wer alle genannten Phasen beherrscht, wird weit springen und den ästhetischen Ansprüchen der Wertungsrichter genügen. Jeder Springer, der in die Weltspitze will, wird immer wieder jede Flugphase analysieren, optimieren und schließlich perfektionieren.

??: Ein solches Beispiel für gezieltes Training ist doch bestimmt Jens Weißflog?

Ja, bei Jens, er war einer der erfolgreichsten Springer überhaupt, war es spannend, ihn trainieren zu sehen. Er gewann seine beiden Goldmedaillen mit zwei völlig unterschiedlichen Sprungstilen. In Sarajevo wurde er Olympiasieger im traditionellen **Parallel-Stil**. Viele Jahre später im norwegischen Lillehammer gewann er im **V-Stil** die Goldmedaille.

??: Wie war das möglich?

Nun, der Sieg in Sarajevo war, wenn man so will, normal: Alle sprangen im Parallel-Stil und Jens war der beste. Bei den nächsten Weltmeisterschaften im schwedischen Falun allerdings sprangen die jüngeren Konkurrenten im revolutionären V-Stil. Und sie sprangen an ihm vorbei. Er war auf dem Tiefpunkt seiner bis dahin einmaligen Karriere und musste sich entscheiden: Entweder aufhören oder konsequent auf die V-Technik umstellen. Jens wollte **nicht** aufhören. Er lernte die neue Technik. Sein unbezwingbarer Wille, es zu schaffen, das Vertrauen in sein Können waren die Haupttriebfedern. Leicht war das vor allem deshalb nicht, weil Jens anfänglich noch glaubte, die Wertungsrichter würden dem V-Stil doch die schlechteren Noten geben. Erst als er einsah, dass das eine Illusion war, wusste er, dass er vor allem den Willen haben muss, radikal umzusteigen.

??: Und er hat es tatsächlich geschafft!

Ja, unglaublich. Knochenhartes Training, zig-tausend Trainingssprünge brachten ihn schließlich dazu, Gewohntes abzulegen, das angelernte Flugverhalten in den neuen, ungewohnten V-Stil umzuwandeln. Dazu musste er zurück auf die **30 m-Schanze**, von der sonst nur der Nachwuchs springt, symbolischer Ausdruck des unvermeidlichen Rückschritts, von dem ich oben gesprochen habe. Er hat trotzdem nicht aufgegeben. Selbstverständlich haben wir darüber hinaus alle relevanten Erkenntnisse der Wissenschaften genutzt, z. B. im großen Windkanal in Dresden. Jens wurde für die neue Technik sensibilisiert, indem er länger als die 5 bis 8 Sekunden im realen Flug das notwendige Gefühl für die Sicherheit entwickeln konnte.

??: Herr Tusch, können Unternehmer, können Verkäufer von Sportlern lernen, um erfolgreicher zu sein?

Ohne jeden Zweifel, weil ja schon die Voraussetzungen vergleichbar sind. Der Sportler lebt wie der Unternehmer in der Welt der Konkurrenz. Sie treibt zu Höchstleistungen und stimuliert den Willen, besser zu sein. Der Erfolg beginnt im Kopf – im Sport wie im Wirtschaftsleben.

?? Nun leuchtet gewissermaßen von selbst ein, dass der Sportler den Erfolg will. Er will berühmt und vielleicht sogar reich sein. Was treibt den Verkäufer zum Erfolg?

Der Hinweis auf den Verdienst, glaube ich, greift zu kurz. Im Sport wie in der Wirtschaft geht es **nicht nur** um materielle Werte. Es geht um den Nachweis, besser zu sein als andere. Es geht auch darum, eine Herausforderung anzunehmen und zu bestehen, sich zu beweisen.

?? Welche Rolle spielen vergleichsweise die Methoden?

Jede Vorbereitung auf das Ziel muss methodenbewusst organisiert sein. Training ist methodisches Handeln, was wiederum als ein Prozess, also Schritt für Schritt, zu begreifen ist. Beide, der Verkäufer wie der Skispringer, müssen lernen, ihr Handeln als einen **Vor-Gang**, als einen Prozess zu verstehen, der zerlegt, analysiert, optimiert und schließlich perfektioniert werden kann. Nur wenn im Verlauf der einzelnen Sprung- oder Verkaufsphasen alles stimmt, dann ist der gesamte Vorgang ein Erfolg. Vor allem kann ich als Führungskraft so korrigieren, eingreifen, steuern.

II. Die Elemente eines Verkaufsprozesses

Animiert durch den Spitzensport, fällt es leichter sich mit der Struktur von Verkaufsprozessen auseinanderzusetzen. Sie stellen **ablauforientiert** dar, wie der Vertrieb agiert und welche Ergebnisse er dabei erzielt. Ein Prozess verbindet somit die Inputfaktoren – also die Verkaufsaktivitäten – mit einem Wirkungs- bzw. Erfolgsgrad, der dann zu konkreten Verkaufsergebnissen, zu Umsätzen oder zu Deckungsbeiträgen, führt. Im Prinzip wird ein Verkaufsvorgang komplett beschrieben, angefangen von der **Identifikation des Kunden** bis hin zur **Auftragserteilung**.

 Konzentrieren wir uns nun auf die vier Elemente, mit deren Hilfe in den nächsten Abschnitten die Ausbauprozesse- und der Basisprozess strukturiert werden. Die nächste Abbildung gibt dazu einen ersten Überblick.

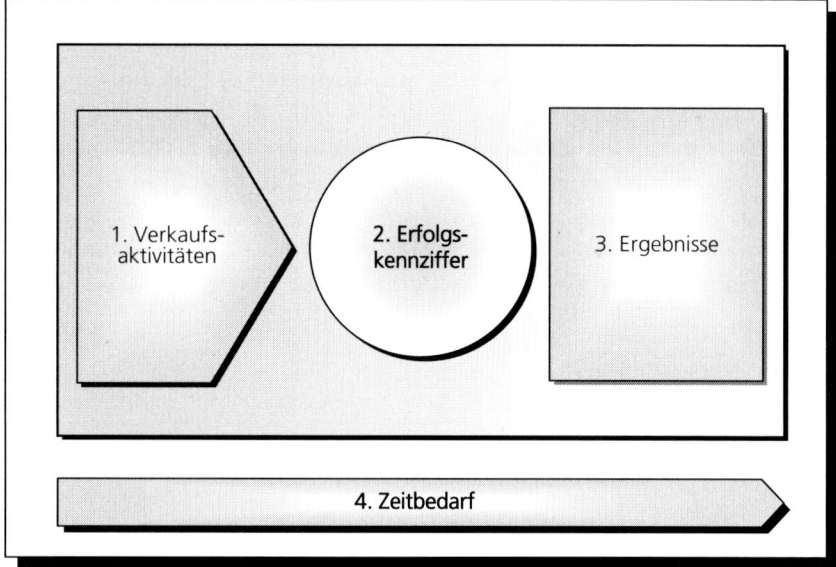

Abb. 13: Die vier Elemente eines Verkaufsprozesses

Quelle: Mercuri International

Wie bei einer traditionellen Prozessbeschreibung werden auch im Vertrieb zunächst alle anfallenden Arbeitsschritte bzw. Verkaufsaktivitäten erfaßt. Sie werden im weiteren Verlauf durch **Pfeile** (1) symbolisiert. Zwischen den einzelnen Arbeitsschritten werden sogenannte Erfolgskennziffern eingebaut, um präzise erfassen zu können, wie der Markt auf die jeweiligen Aktivitäten reagiert. Sie erklären, wie erfolgreich die einzelnen Meilensteine waren bzw. in wie vielen Fällen Folgeaktivitäten durchgeführt werden konnten. Erfolgskennziffern helfen außerdem, den Akteuren Erfolgserlebnisse zu vermitteln. Das ist vergleichbar mit einem Marathonlauf. Wer ihn läuft, teilt sich die für einen Laien unvollstellbar lange Strecke von 42,2 Kilometern in Teilziele ein. Das motiviert, weil es das Gesamtziel verkleinert. In den nachfolgenden Grafiken werden diese Kennziffern durch **Kreise** (2) beschrieben.

Zu guter letzt sei noch erwähnt, dass die Ergebnisse des Prozesses durch **Rechtecke** (3) und der benötigte Zeitraum ebenfalls durch einen langgezogenen **Pfeil** (4) abgebildet werden. Damit verfügt der Leser nun über das erforderliche Rüstzeug, um seine eigenen Prozesse grafisch darzustellen.

Bei einem Prozess wechseln sich immer Aktivitäten mit Erfolgskennziffern ab. Dabei ist im ersten Schritt egal, wer die Aktivitäten durchführt. Abbildung 14 zeigt einen Ausbauprozess im Überblick.

Selbstverständlich lassen sich unterschiedliche Detaillierungsgrade wählen. So lassen sich auch komplexere Verkaufsprozesse darstellen, bei denen Zielkunden, z.B. je nach Reaktion, mit unterschiedlichen Aktivitäten weiter bearbeitet werden. In der Praxis kommt dieses häufig vor, etwa wenn in Konzernen an mehrere Abteilungen oder an unterschiedliche Ansprechpartner verkauft werden soll. Wie das grafisch umgesetzt werden kann, zeigt die Abbildung 15.

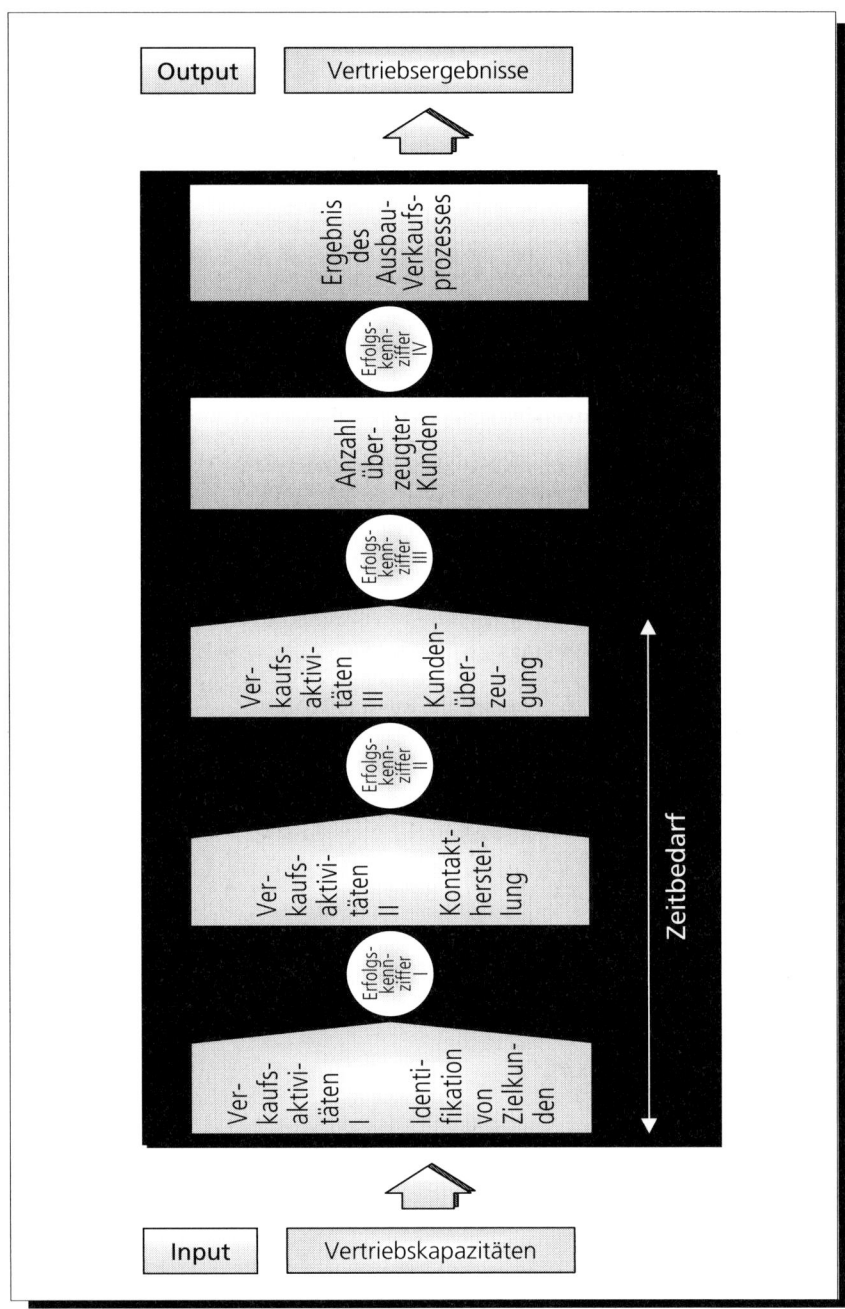

Abb. 14: Aufbau und Struktur eines Ausbau-Verkaufsprozesses

Quelle: Mercuri International

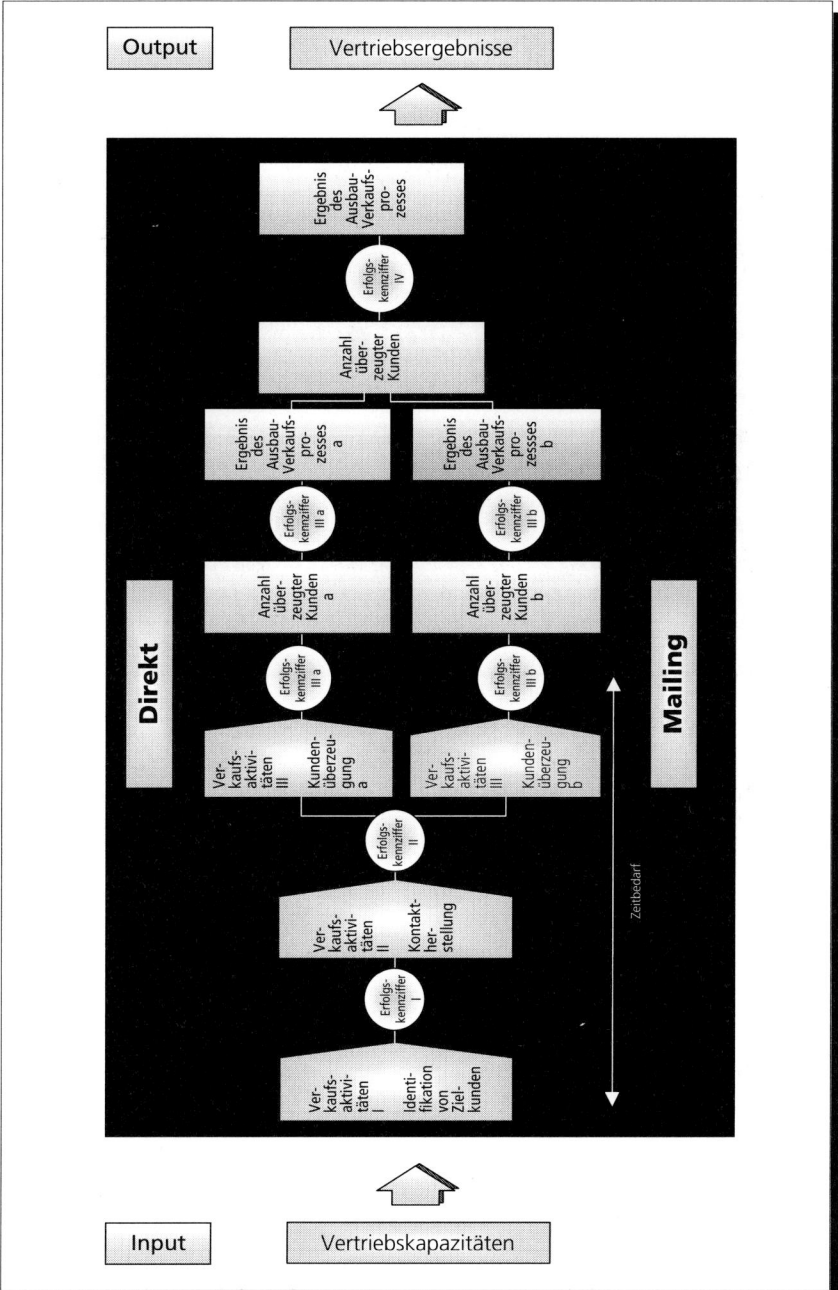

Abb. 15: Komplexere Strukturen von Verkaufsprozessen

Quelle: Mercuri International

Die Grundlagen, um Prozesse im Vertrieb überhaupt zu strukturieren, sind mit diesem Abschnitt gelegt worden. Nachfolgend geht es nun darum, die voneinander abweichenden Ausbau- und Basis-Verkaufsprozesse nach ihren unterschiedlichen Anforderungen zu organisieren. Sie unterscheiden sich vor allen Dingen hinsichtlich der jeweiligen Verkaufsaktivitäten. In der ersten Gruppe sind Kontakte anders herzustellen und Kunden schwieriger zu überzeugen als in der zweiten. Deshalb starten wir auch zunächst mit den Prozessen, die für Wachstum sorgen sollen.

FOKUS

1. **Ein Verkaufsprozess lässt sich mit Hilfe von vier unterschiedlichen Arten von Bausteinen beschreiben.**

2. **Weiterhin ist es möglich, unterschiedliche Detaillierungsstufen zu berücksichtigen, so dass auch komplexe Kundenbeziehungen erfasst werden können.**

III. Ausbau-Verkaufsprozesse strukturieren

1. Die Verkaufsaktivitäten

Der Begriff Verkaufsaktivitäten steht hier stellvertretend für alle verkäuferischen Aktionen wie Kundenbesuche/-verhandlungen, Telefonate, Erstellung von Angeboten, Präsentationen oder auch Marktanalysen. Er beschreibt Art und Umfang der durchzuführenden Aktivitäten. Darüber hinaus sollten Gütemaßstäbe definiert werden, wie einzelne Arbeitsschritte erfolgreich absolviert werden können. Zu einem Verkaufsprozess gehören in der Regel mehrere Aktivitäten, die aufeinander aufbauen oder in einer bestimmten Reihenfolge ablaufen. Alle **Ausbau-Verkaufsprozesse** – Neukundengewinnung, Cross Selling, Intensivierung durch Wettbewerbsverdrängung oder Kundenerfolgssteigerung – weisen die gleiche Grundstruktur auf:

1.1. Zielkunden identifizieren

Die Wahl der richtigen Kunden spielt auch psychologisch eine äußerst wichtige Rolle, weil hierdurch Erfolgswahrscheinlichkeiten stark beeinflusst werden. Idealerweise werden für zaudernde, ängstliche Mitarbeiter, die mit dem aktiven Verkaufen bisher eher rudimentäre Erfahrungen gesammelt haben, sehr früh Erfolgserlebnisse vermittelt, die Mut erzeugen, um weitere Verkaufsprozesse aktiv anzugehen. Erfolge erzeugen Erfolge.

Um die **richtigen Kunden** und Ansprechpartner zu identifizieren (vgl. Abb. 17), muss zunächst ein **präzises Anforderungsprofil** erstellt werden. Es beschreibt anhand ausgewählter Kriterien (z. B. Potenzial, eingesetzte Produktionsverfahren) den **idealen Kunden**. Immer wenn es sich dabei um Ausbau-Prozesse bei bestehenden Kunden handelt, werden bereits mehr oder weniger qualifizierte Daten über diese Kunden vorhanden sein.

Bei Neukunden werden andererseits erst einmal Daten beschafft werden müssen. Selbst wenn sie aufgrund früherer Aktionen bereits vorliegen, ist Vorsicht geboten. Denn erfahrungsgemäß enttäuscht die verfügbare Qualität. Überhaupt sollte mindestens einmal pro Jahr die komplette Kundendatenbank aktualisiert werden. Ansonsten entstehen teure Streuverluste. Zweifelsohne ist eine regelmäßige Qualifizierungsoffensive ein hoher, teurer Aufwand, der sich aber im weiteren Verlauf der Verkaufsprozesse rechnet.

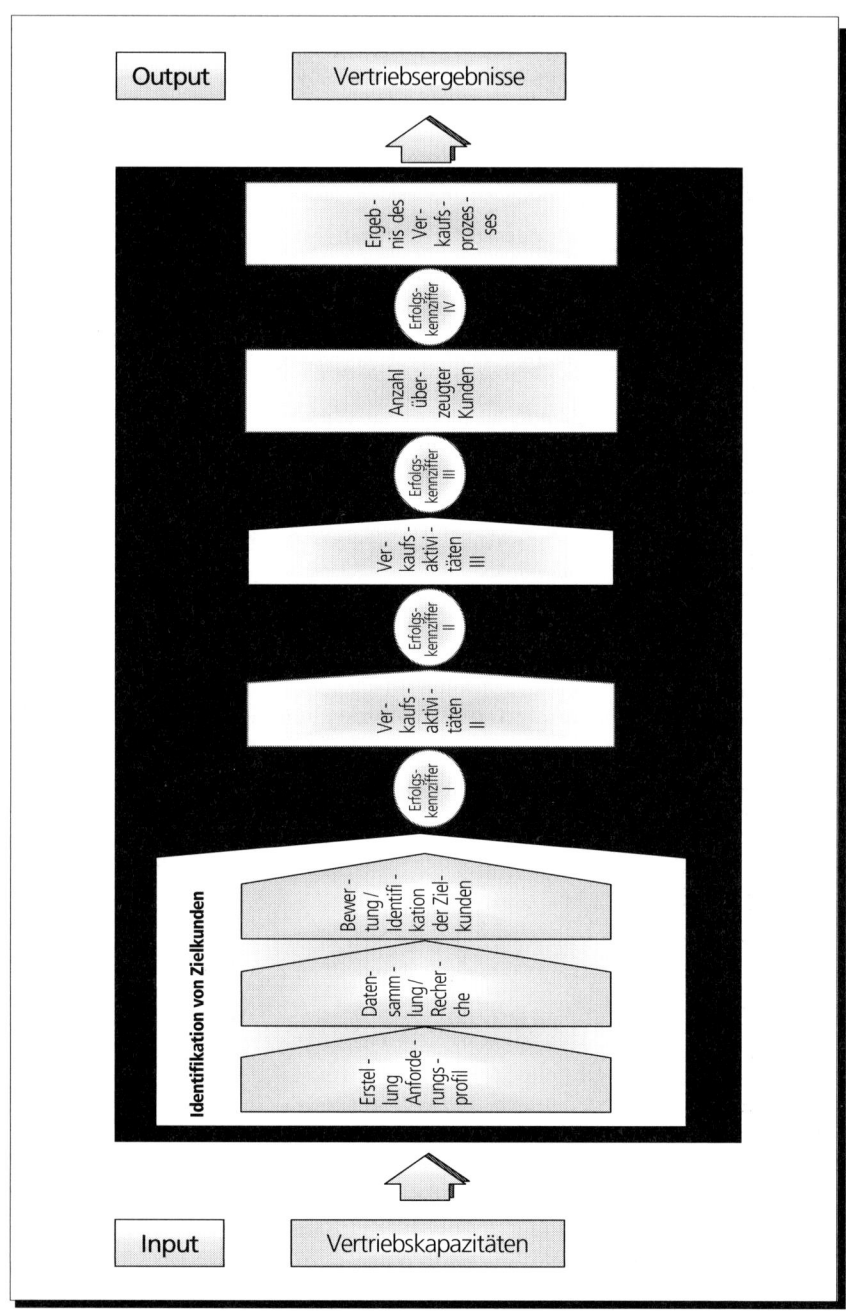

Abb.16: Aktivitäten, um Zielkunden zu identifizieren

Quelle: Mercuri International

Erst nachdem ein präzises Anforderungsprofil erstellt worden ist, werden die einzelnen ausgewählten Kunden anhand eines Scoring Modells verglichen. Damit lässt sich bewerten, inwieweit die potenziellen Kunden die aufgestellten Kriterien erfüllen. Selbstverständlich können diese Kriterien entsprechend ihrer Bedeutung für das Ideal-Profil auch unterschiedlich gewichtet werden. Die Kunden, die dann dem Profil besonders exakt entsprechen, erhalten eine hohe Punktzahl und somit eine hohe Bearbeitungspriorität. Das zeigt die Abbildung 17.

Bewertungs-kriterien	Kriterium 1 max. 5 Punkte	Kriterium 2 max. 5 Punkte	Kriterium 3 max. 5 Punkte	Kriterium 4 max. 5 Punkte	Summe Punkte
Kunde 1	3	5	4	2	14
Kunde 2	2	2	4	3	11
Kunde 3	4	3	5	4	16
Kunde 4	1	3	2	2	8

5 = entspricht dem Idealprofil
1 = entspricht nicht dem Idealprofil

Abb. 17: Beispiel eines Scoring Modells

Quelle: Mercuri International

In unserem Beispiel hat der Kunde 3 die höchste Priorität, der Kunde 1 die zweithöchste usw. Das Ergebnis des Verkaufsprozesses wird grundsätzlich umso besser sein, je geeigneter die Zielkunden sind. Mit Hilfe eines solchen Bewertungsmodells lassen sich die »lohnenden Kunden«, also die Kunden mit einer hohen Erfolgswahrscheinlichkeit, identifizieren. Darüber hinaus können so größere Kundengruppen zu einer überschaubaren und bearbeitbaren Zahl von Kunden verdichtet werden. Die knappe Verkaufszeit, die wir bereits als besonders wertvoll eingestuft haben, wird so wesentlich präziser eingesetzt. Genau hier liegt ein wichtiger Schlüssel für den Verkauf, um zukünftig effektiver und produktiver zu sein. Wird in diesem Schritt »geschludert«, wird es später teuer. Da die Zeit knapp ist, wiederholen wir uns an dieser Stelle ganz bewusst. Es geht darum, die richtigen Dinge richtig zu tun.

In einem späteren Kapitel werden die Strukturen typischer Anforderungsprofile für die einzelnen Ausbau-Verkaufsprozesse präziser erläutert. In der Regel gibt es zwischen der Erstellung der Anforderungsprofile, der Datensammlung und der Bewertung/Identifikation keine Erfolgsquoten, da es sich um vorbereitende Arbeiten handelt, welche die Verkaufskapazitäten in die richtige Richtung lenken sollen. Kundenanalysen können davon ausgenommen werden, da nur ein Teil der analysierten Kunden (z.B. nur jeder zweite oder dritte) in der Regel die Anforderungsprofile erfüllt. So lassen sich beispielsweise interessante Erkenntnisse ableiten, wenn Adressen von Brokern gekauft werden. Es lässt sich auswerten, wie gut die Qualität des eingekauften Materials war.

1.2. Kontakte herstellen

Wenn die richtigen Zielkunden identifiziert worden sind, muss ein Kontakt interessant genug sein, um Aufmerksamkeit zu wecken. Auch das wird bei den bestehenden Kunden wiederum leichter sein als bei neuen. Auch der Bekanntheitsgrad eines Unternehmens und das Image beeinflussen die Kontaktergebnisse. Weitere Parameter zeigt die nachfolgende Tabelle. Das Ziel eines Kontaktes ist es, eine Beziehung systematisch aufzubauen und Ansatzpunkte für ernsthafte Verhandlungen zu finden. Die Bandbreite reicht dabei von sogenannten Kaltbesuchen (unangemeldete Besuche) über die telefonische Terminvereinbarung bis hin zu Einladungen zu Veranstaltungen oder zu Messen. Abbildung 18 zeigt, wie Kunden oder Zielgruppen grundsätzlich angesprochen werden können. Abhängig ist das von der jeweiligen Bedarfssituation.

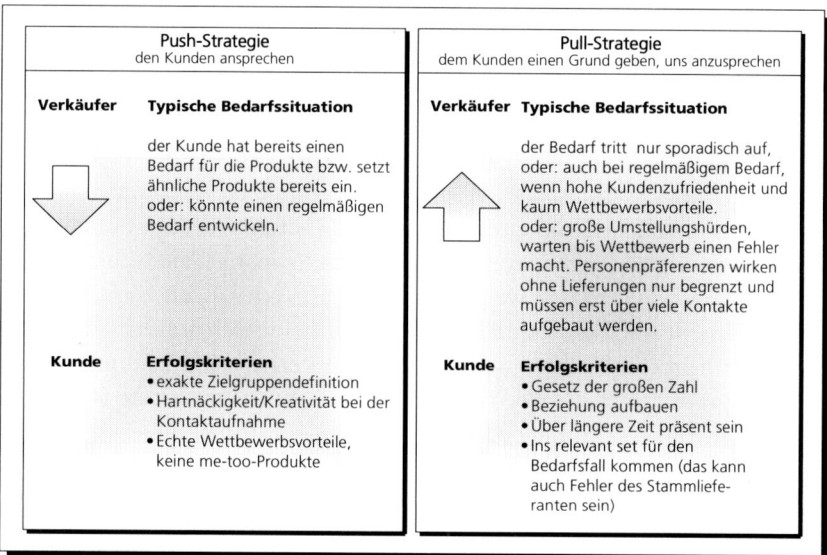

Abb. 18: Pull- und Push-Strategien

Quelle: Mercuri International

Zusätzlich hilft Checkliste 1, die richtige Kontaktstrategie herauszufinden.

Mögliche Einflussfaktoren auf die Wahl der Kontaktstrategie	Relevant?
Anzahl der Zielkunden	
Bekanntheitsgrad des eigenen Unternehmens/der Produkte	
Image der Produkte	
Zeitpunkt/Saisonalität des Kundenbedarfs	
Vorhandensein eines aktuellen Bedarfs	
Stellung des gesuchten Ansprechpartners Kosten eines Lieferantenwechsels	
Verhalten der Wettbewerber	
Bisherige Aktivitäten beim Kunden	
Kosten der Kontaktstrategie	

Checkliste 1: Einflussfaktoren auf die Auswahl der richtigen Kontaktstrategie

Der erste Kontakt ist nicht mehr als ein Türöffner für die nächsten Meilensteine in dem jeweiligen Prozess. **Er soll beim Kunden Interesse wecken und nicht breit informieren.** Außerdem dient er dazu, dass sich der Verkäufer ichtig vorbereitet. Er muss sich beim ersten Kontakt konkrete Gedanken machen, welchen latenten Bedarf ein Ansprechpartner haben könnte. Gar nicht so einfach, weil genau diese Information oft genug nicht präzise vorliegt.

.3. Kunden überzeugen

Kunden aktiv zu überzeugen, ist **die Herausforderung des Verkaufens** schlechthin. Dies gilt vor allen Dingen, wenn es darum geht, neue Kunden zu gewinnen. Mit Hilfe der folgenden Abbildung lässt sich das einfach nachvollziehen. Zwei unterschiedliche Kernaufgaben mit gänzlich anderen Anforderungen lassen sich dabei unterteilen. Einerseits muss »**ein Bedarf geweckt**« werden, der dann andererseits »**gedeckt**« werden muss (vgl. Abb. 19). Natürlich träumen alle Verkäufer davon, dass Kunden oder Interessenten sich selber melden. Das erfordert aber in jedem Fall einen entsprechenden Vorverkauf, der durch (teure) Werbung geleistet werden muss. Häufig ist der Anbieter jedoch gar nicht bekannt.

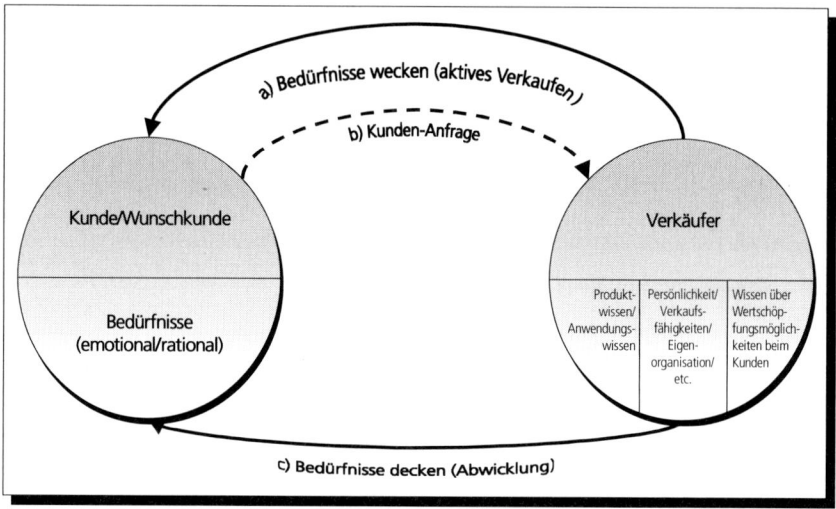

Abb. 19: Definition des Verkaufens

Quelle: Mercuri International

Wenn der (potenzielle) Kunde sich nicht von selbst beim Anbieter meldet, weil er (vermeintlich) zufrieden ist, hat der Verkäufer eine harte Nuss zu knacken. In der guten alten Vergangenheit genügte es oftmals, Anfragen der Kunden professionell zu bearbeiten (Bedarf decken). Dazu war dann vor allen Dingen Produktwissen und technisches Verständnis erforderlich. Heute reicht das bei weitem nicht mehr aus. Der Verkäufer muss sich gründlich in der Situation des Kunden auskennen und mögliche Probleme vorwegnehmen können, um überhaupt einen Bedarf wecken zu können.

Viele Mitarbeiter stören sich außerdem an dieser aus ihrer Sicht aufdringlichen Form des **aktiven Verkaufs** mit dem Ziel, einen Bedarf zu wecken. *»Ich bin doch kein Versicherungsvertreter. Wenn ein Kunde etwas will, wird er sich schon melden.«* Wer in Prozessen denkt und handelt, versachlicht die Diskussion und zeigt, dass Verkaufen mit Penetranz und Aufdringlichkeit wenig zu tun hat. Allerdings mit Systematik und Fleiß. Außerdem hilft diese Definition gerade die sogenannten »Alten Hasen« dafür zu sensibilisieren, dass Verkaufen nicht gleich Verkaufen ist. Wer jahrelang aufgrund eines guten Produktwissens »nur« Bedarf gedeckt hat, muss nicht automatisch erfolgreich den Bedarf bei Wunschkunden wecken können. Verkaufen ist eben nicht gleich Verkaufen!

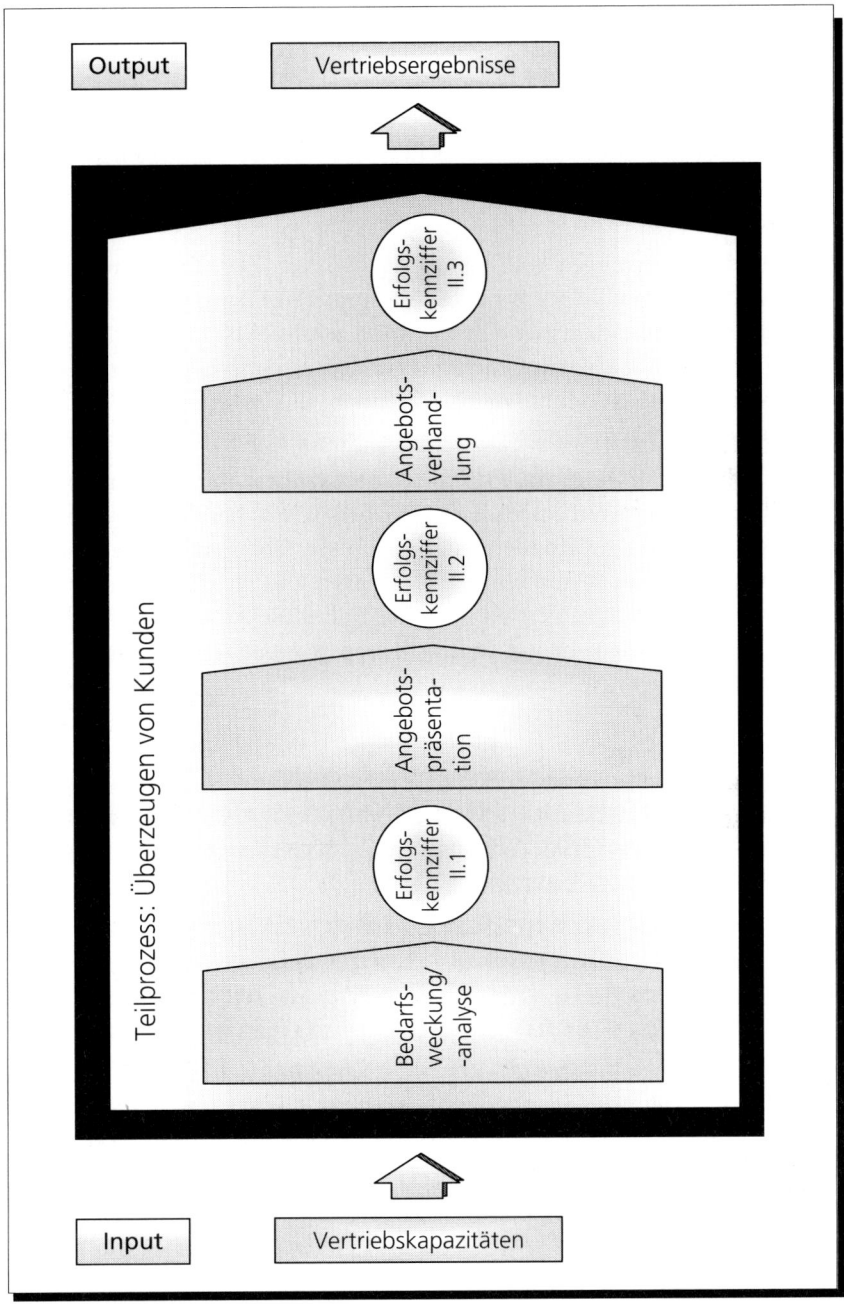

Abb. 20: Grundsätzliche Arbeitsschritte zur Überzeugung von Kunden

Quelle: Mercuri International

Da bei Neukunden im Vergleich zu bestehenden Kunden meistens auch noch die positiven Erfahrungswerte der Vergangenheit fehlen, auf denen man aufbauen kann, ist die Herausforderung bei den einzelnen **Ausbau-Prozessen** noch einmal sehr unterschiedlich. Erfahrungen bei aktiven Kunden helfen dem Außendienstmitarbeiter, schneller den richtigen Lösungsansatz zu finden, den Einsatz seiner Produkte zu intensivieren oder andere Produkte zu verkaufen.

Wer Kunden überzeugen will, benötigt außerdem Zeit. Es ist zwar in der Praxis immer noch üblich, ein Verkaufsgespräch nur dann positiv zu bewerten, wenn der Außendienstler einen Auftrag geschrieben hat. Tatsächlich ist aber eine solche Einschätzung mehr als antiquiert, denn ein **Überzeugungsprozess** läuft, wie in Abbildung 20 ersichtlich, normalerweise in mehreren Stufen und über einen längeren Zeitraum ab.

Ob es sich dabei jeweils um einzelne Arbeitsschritte mit eigenen Erfolgskennziffern oder nur um einen einzigen Arbeitsschritt handelt, wird von den jeweiligen Produkten, Kundensituationen, etc. abhängen. Auch hierbei braucht zunächst nicht differenziert zu werden, mit welchem Verkaufsmedium oder von welchen Vertriebsmitarbeitern diese Arbeitsschritte durchgeführt werden sollen. In welchen Schritten Kunden grundsätzlich überzeugt werden, zeigt Abbildung 20 auf Seite 51.

FOKUS

1. **Die Vertriebsaktivitäten werden durch die drei Aufgaben Identifizieren, Kontaktieren und Überzeugen beschrieben.**

2. **Die richtigen Kunden zu identifizieren ist dabei eine grundlegend wichtige Aufgabe, da Verkaufsprozesse bei Zielgruppen mit wenig Potenzial zu viel Aufwand und zu geringen Ergebnissen führen.**

3. **Wer Kunden innerhalb eines Ausbauprozesses überzeugen will, benötigt einen langen Atem. Er darf nicht mit kurzfristigen Erfolgen rechnen, da die Kunden in der Regel (vermeintlich) zufrieden sind. Außerdem haben sie nur selten einen kurzfristigen Bedarf. Viele Verkäufer haben damit Schwierigkeiten, weil sie die notwendige Zeit nicht richtig kalkulieren.**

2. Die Erfolgskennziffern

Wer sich verbessern will, sollte die **Leistungstreiber** und die **Leistungsverhinderer** eines Prozesses kennen. Erfolgskennziffern helfen dabei und erklären, wie erfolgreich einzelne Verkaufsaktivitäten abgeschlossen werden. Gemeint ist hier nicht, dass eine bestimmte Anzahl von Aufträgen analysiert wird. Dieser Aspekt ist besonders bedeutsam für alle Manager und Außendienstmitarbeiter, die immer noch glauben, nur ein Abschluss sei der Beleg für ein erfolgreiches Verkaufsgespräch. Der Leser kann sicherlich schnell nachvollziehen, dass in vielen Branchen kurzfristige Abschlüsse ohne weiteres nicht möglich sind und deshalb sinnvolle Teilschritte eingebaut werden müssen.

Deshalb ist eine Aktivität innerhalb eines Verkaufsprozesses auch dann **erfolgreich** abgeschlossen, wenn die nächste Etappe oder Aktivität erreicht wurde. Vergleichbar ist das mit einem Radrennen. Auch hier kann man eine Tour nur gewinnen, wenn alle Etappen erfolgreich bestritten wurden. So kann ein Erstgespräch mit einem Kunden auch dann sehr wirkungsvoll gewesen sein, wenn auch ein zweiter Termin für eine Demonstration oder einen Versuch vereinbart werden konnte. Erst wenn die letzte Aktivität erfolgreich gemeistert wurde, ist das Gesamtziel, der Auftrag, erreicht. Es ist aber leider ein Naturgesetz des Verkaufs, dass der Wirkungsgrad nicht bei 100% liegen kann. Häufig liegt die Erfolgsquote für einzelne Teiletappen gerade mal zwischen 10 und 30%. Das bedeutet dann, dass nur jede zehnte Aktivität erfolgreich abgeschlossen werden konnte. Auch deshalb wird immer wieder davon gesprochen, dass ein Verkäufer ähnlich wie ein Boxer »Nehmerqualitäten« besitzen muss. Er muss mit »Schwund« und »Niederlagen« rechnen.

Abbildung 21 zeigt dem Leser beispielhaft mögliche Erfolgskennziffern in Ausbauprozessen, die erfassen, wie produktiv einzelne Aktivitäten für den Gesamtprozess sind. Wer solche Ziffern systematisch erfasst, entwickelt ein Erfahrungsgerüst, um Kapazitäten und Aktivitäten professioneller zu planen und die Vertriebsarbeit produktiver auszurichten. Außerdem lässt sich frühzeitig erkennen, ob weitere Kontakte angesprochen werden müssen, um die gewünschten Erfolge zu erzielen. Immer wieder wird uns die Frage nach Erfahrungswerten zu Erfolgskennziffern von Ausbauprozessen gestellt. Sie ist aber kaum pauschal zu beantworten, weil die Antwort entscheidend von Faktoren wie dem Bekanntheitsgrad des Unternehmens oder der jeweiligen Branche abhängt. Deshalb richten wir den Appell an Sie: Sammeln Sie Ihre eigenen Erfahrungen mit Hilfe dieser Kennziffern!

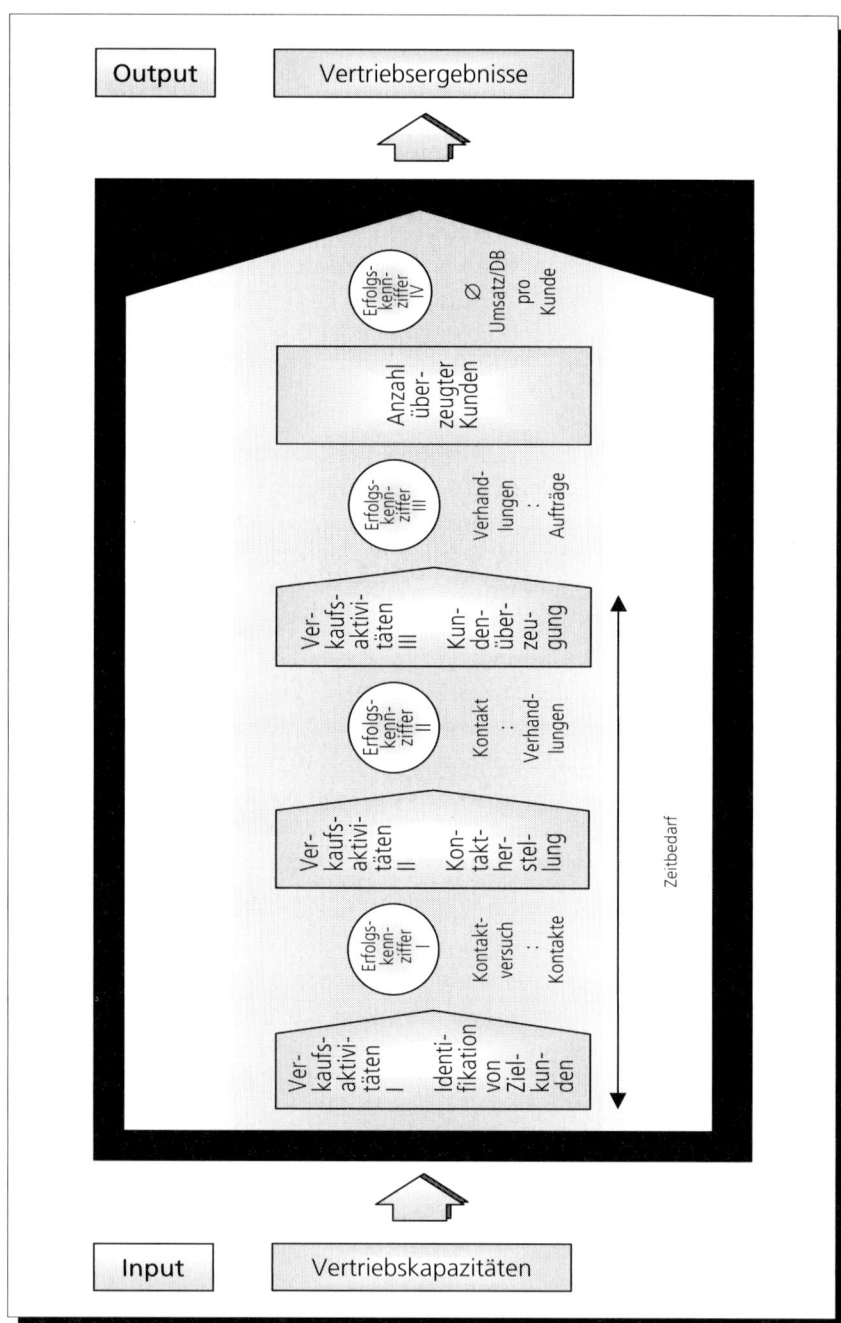

Abb. 21: Beispiel für Erfolgskennziffern in einem Ausbau-Verkaufsprozess

Quelle: Mercuri International

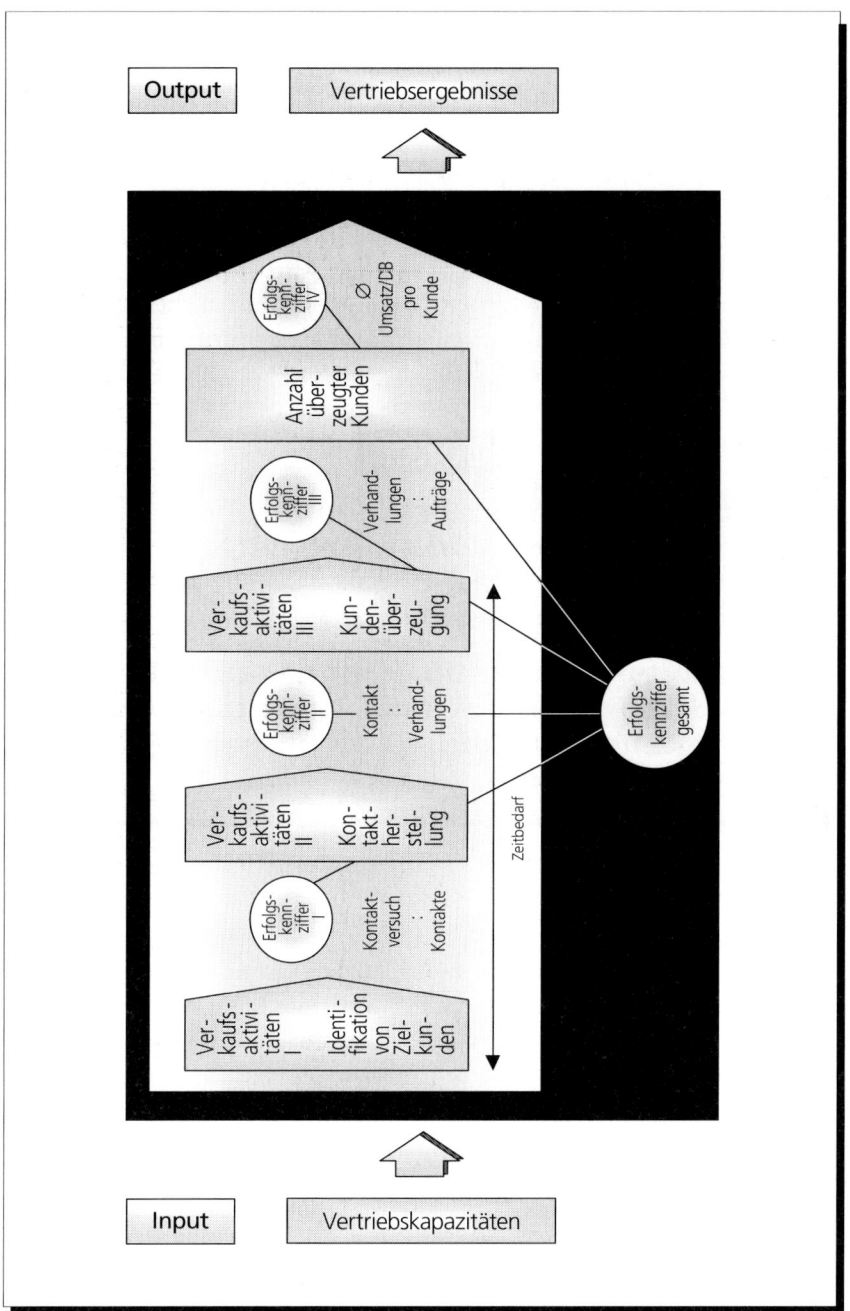

Abb. 22: Verdichtete Erfolgskennziffern

Quelle: Mercuri International

Um einen Prozess übersichtlich zu halten und die Interessenten nicht mit zu hoher Komplexität zu verunsichern, können Erfolgskennziffern auch verdichtet werden. Ebenso wie wir die Aktivitäten zu drei Gruppen (Zielkunden, Kontakt, Überzeugung) zusammengefasst haben, so lassen sich auch die Erfolgsquoten konzentrieren, bis hin zu einer Erfolgsquote für den gesamten Prozess. In einem Neukundenprozess kann das die Anzahl der überzeugten Kunden sein, in einem Cross-Selling-Prozess die Zahl aller zusätzlich verkauften Produkte. Das bietet sich vor allen Dingen an, wenn Mitarbeiter spürbare Widerstände gegen detaillierte Zahlen zeigen. Um die Betroffenen nicht mit – aus ihrer Sicht zu viel Detailwissen – zu konfrontieren, werden Informationen verdichtet, ohne dass dabei die Aussagekraft verloren geht (vgl. Abb. 22 auf Seite 55).

FOKUS

1. **Erfolgskennziffern beschreiben, wie erfolgreich einzelne Verkaufsaktivitäten abgeschlossen werden. Damit lässt sich auch messen, wie produktiv sie sind.**

2. **Sie helfen weiterhin, länger laufende Prozesse zu managen und ergänzen den geschriebenen Auftrag als alleinigen Gradmesser für den Erfolg.**

3. Die Ergebnisse

Das Ergebnis am Ende eines Prozesses ist letztlich nur noch die **logische Folge der einzelnen Teiletappen**. Es ist der verdiente Lohn oder die gerechte Strafe für die richtige oder aber mangelnde **Qualität, die Quantität und Richtung** der eigenen Vertriebsarbeit. Weil er das eigentliche Resultat eines Fußballspiels nicht beeinflussen kann, muss der Trainer einer Fußballmannschaft sich auf die Aufstellung seiner Mannschaft, die Taktik, das Training oder die Motivation der Spieler konzentrieren. Ähnlich ist das im Vertrieb auch. Das Management sollte die Aktivitäten der Mitarbeiter beeinflussen und nicht über die Resultate nörgeln. Viele Unternehmen konzentrieren sich zu stark auf die Ergebnisse, anstatt sich an den beeinflussbaren Parametern zu orientieren. Das sind nun einmal die Aktivitäten, während die Erfolgskennziffern als Hinweise dienen, ob die gesteckten Ziele überhaupt erreicht werden können.

Im Idealfall entspricht das Ergebnis eines Verkaufsprozesses dem anfänglich gesteckten Ziel, ausgedrückt in DM bzw. EURO. Allerdings beschreibt eine solche Werteinheit alleine den Verkaufsprozess noch viel zu ungenau und ist damit nicht richtig aussagefähig. Wir müssen deshalb weitere Teilergebnisse betrachten, wie sie Abbildung 23 erfasst.

Das **erste Teilergebnis** eines Ausbauprozesses ist **die Anzahl der überzeugten Kunden.** Je nach Art des Verkaufsprozesses kann es sich dabei um neue Kunden oder um bestehende Kunden handeln, die ein zusätzliches Produkt kaufen, ihren Lieferanteil erhöhen oder ein Produkt intensiver nutzen als zuvor.

Das **zweite Teilergebnis** ist der **Umsatz und der Deckungsbeitrag,** der mit diesen Kunden erzielt wird. Da wir in einem Prozess immer mehrere Kunden betrachten, wird hier nur der entsprechende Durchschnittswert erfasst. Dieser Wert stellt zugleich auch eine Erfolgskennziffer dar. Während die anderen Erfolgskennziffern die **Produktivität des Prozesses** für die Anzahl der Kunden beschreiben, wird die wertmäßige Produktivität des Prozesses erst durch diese Kennziffer beschrieben.

Das gesamte Prozessergebnis wird dann schließlich aus dem Wert und der Anzahl der überzeugten Kunden gebildet.

FOKUS

1. **Wer Verkaufsergebnisse beeinflussen will, muss die Verkaufsprozesse verändern. Über Aktivitäten werden Ergebnisse gesteuert.**

2. **Das Ergebnis eines Verkaufsprozesses alleine lässt sich nicht aussagefähig durch den DM- oder EURO-Wert erfassen.**

3. **Weitere Teilergebnisse wie die Anzahl der durchschnittlich überzeugten Kunden und der mit diesen Kunden erzielte Umsatz oder Deckungsbeitrag helfen, die Aussage zu validieren.**

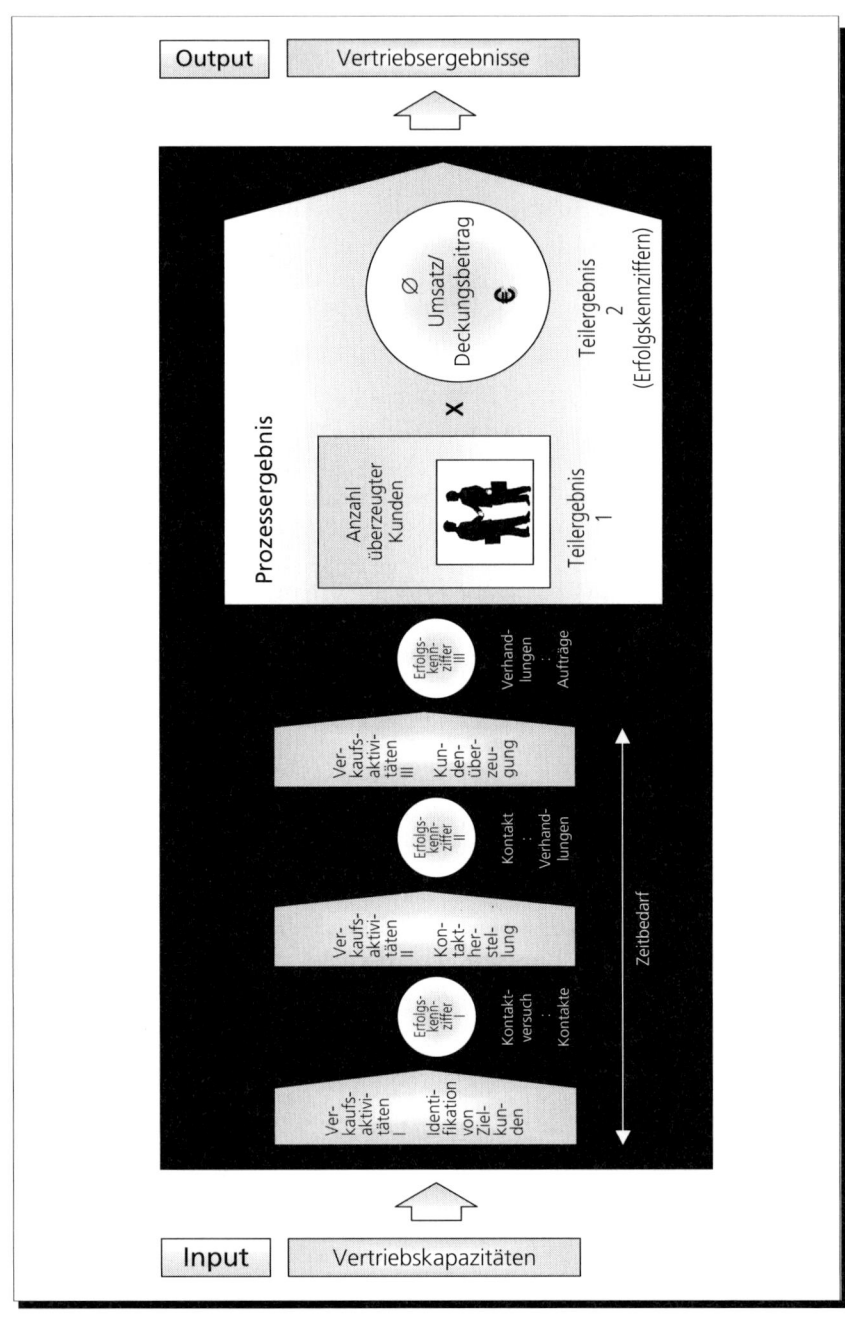

Abb. 23: Prozessergebnis

Quelle: Mercuri International

4. Der Zeitbedarf

Bei der **Aktiven Verkaufszeit (AVZ)** handelt es um die wertvolle Zeit, die der Vertrieb direkt beim oder am Telefon mit dem Kunden verbringt. Je geringer sie ist, umso geringer ist der direkte Einfluss auf den Kunden. Deshalb gilt es, diese wertvolle Ressource sinnvoll einzusetzen und zu planen. Wer nicht plant, wird verplant, sagt ein altes Sprichwort. Dazu muss unter anderem auch bekannt sein, welche Zeit insgesamt für einen Prozess benötigt wird. In jedem Produktionsprozess kann der verantwortliche Meister dazu exakte Angaben machen. Der Vertrieb hingegen windet sich, hält es für blanke Theorie und unnötige Bürokratie, den Zeiteinsatz zu ermitteln. Auch deshalb sind in den meisten Unternehmen solche Daten eher Mangelware. Wie Kapazitäten prozessorientiert geplant werden können, wird uns im Teil 4 dieses Buches beschäftigen.

Die Dauer eines Prozesses ist durch zwei verschiedene Größen charakterisiert. Die **erste** ist der Zeitbedarf für die **Durchführung der einzelnen Aktivitäten**, die **zweite** ist der Zeitbedarf für den **gesamten Prozess**. Der Zeitbedarf, um einzelne Aktivitäten durchzuführen, lässt sich theoretisch relativ leicht ermitteln. In der Praxis ist es mehr eine Frage des Wollens. Die Aktivität »persönlicher Kundenkontakt« setzt sich z. B. aus dem Aufwand für Vor- und Nachbereitung, aus Reisezeiten, aus Wartezeiten und aus der direkten Kundenkontaktzeit zusammen. Bei telefonischen Kontakten müssen statt der Reisezeit die Wählversuche am Telefon berücksichtigt werden. Ein Beispiel dazu zeigt Abbildung 24.

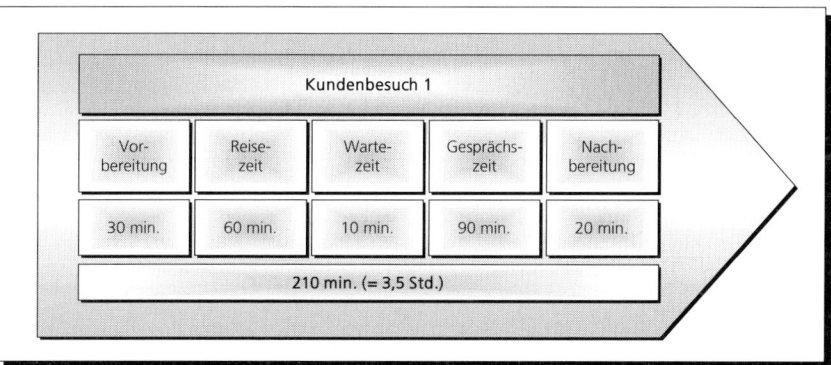

Abb. 24: Beispiel für die Zeitstruktur einer Verkaufsaktivität in Minuten

Quelle: Mercuri International

Der Zeitbedarf für den Gesamtprozess ergibt sich, wenn die Zeitansätze für die einzelnen Arbeitsschritte addiert werden. Um einen Prozess allerdings wirklich vollständig darzustellen, müssen wir uns auch den Zeitraum, den der Prozess beansprucht, anschauen. Dieser Zeitraum beschreibt die **Reaktionszeit**, die benötigt wird, bis all diese Aktivitäten beim Kunden wirken. Während die Summe aller Einzelschritte für die Prozessdurchführung beim Kunden vielleicht nur wenige Tage beträgt, liegen zwischen Prozessbeginn und Prozessende manchmal sogar Jahre. Diese Zeitspanne bezeichnen wir als »**Sales Lead Time**« (vgl. Abb. 25).

Diese **Sales Lead Time** ist ein wesentliches Element von Verkaufsprozessen und beeinflusst maßgeblich, wie sie geplant werden. Durch sie wird z. B. definiert, bis wann bestimmte Aktivitäten erledigt sein müssen, damit das Prozessziel auch zu einem konkreten Zeitpunkt erreicht werden kann. Wenn die Sales Lead Time z. B. sechs Monate beträgt und die ersten Aufträge noch vor dem 31. 12. geschrieben werden sollen, dann müssen die Erstgespräche mit potenziellen Kunden auf jeden Fall vor dem 30.6. stattfinden. Andernfalls ist es eher unwahrscheinlich, dass das Prozessziel noch im laufenden Jahr erreicht wird.

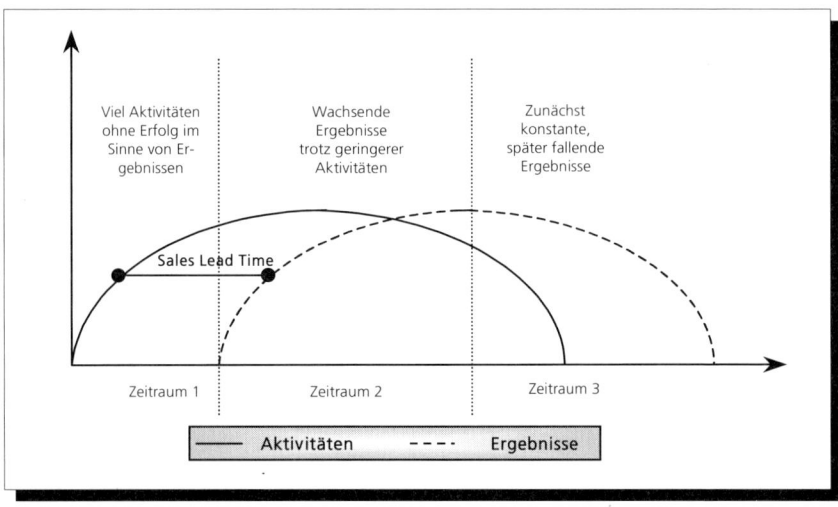

Abb. 25: Die möglichen Effekte der Sales Lead Time

Quelle: Mercuri International

In der Praxis gibt es viele Prozesse, die länger dauern als die Planungsperiode von einem Jahr. Mit Hilfe der **Sales Lead Time** können solche Prozesse exakt dargestellt und auf einen bestimmten Zeitpunkt bezogen werden. So kann z. B. festgelegt werden, dass bei Prozessen mit einer Sales Lead Time von mehr als zwölf Monaten eine bestimmte Anzahl an Gesprächen angebahnt und geführt werden muss, damit bis zum 31. 12. die gewünschten Resultate vorliegen (vgl. Abb. 25).

Es lässt sich allerdings immer feststellen, dass dieser wichtige Effekt in den traditionellen Planungs- und Zielsetzungssystemen sträflich vernachlässigt wird. In vielen Branchen müssen Vertriebsaktivitäten bereits ein Jahr zuvor durchgeführt werden, um später die gewünschte Wirkung zu zeigen. Wenn nur Ergebnisse betrachtet und ausgewertet werden, geht dieser Aspekt völlig unter. Durch Verkaufsprozesse können aber solche Zwischenziele/Meilensteine periodenübergreifend erfasst, analysiert und geplant werden.

FOKUS

1. **Die Dauer eines Prozesses setzt sich aus dem Zeitbedarf für die Durchführung der einzelnen Aktivitäten und aus dem Zeitbedarf für die Durchführung des gesamten Prozesses zusammen.**

2. **Die Sales Lead Time ist ein wichtiges Element von Verkaufsprozessen. Sie definiert, bis wann Aktivitäten erledigt sein müssen, um ein Prozessziel wie gewünscht zu realisieren.**

3. **Somit werden mit Hilfe von Verkaufsprozessen periodenübergreifende Effekte berücksichtigt.**

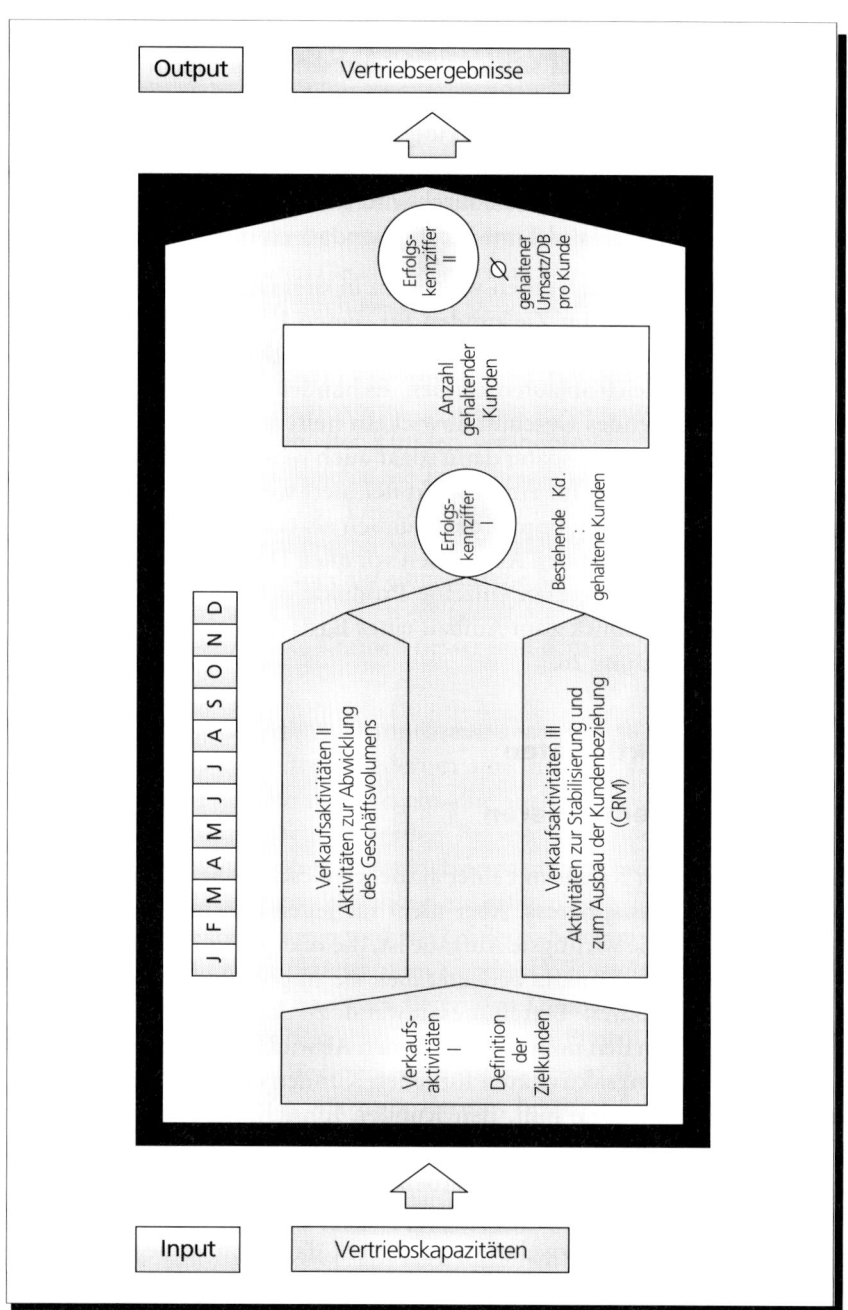

Abb. 26: Aufbau und Struktur eines Basis-Verkaufsprozesses

Quelle: Mercuri International

IV. Basis-Verkaufsprozesse strukturieren

Bei einem **Basis-Betreuungsprozess** werden existente Kundenbeziehungen gepflegt und das bereits erreichte Geschäftsvolumen abgesichert. Dieses Customer Relationship Management wird immer wichtiger. Wenn sich ein Lieferant etabliert hat, laufen Geschäfte leider nicht automatisch in dem gewünschten Umfang weiter, auch weil die eigenen A-Kunden **die B-Kunden des Wettbewerbs sind.** Schon deshalb ist es wichtig, sich dieser Kundengruppe besonders aufmerksam zu widmen. Weiterhin müssen Jahresgespräche geführt, Rückfragen beantwortet, Anfragen geklärt und Wettbewerbsvorstöße verhindert werden. Bei Kunden verändern sich durch Fusionen bzw. Kooperationen sowie durch neue Technologien das Einkaufsverhalten, die Ansprechpartner und die Entscheidungsprozesse. Die Dynamik der Märkte zeigt: Nichts ist beständiger als der Wandel! Somit kann sich bei den Basis-Verkaufsprozessen keiner auf eingefahrene Routinen verlassen. Zumal später noch sichtbar wird, dass auch oft genug ausreichend Potenziale existieren, um gerade komplexe Kunden besser und damit erfolgreicher zu betreuen.

Es wird Verkäufer geben, die Ausbauprozesse genauso erfolgreich wie Basisprozesse beherrschen. Andere wiederum sind nur bei einem der beiden wirklich gut. Schon deshalb sollte regelmäßig analysiert werden, wie erfolgreich bestehende Kunden betreut werden. Bei wieviel Kunden kann der Umsatz gehalten werden und wieviel Vertriebskapazitäten sind dafür eingesetzt worden? Wurden überhaupt zusätzliche Aktivitäten beim Kunden ergriffen, um die Position zu stabilisieren und wie erfolgreich waren sie? Wer sind die Entscheider und Meinungsbildner beim Kunden? Wie ist ihre Einstellung zu den Vertriebsmitarbeitern und zum liefernden Unternehmen? Werden sie in der richtigen Frequenz besucht? Eine Fülle von Fragen gilt es zu beantworten, um die knappen Ressourcen in die richtigen Bahnen zu lenken. Beim Basis-Prozess geht es »ja nur« darum, bestehende Überzeugungen beim Kunden zu erhalten. Dafür sollten andere Vorgehensweisen und Erfolgskennziffern eingesetzt werden.

Doch wie lässt sich nun ein Basis-Verkaufsprozess darstellen? Er besteht, ebenso wie die Ausbau-Prozesse, aus verschiedenen Gruppen von Verkaufs- bzw. Betreuungsaktivitäten. Es werden wieder Erfolgskennziffern definiert und hoffentlich positive Ergebnisse realisiert. Wir können also, wenn Basisprozesse organisiert werden, grundsätzlich die gleichen Elemente verwenden, wie bei den Ausbauprozessen. Allerdings ist das Wechselspiel zwischen

Aktivitäten und Erfolgskennziffern nicht mehr sinnvoll. Der Erfolg der ein-geleiteten Aktivitäten lässt sich erst am Jahresende und nicht schon nach einer einzelnen Aktivität ermitteln. Es gibt auch nicht mehr eine so klare Reihenfolge der Aktivitäten. Die Erfolgskennziffern beziehen sich deshalb auch ausschließlich auf das Gesamtjahr und nicht mehr auf einzelne Aktivi-täten oder Aktivitätsgruppen. Dadurch wird der Zeitbedarf für den Gesamt-prozess bzw. die Sales Lead Time nicht gesondert ermittelt.

Die Verkaufsaktivitäten werden wiederum in drei Gruppen unterteilt. Zu-nächst müssen wiederum Zielkunden für diesen Prozess **ausgewählt** wer-den. Dann wird der Kunde mit Hilfe von zwei »Aktivitätsbündeln« betreut, die übrigens zeitgleich ablaufen können. Es handelt sich zum einen um Ak-tivitäten, die **laufendes Geschäft abwickeln helfen**. Zum anderen werden Kunden **stabilisiert** und später dann sogar auch weiter ausgebaut. Während Ausbauprozesse immer für ein Produkt definiert werden, kann es beim Ba-sis-Prozess sinnvoll sein, immer den Kunden als Ganzes zu betrachten. So-mit sind die entsprechenden Aktivitäten vor allen Dingen an die Bedeutung des Kunden und weniger an einzelne Produkte gebunden. Einen zusam-menfassenden Überblick zum Aufbau eines Basis-Verkaufsprozesses erhält der Leser in Abbildung 26.

1. Die Verkaufsaktivitäten

1.1. Zielkunden identifizieren

Im Prinzip ist jeder Kunde mit einer aktuellen Geschäftsbeziehung prädesti-niert für einen **Basisprozess**. Aber nicht für jeden Geschäftspartner lohnt sich jede Mühe. Die wichtigste Aufgabe ist, die relevanten Zielkunden syste-matisch zu ordnen. Konkret bedeutet dies, sie zu gewichten bzw. den kauf-männisch vertretbaren Betreuungsaufwand zu kalkulieren. Theoretisch können also neben den notwendigen reinen **Abwicklungs**- noch eine große Zahl von **Betreuungsaktivitäten** für jeden Kunden entwickelt werden. Die erste Aufgabenkategorie hilft, den Kunden hinsichtlich seiner rationalen Abwicklungs-Bedürfnisse zufrieden zu stellen. Es geht darum, seine Anfra-gen oder Aufträge vernünftig zu bearbeiten. Dazu werden hier alle Aufgaben beschrieben, bei denen der Kunde sich meldet und der Lieferant darauf ent-sprechend **reagiert**. Die zweite Aufgabe dient dazu, ihn zu begeistern und damit zu binden, ohne dass ein aktueller Bedarf oder eine konkrete Anfrage vorliegt. Folglich übernimmt der Vertrieb oder eine andere Abteilung dann einen aktiven Part und kontaktiert den entsprechenden Ansprechpartner von sich aus.

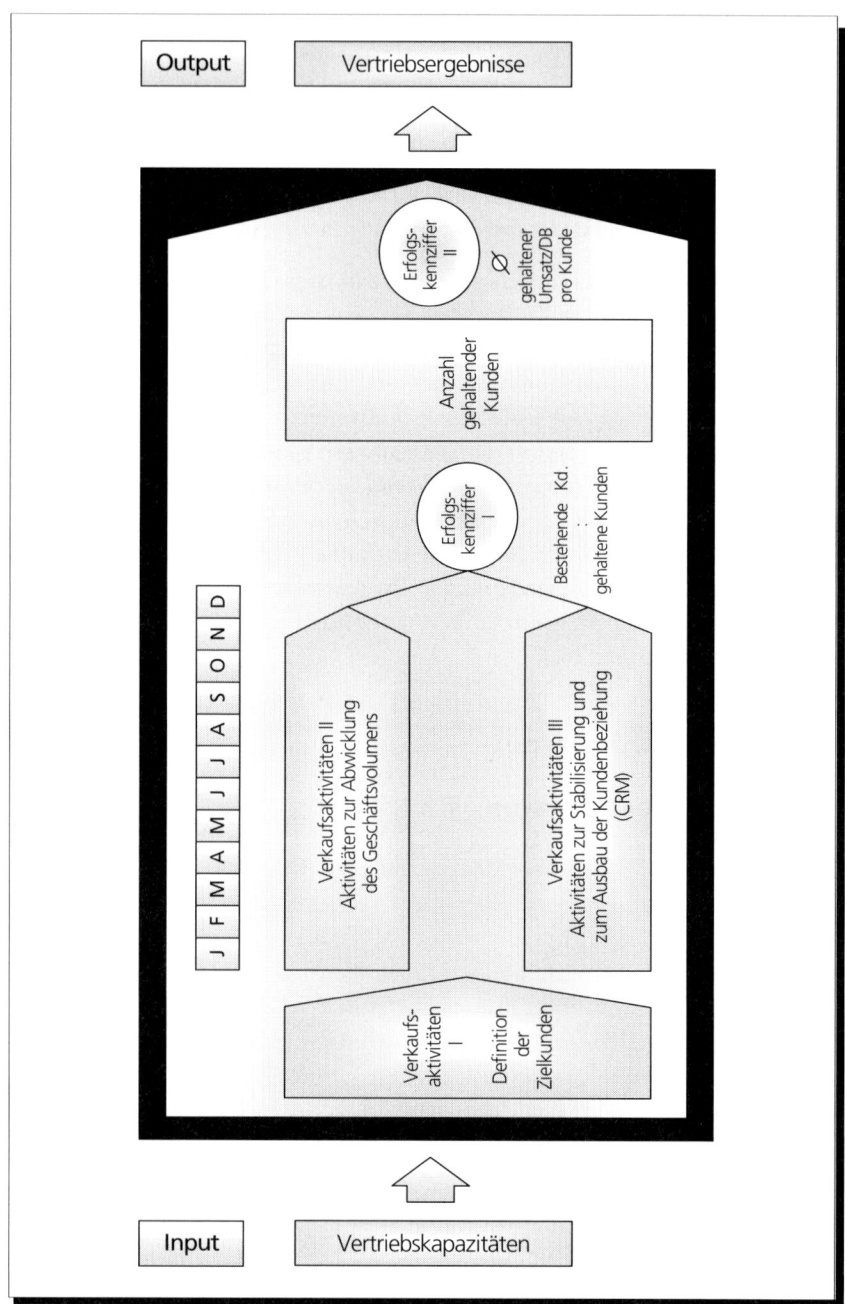

Abb. 26: Aufbau und Struktur eines Basis-Verkaufsprozesses

Quelle: Mercuri International

Dazu müssen dann sinnvolle Kontaktanlässe kreiert werden, mit denen der Lieferant interessant bleibt und sich positioniert, wenn ein neuer Auftrag vorliegt. Der etwas »hausbackene Besuch«, um mal wieder eine Tasse Kaffee mit dem Einkäufer zu trinken, ist allerdings zu teuer und zu wenig aufmerksamkeitsstark. Der Kreativität sind grundsätzlich keine Grenzen gesetzt, allerdings der Zeit und dem Geldbeutel. Welche Ideen das sein können, zeigt Abbildung 27 getrennt nach **Abwicklung** und **Betreuung**.

Der Vorteil, **die beiden Aufgabentypen** in der vorgeschlagenen Form zu trennen, zeigt sich, wenn die Aktivitäten auf Abteilungen oder Mitarbeiter verteilt werden. Einzelnen Kunden sollte, je nachdem, wie attraktiv sie für den Lieferanten erscheinen, ein bestimmter Betreuungsaufwand zugeordnet werden. Neben den aktuellen Ist-Werten spielen bei der Auswahl der Kunden vor allen Dingen die jeweiligen Potenziale (Deckungsbeiträge, Umsätze, etc.) eine entscheidende Rolle. Zu beachten ist in diesem Kontext die Frage, ob weitere Potenziale, etwa bei A-Kunden, mit einem vernünftigen Aufwand realisierbar sind, oder ob der Vertrieb lieber seine knappen Ressourcen in umfangreiche Ausbaupotenziale von B-Kunden investieren soll. In diesem Fall stehen wieder Ausbau-Verkaufsprozesse im Fokus.

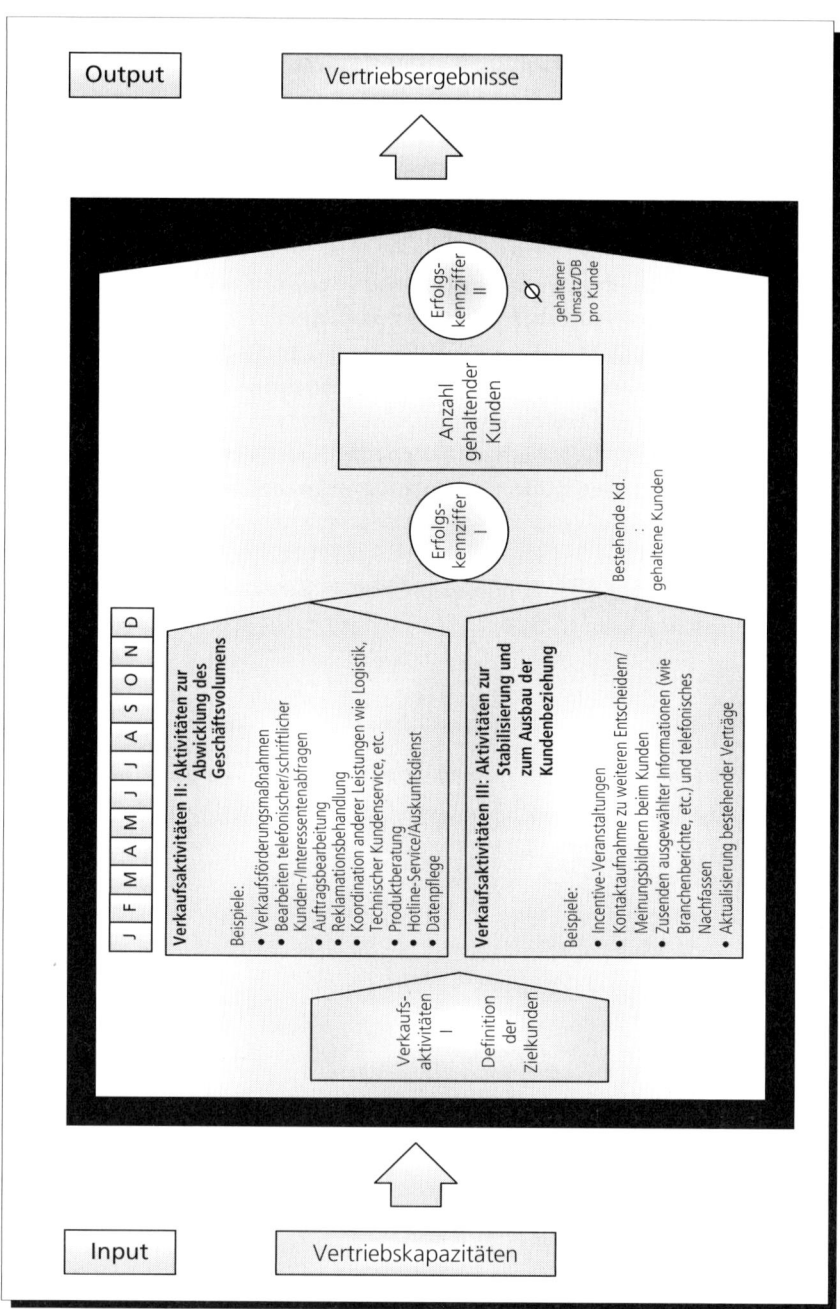

Abb. 27: Die unterschiedlichen Aktivitäten des Basis-Verkaufsprozesses

Quelle: Mercuri International

.2. Aktivitäten, um das laufende Geschäftsvolumen abzuwickeln

Bei einer bestehenden Geschäftsbeziehung fällt zwangsläufig immer ein bestimmter Abwicklungsaufwand an. Wie stark dazu der Vertrieb und besonders der Außendienst eingebunden wird, unterscheidet sich erheblich zwischen einzelnen Unternehmen und Branchen.

So gibt es Firmen, bei denen der klassische Vertrieb gar keine Geschäfte abwickelt und alle laufenden Kontakte von anderen Abteilungen wie z.B. von der Disposition, von den Planungsabteilungen, von den Technikern oder vom Lager erledigt werden. Auch wenn diese Abteilungen damit natürlich wieder eine verkäuferische Aufgabe übernehmen, so kann eine solche Aktivität isoliert betrachtet werden. Die verkaufsunterstützenden Abteilungen sind zwar oft dem Vertrieb zugeordnet, bilden aber eigenständige organisatorische Einheiten und verantworten keine eigenen Kunden. Natürlich müssen in solchen Fällen Prozesse und Leistungsstandards definiert werden, aber es handelt sich dann mehr um »normale« Arbeitsprozesse. Wenn aber die Gesprächspartner der verkaufsunterstützenden Abteilungen eigene Entscheidungsspielräume besitzen, kann es durchaus sinnvoll sein, eigene Verkaufsprozesse (Zielrichtung Intensivierung und Cross Selling) zu initiieren.

In anderen Fällen schreibt der Vertrieb auch heutzutage noch jeden Auftrag, klärt die Lieferdetails, ist rund um die Uhr für seinen Kunden da. Speziell, wenn Standardprodukte maßangefertigt und individuell angepasst werden, soll der klassische Vertrieb dann das Aufmaß machen und technische Spezifikationen berechnen. Das ist sicherlich gut gemeint, aber dennoch viel zu teuer. Erklärt wird dieser Mangel mit dem Know how und der Erfahrung des jeweiligen Mitarbeiters. Es wird schnell deutlich, dass darunter die wertvolle AVZ leidet. Auch wenn Pauschales nicht sinnvoll ist – Gehen Sie strenger mit dem Vertrieb um! Überprüfen Sie, welche zeitintensiven Aufgaben zukünftig von anderen Mitarbeitern übernommen werden können! Auch wenn das wieder Zeit kostet. Die ist aber hier sicherlich exzellent investiert. Außerdem werden zukünftig in den meisten Branchen immer stärker Computer-Systeme solche Aufgaben übernehmen. Darauf gehen wir später genauer ein (vgl. Teil 4, S. 149 ff.).

Jede Prozessanalyse ist auch eine hervorragende Basis, um die Vertriebsarbeit neu zu organisieren und Kapazitäten besser einzusetzen. Gerade die Abwicklungsaufgaben liefern dazu eine Fülle von interessanten Ansätzen, die unbedingt genutzt werden sollten.

1.3 Aktivitäten, um die Kundenbeziehung zu stabilisieren und auszubauen

Nachdem wir uns im letzten Abschnitt mit den **Abwicklungsaufgaben** auseinandergesetzt haben, stehen nun die Aktivitäten im Vordergrund, die helfen, die Kundenbeziehung zu stabilisieren. Geschäfte laufen bekanntermaßen sowohl auf einer sachlichen und als auch auf einer emotionalen Ebene ab. Auf der Sachebene werden die offiziellen Angebots- und Bedarfsprofile diskutiert, verhandelt und die Geschäfte letztlich abgewickelt. Auf der Beziehungsebene werden dagegen die persönlichen, emotionalen Bedürfnisse der beteiligten Mitarbeiter angesprochen, die Kundenbeziehung zu stabilisieren und produktiver zu gestalten.

Das wesentliche Merkmal bei diesem Typus an Aufgaben ist: der Mitarbeiter des Lieferanten leitet sie selber aktiv ein, ohne vom Kunden dazu angesprochen zu werden. Sind die für den **Basisprozess relevanten Kunden identifiziert**, gilt es eine emotionale Hürde bei den verantwortlichen Verkäufern zu nehmen. Schnell fühlen sie sich »auf den Schlips getreten«, weil ihre eigentliche Hausmacht in Frage gestellt wird und der eigene Einfluss zu schwinden droht. **Bei den Basiskontakten** glauben sie, ihr Heimspiel zu haben. Jede Kritik tut an diesem Punkt deshalb doppelt weh. Jahrelange Kontakte sollen nicht ausreichen? Die relevanten Ansprechpartner sollen nicht bekannt sein oder nicht oft genug besucht worden sein? **Zwei einfache, wirkungsvolle Instrumente** helfen, herauszufinden, wie stabil und tief eine Beziehung zu einem **A-Kunden** wirklich ist. Dazu ein Hinweis: Es handelt sich hier nicht um eine akademisch abgesicherte Methode. Allerdings werden wertvolle, pragmatische Orientierungshilfen gegeben.

(1) Organigrammanalyse

Mit ihrer Hilfe wird die Beziehung zu allen aktuellen und potenziellen Ansprechpartnern visuell dargestellt. Es lässt sich schnell erkennen, ob die bisherige Betreuung ausreicht, intensiviert oder sogar reduziert werden muss. Vor allem komplexe Abläufe und Entscheidungswege werden deutlich und die erforderlichen Aktivitäten können rechtzeitig eingeleitet werden. Insbesondere bei A-Kunden ist es sinnvoll, diesen Aufwand zu betreiben. Durch die optisch ans Tageslicht gebrachten Fakten werden auch die zweifelnden Verkäufer überzeugt. Die Methode basiert auf **drei Schritten**. In einem **1. Schritt** wird von dem Kunden ein Organigramm aufgezeichnet, wie es Abbildung 28 beispielhaft veranschaulicht.

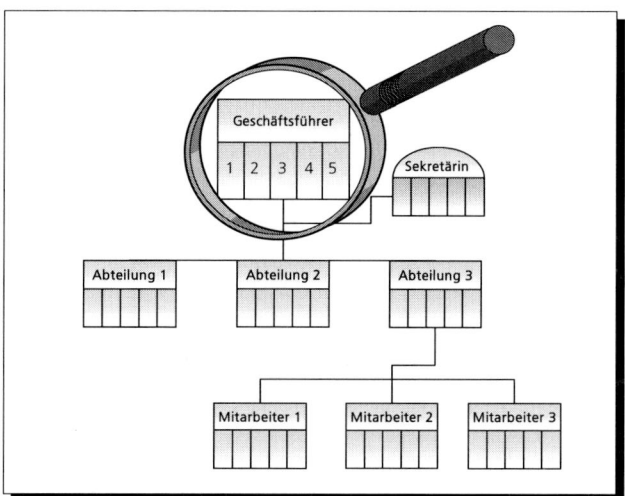

Abb. 28: Der erste Schritt der Organigrammanalyse

Quelle: Compaq

Wichtig sind dabei die fünf Kästchen, die im weiteren Verlauf benötigt werden und unter jeder Funktions- bzw. Mitarbeiterebene zu finden sind. Sie helfen, die Kundenbeziehung abschließend zu bewerten. Im **2. Schritt** ist für jede relevante Hierachieebene die Position des Anbieters einzuschätzen. Dabei hilft die nachfolgende Matrix (vgl. Abb. 29). Die Buchstaben (**L, P, A, F**) werden jeweils in den ersten Kasten des Organigramms eingetragen.

Exzellente Beziehungen leben bekanntermaßen davon, dass der Kunde sowohl vom Unternehmen als auch von den dort handelnden Personen überzeugt ist. Das setzt voraus, dass sowohl die **persönlichen** als auch die **unternehmensbezogenen** Bedürfnisse erfüllt werden. Die **unternehmensbezogenen** Bedürfnisse fassen zusammen, wie die Leistung des Lieferanten insgesamt die wirtschaftlichen Ergebnisse des Kunden verbessert. Die **persönlichen Faktoren** beziehen sich wiederum darauf, wie durch die jeweilige Zusammenarbeit mit dem Anbieter Faktoren wie z.B. Sicherheit, Anerkennung oder Macht der relevanten Ansprechpartner abgedeckt werden. Aus den Quadranten der Matrix geht hervor, dass die Partnerschaft (= **P**) eine nahezu perfekte Beziehung widerspiegelt. Es erfordert jedoch einen entsprechenden Zeitaufwand, um dort hinzukommen.

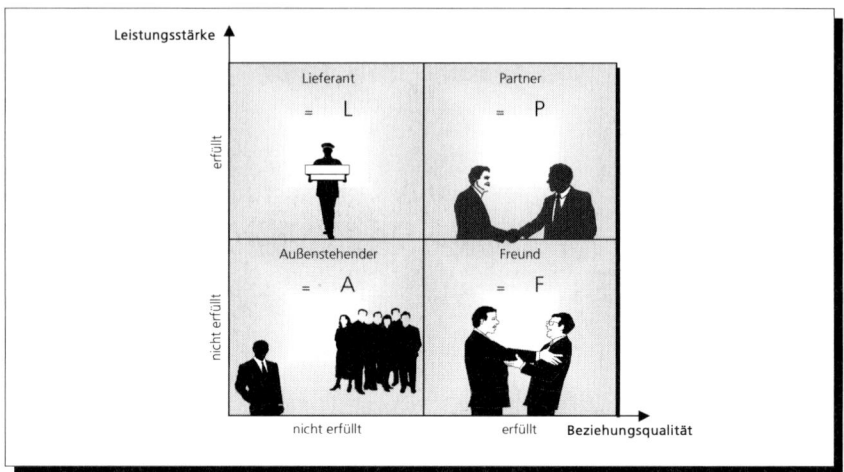

Abb. 29: Der zweite Schritt: die Position des Anbieters einschätzen

Quelle: Learning International

Im nächsten, dem **3. Schritt** gilt es nun zu klären, ob die jeweilige Person den Aufwand rechtfertigt. Dazu muss bekannt sein, wer in welchem Umfang beeinflusst oder entscheidet. Abb. 30 unterteilt dazu vier Kategorien:

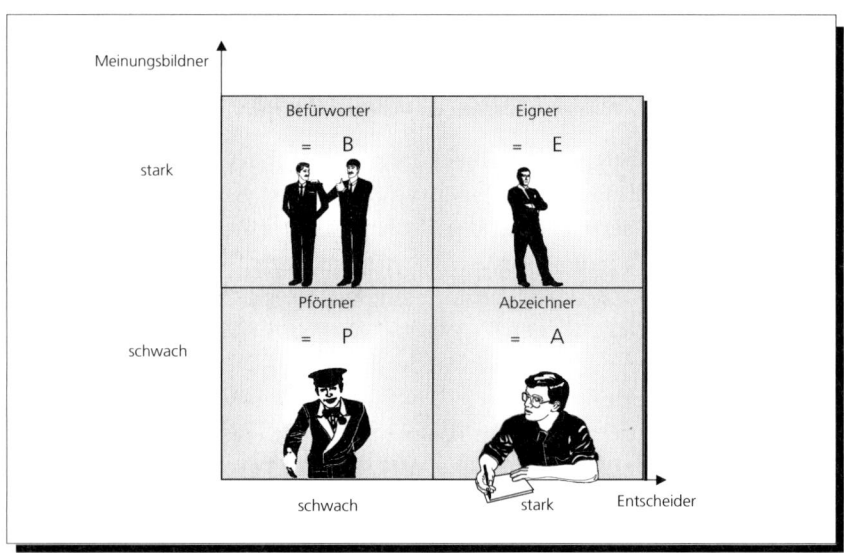

Abb. 30: Der dritte Schritt: mögliche Rollen einzelner Mitarbeiter im Entscheidungsprozess einschätzen

Quelle: Learning International

Die entscheidende Rolle spielt der **Eigner** (= **E**). Er hat die Kompetenz, eine Entscheidung zu treffen und setzt sich für das relevante Projekt ein. Ziehen wir gemeinsam ein erstes Zwischenfazit: In den beiden ersten Kästchen unseres Organigramms haben wir die jeweilige **Beziehung zum Lieferanten** und die **Rolle im Entscheidungsprozess** eingetragen. Als nächstes (**4. Schritt**) wollen wir die **Kontaktintensität**, die jeweilige **Einstellung zum Lieferanten und schließlich zum Mitarbeiter** definieren. Dabei helfen die Symbole der Abbildung 31.

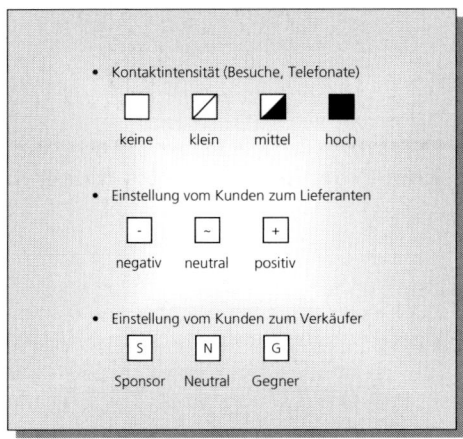

Abb. 31: Der vierte Schritt: Symbole, um Kontaktintensität und Einstellung zum Lieferanten und Mitarbeiter einzuschätzen

Quelle: Learning International

Nachdem diese Symbole in die Kästen drei, vier und fünf pro Hierachieebene eingetragen wurden, überblickt der interessierte Nutzer, welche Personen in welcher Form entscheiden, beeinflussen, den Lieferanten beurteilen und kontaktiert werden. Abbildung 32 zeigt das exemplarisch für den Geschäftsführer: Er schätzt den Anbieter als Lieferanten (L) ein (**1. Kasten**), hat selber eine Schlüsselfunktion (Eigner), wenn Aufträge vergeben werden (**2. Kasten**), es besteht nur ein schwacher Kontakt zu ihm (**3. Kasten**), seine Einstellung zum Anbieter ist ebenso neutral (**4. Kasten**) wie auch sein Verhältnis zum Verkäufer (Abb. 32).

In vielen Projekten löst sich »der Traum von der grandiosen Partnerschaft und den unglaublich engen emotionalen Beziehungen« des eigenen Mitarbeiters schnell auf. Es liegt auf der Hand, dass der Kunde besser betreut werden muss.

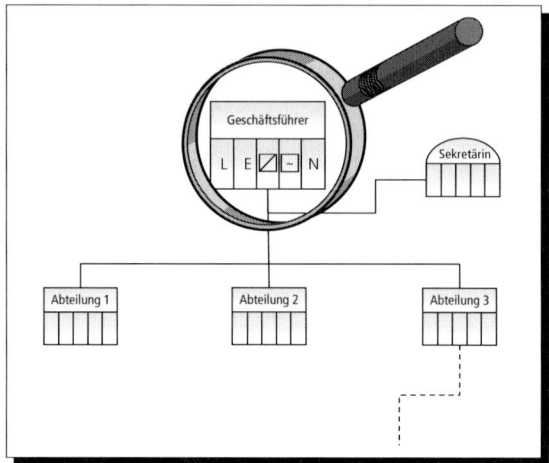

Abb. 32: Beispiel einer Organigrammanalyse für den Geschäftsführer

Quelle: Mercuri International in Anlehnung an Compaq und Learning International

(2) Stabilitätsanalyse

Wie stabil der Kontakt zu einem Kunden tatsächlich ist, lässt sich auch anhand der Kriterien definieren, die Checkliste 2 anbietet. Diese Stabilitätsfaktoren sind in Zusammenarbeit mit einem großen Kunden entwickelt worden. Auch hier wurde wieder der pragmatische dem theoretisch perfekten Ansatz vorgezogen. Unser Kunde ließ mit Hilfe der Checkliste durch den Vertrieb die A-Kunden bewerten und dann die erforderlichen Aktivitäten einleiten. Dabei ging es (zunächst!) nicht darum, dem A-Kunden mehr zu verkaufen, sondern die eigene Position zu festigen. Wie bereits erwähnt, sind die eigenen A-Kunden auch die B-Kunden des Wettbewerbs und deshalb besonders gefährdet.

1. Ebene: Ökonomisch/Materiell

Stabilitätsfaktoren	1	2	3	4	5	Mögliche Konsequenzen
1. Wieviele Produkte nutzt der Kunde?						• Cross Selling (Neue Produkte bevorzugen) • Intensivieren
2. Wie lange dauern die Entscheidungen (Gibt es klare Zeitvorgaben für jede verantwortliche Stelle?)						• Bessere Abstimmung • Einsatz von Zeit-/ Aktionsplänen
3. In welchem Maße unterstützen meine Produkte die Wertschöpfungskette des Kunden?						• Flexibilisieren der Produktnutzung für den Kunden

Stabilitätsfaktoren	1	2	3	4	5	Mögliche Konsequenzen
4. Wie gut sind die gewährten Konditionen im Vergleich zum Wettbewerb? Bin ich konkurrenzfähig?						• Sicherheiten optimieren → Rating • Gemeinsame Analyse • Vorstellung Pakete
5. Wie hoch ist der Aufwand für den Kunden, um die Produkte zu nutzen?						• Service optimieren
6. Wie hoch ist der Aufwand für den Kunden, um zu einem anderen Lieferant zu wechseln?						• Service optimieren • Cross Selling
7. In welchem Maße werden gemeinsame Analysen durchgeführt? (Branchenanalysen, Einsparpotenziale aufdecken, Vergleichszahlen, etc.)						• Kundengespräche forcieren • Broschüren • etc.
8. Wie intensiv erfolgt die Zusammenarbeit mit dem Kunden und seit wann?						• Hinweis auf bisher gesammelte Erfahrung/Kundenkenntnis • Pricing, Produktnutzung • Vorschläge von individuellen, auf den Kunden zugeschnittenen Produkten (3A) • Demonstration Innovationsdenken • Aktives Anlagenmanagement • Gespräch mit Kunden und Fachbetreuern

2. Ebene: Persönlich (emotional/fachlich)

Stabilitätsfaktoren	1	2	3	4	5	Mögliche Konsequenzen
1. Kenne ich alle am Entscheidungsprozess beteiligten Entscheider + Beeinflusser? Befriedige ich deren persönliche und unternehmensbedingte Bedürfnisse (Partner des Kunden, siehe auch Organigrammanalyse)?						• Kontaktbasis verstärken
2. Kennt der Kunde alle relevanten Mitarbeiter persönlich?						• Kunde ins Haus einladen und Mitarbeiter vorstellen • Mitarbeiter zum Kundengespräch mitnehmen
3. Habe ich genügend private Themen/Gemeinsamkeiten mit meinen Gesprächspartnern? Stimmt die »Chemie«? Kann ich zu Beginn an frühere Gesprächsthemen erinnern (Hobbys usw.)						• Warming-Up verbessern • Persönliche Bedürfnisse erfassen und befriedigen • Verstärktes Hinterfragen
4. Sind meine Geschäftspartner so offen, so dass sie mir auch ohne Fragen private und geschäftliche Neuheiten, Internes (z.B. Einsichtnahme in Konkurrenzangebote), Infos, etc. geben? (= hohes Vertrauen)						• Vertrauensbasis verbessern • Persönliche Bedürfnisse befriedigen
5. Ist meine Kontakthäufigkeit zu allen Gesprächspartnern im Sinne des Kunden angemessen (insbesondere Besuche)?						• Kontaktintensität erhöhen (Telefon, Besuche) • Neues Wissen bevorzugt anbieten

Stabilitätsfaktoren	1	2	3	4	5	Mögliche Konsequenzen
6. Gratuliere ich regelmäßig zu allen Jubiläen/Geburtstagen meiner Kontaktperson?						• EDV/Datenbank
7. Wie erlebt der Kunde meine Entscheidungskompetenz? (Flexibilität bei individuellen Anfragen, geringe interne Rückfragen, schnelle Entscheidungen, ertragsorientierte Risikobereitschaft)						• Entscheidungskompetenz vorleben
8. Demonstriere ich auf Spezialgebieten Fachkompetenz?						• Training • Infoaustausch mit Betreuern
9. Wie hoch ist meine Eigeninitiative beim Betreuen? (aktive Ansprache auf weitere/neue Produkte; Bedarfe wecken; kontinuierliches und aktives Anbieten von bedarfsorientierten und aktuellen Informationen; aktive und mitdenkende Beratung → Ziel: Kunden erfolgreich machen)						• Eigeninitiative verstärken • kundenorientierte Einstellung »üben«
11. Gibt es gemeinsame Aktivitäten/Interessen? Wie sind die Kundenreaktionen darauf?						• entwickeln • hinterfragen
12. Nimmt der Kunde Einladungen des Verkäufers zu Kundenveranstaltungen an?						• stärkeres Bemühen um Kunden
14. Findet ein regelmäßiger Informationsaustausch statt? Werde ich regelmäßig um Rat gefragt?						• Dialog aufnehmen • Beratung anbieten

3. Ebene: Image/Status

Stabilitätsfaktoren	1	2	3	4	5	Mögliche Konsequenzen
1. Nutzt der Kunde unser Informationsmaterial? Fragt er nach Infomaterial?						• Vorhandene Materialien einsetzen
2. Wie schwer ist es für mich, einen Termin zu bekommen?						• Eigene Beziehungsebene überprüfen
3. Werden wir zuerst gefragt? Nutzt uns der Kunde auch als Berater/Sparringspartner?						• Beratungsqualität überprüfen • Spezialisten vorstellen • Preise/Produktangebot prüfen
4. Hat der Kunde Interesse an unseren Veranstaltungen (Hausmessen, Podiumsdiskussionen mit dem Top Management?						• Entsprechend einladen
5. Wie groß sind meine gesellschaftlichen Aktivitäten/mein gesellschaftliches Standing in meiner Region?						• Eigene gesellschaftliche Aktivitäten erhöhen
6. Wie persönlich/kundenindividuell gestalte ich die schriftliche Kommunikation mit meinen Kunden?						• Eigenen Briefstil überprüfen/verbessern
7. Wie beurteilt der Kunde die Verlässlichkeit und Qualität der Geschäftspolitik/Zusammenarbeit?						• Hinterfragen und informieren • verbessern

Stabilitätsfaktoren	1	2	3	4	5	Mögliche Konsequenzen
8. Welche Rolle spielt die Internationalität des Hauses für den Kunden?						• Kommunikation • Bekanntmachung • Information je nach Bedarf
9. Wie groß ist der Bekanntheitsgrad unserer Kunden, meiner Person im Vergleich zum Wettbewerb? Wie ist das allgemeine Ansehen?						• regionale/kommunale Aktivitäten (Vereine, usw.) • Ausbau persönliche Ebene
10. Wie wird der Werbeauftritt empfunden?						• Hinterfragen, Schlußfolgerungen erkennen
11. Empfiehlt uns der Kunde von sich aus weiter?						• Weiter überlegen

4. Ebene: Service im Tagesgeschäft

Stabilitätsfaktoren	1	2	3	4	5	Mögliche Konsequenzen
1. Wie gut ist die Erreichbarkeit des Lieferanten für meinen Kunden? (Findet er schnell die richtigen Ansprechpartner?)						
2. Wie häufig treten Störungen im Tagesgeschäft auf?						• Intern besser abstimmen • Kundenprobleme intern thematisieren • Regelmäßige Kundenzufriedenheitsnachfragen
3. Wie kundenorientiert werden meinem Kunden Problemlösungen angeboten und geholfen? (Kunde ernst nehmen, Schnelligkeit, klare Zeitvorgaben für jeden Prozessschritt, aktiv über Zwischenstände informieren, maximale Dauer der Bearbeitungszeit kommunizieren)						
4. Wie erlebt mein Kunde die Freundlichkeit des Ansprechpartners?						
5. Wie häufig treten Reklamationen auf?						• Reklamationsmanagement
6. Wie schnell erfolgt die Reklamationsbearbeitung/wie sind die Reaktionszeiten?						• persönliche Ansprache • »Chefsache«
7. Wie beurteilt der Kunde die Leistung des Servicecenters? (Erreichbarkeit, Freundlichkeit, Zuverlässigkeit, Qualifikation der Mitarbeiter, etc.)						• Erwartungshaltung hinterfragen • Einhaltung von Terminen garantieren • Leistung darstellen
8. Wie gut funktioniert die innerbetriebliche Kommunikation und wie wirkt sich das auf den Kundenkontakt aus?						• Überprüfen • Infoaustausch forcieren
9. Wie schnell werden die mit dem Kunden diskutierten Themen erledigt?						• Vertretungen müssen gut informiert sein/klares Qualitätsmanagement • Zeitmanagement

Checkliste 2: Stabilitätsfaktoren

Auch die Stabilitätsanalyse hilft, die Beziehung zu einem wichtigen Kunden intensiv zu überprüfen. So können die richtigen Schritte eingeleitet werden, um die Beziehung gezielt zu stabilisieren. Vor allen Dingen bei Key Accounts, die, gerade auch auf internationaler Ebene, sehr komplexe Entscheidungs- und Abwicklungsprozesse haben, ist dieses Werkzeug nützlich.

Während die **Abwicklungsaktivitäten** oft leicht zu identifizieren und zu erklären sind, ist dies bei der reinen Betreuung weitaus schwieriger. Es gibt nur wenige objektive Grundregeln dafür. Richtig oder falsch hängt vor allem vom Typ des Kontaktpartners und dem Etablierungsgrad ab, den man als Lieferant erreicht hat.

In der Regel ist ein bestimmtes Kontaktvolumen im Jahr nötig, um eine Kundenbeziehung aufrecht zu halten. Dabei kommt es aber nicht immer darauf an, möglichst viele oder sogar persönliche Kontakte zu haben. Die können manchmal sogar unnötig und damit schädlich sein. Bei der aktuellen Einkäuferbefragung von Mercuri International monierten 40 Prozent aller Einkäufer, dass die Verkäufer sie in einem falschen Rhythmus besuchen. Ein besonders genervter Verkäufer argumentierte offensichtlich gegenüber einem von uns interviewten Einkäufer[2], dass er ja nur komme, weil sein Chef ihm vorgeschrieben hat, jeden wichtigen Kunden zehn Mal im Jahr zu besuchen (vgl. Abb. 33).

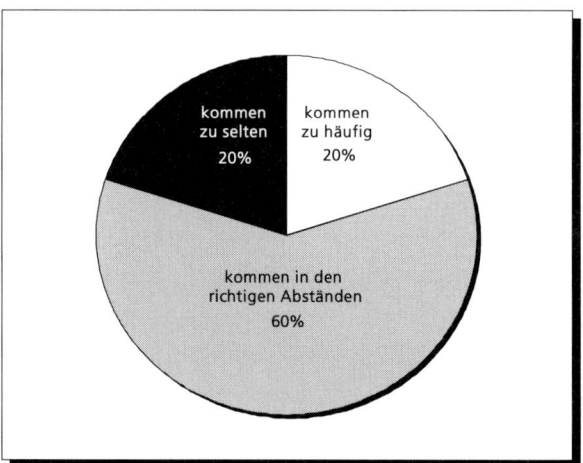

Abb. 33: Einkäuferbefragung

Quelle: Mercuri International

---

2   Die komplette Studie kann bei Mercuri International Deutschland angefordert werden.

Immerhin ein Drittel aller Verkäufer besuchen ihre Kunden demnach zu häufig. Tritt ein Verkäufer als Zeitdieb auf, ist es mindestens genauso schlimm, als wenn er sich um seine Kunden gar nicht kümmert. Noch immer werden viel zu oft starre Besuchsrhythmen verfolgt, egal ob es für den Kunden eine Botschaft gibt oder nicht. Dann ist es oftmals besser, sich telefonisch zu melden. Jeder Verkäufer kann wahrscheinlich ein Beispiel dafür bringen, dass es sehr gute Kundenbeziehungen gibt, bei denen man sich aber nur selten persönlich sieht. Also kommt es bei den Aktivitäten, die darauf zielen, den Kunden zu stabilisieren, darauf an, die richtige Qualität zu erreichen. Die falsche Quantität wiederum kann, wie die obige Befragung gezeigt hat, nervig sein. Sowohl Abwicklungs- als auch Betreuungsaktiviäten lassen sich auch moderner mit Pre-Sales und After-Sales umschreiben. Damit ist die Zeit vor und nach einer Kaufentscheidung gemeint.

Die Definition des Verkaufens (vgl. Abb. 19 auf Seite 50) signalisiert bereits, dass **nicht** jede Verhandlung auf einen **konkreten kurzfristigen Bedarf** bei einem Kunden oder Noch-Nicht-Kunden stößt. Der Kunde will eventuell trotz eines wirklich interessanten Gesprächs zunächst bei seinem bisherigen Lieferanten (für die angesprochene Produktgruppe) bleiben, oder er will sich erst in einem späteren Bedarfsfall entscheiden. Vielleicht ist es dem Verkäufer im Idealfall gelungen, sich bei seinem Gesprächspartner zu plazieren. Tatsächlich aber, die Praktiker werden zustimmen, reicht ein **einmaliger persönlicher Kontakt**, auch wenn er noch so spektakulär verläuft, in der Regel nicht aus, um **dauerhaft** im Gedächtnis verankert zu bleiben. Das gilt besonders für Neukundengespräche. Dafür werden interessante Unternehmen von zu vielen Seiten mit Informationen überflutet. Das *Sprichwort »Aus den Augen aus dem Sinn«* unterstreicht diese Erkenntnis. Folglich sollte der nächste Kontakt sich nicht (immer nur) auf den konkreten Bedarf beziehen. Vielmehr sollten geeignete »Aufhänger« gewählt werden, um das Interesse des Kunden oder Noch-Nicht-Kunden wachzuhalten (Pre-Sales).

In der Phase nach dem Kaufabschluss (**After Sales**) fallen einmal reine **Abwicklungstätigkeiten** an, zum anderen sollten Kunden auch weiterhin regelmäßig kontaktiert werden (**Betreuung**).

FOKUS

1. **Bei einem Basis-Verkaufsprozess wird für einen wichtigen Kunden die existente Beziehung gepflegt und das erreichte Geschäftsvolumen abgesichert.**

2. **Dabei werden abwicklungsorientierte von stabilisierenden Aufgaben unterschieden. Die erste Kategorie umfasst alle Tätigkeiten, um das laufende Geschäft abzuwickeln. Die zweite hilft, die persönliche emotionale Beziehung zu einem oder mehreren Gesprächspartnern zu verbessern.**

2. Die Erfolgskennziffern

Das Ziel des Basis-Verkaufsprozesses ist es, bestehende Kunden mit ihren bisherigen Beiträgen zum Unternehmensergebnis zu halten. Eine wichtige Erfolgskennziffer ist deshalb auch die numerische **Rebusiness-Quote**. Sie zeigt an, wie sich das Verhältnis zwischen den Zielkunden und den tatsächlich gehaltenen Kunden entwickelt hat bzw. welcher Anteil der Zielkunden gehalten werden konnte. Im Prinzip ist das vergleichbar mit der verdichteten Erfolgsquote bei den Ausbau-Prozessen, die den Anteil der letztlich überzeugten Kontakte beschreibt. Auch der Erfolg aller wahrscheinlich mit viel Aufwand betriebenen Maßnahmen, um Kunden zu stabilisieren, wird letztlich am Rebusiness mit den Zielkunden zu messen sein.

Es macht keinen Sinn, weitere Erfolgsquoten zwischen den einzelnen Arbeitsschritten einzubauen. Die beiden Aktivitätsgruppen werden parallel eingesetzt und die Abfolge ist bei jedem Kunden so verschieden, dass keine sinnvollen Beziehungen zwischen diesen Aktivitäten hergestellt werden können.

FOKUS

Das erzielte Rebusiness ist die entscheidende Quote, um den Erfolg von Betreuungsaktivitäten zu messen.

3. Die Ergebnisse

Auch die Ergebnisse sind ähnlich strukturiert wie bei den Ausbau-Prozessen. Es gibt zwei Teilergebnisse und ein gesamtes Prozessergebnis.

Das **erste Teilergebnis** des Betreuungsprozesses ist die Anzahl der gehaltenen Kunden pro Produkt. Das **zweite Teilergebnis** bezieht sich auf den Umsatz oder den Deckungsbeitrag pro Produkt, der mit dieser Gruppe erzielt wird. Da wir auch in diesem Prozess immer mehrere Kunden betrachten, wird nur der entsprechende Durchschnittswert erfasst. Dieser Durchschnittswert ist dann auch gleichzeitig die Erfolgskennziffer, welche die **Qualität des Basis-Verkaufsprozesses** beschreibt. Beträgt diese Kennziffer 100%, so konnte das Volumen des Vorjahres **gehalten** werden. Ist sie größer, liegt ein Marktwachstum vor. Ist sie kleiner, **schrumpft** entweder der Markt oder es werden Anteile an Wettbewerber verloren.

Das gesamte **Prozessergebnis** ist schließlich auch hier das Produkt aus der **Anzahl der gehaltenen Kunden multipliziert mit der Erfolgskennziffer.** Das wiederum ist dann der gesamte Umsatz oder Deckungsbeitrag, der für ein Produkt erzielt wird, ohne dass mit den Zielkunden einer der Ausbauprozesse durchgeführt wurde.

FOKUS

Mit der Anzahl der unterstützten Kunden und mit dem Umsatz bzw. Deckungsbeitrag, der erzielt wurde, lässt sich das Ergebnis eines Basisprozesses für eine festgelegte Periode beschreiben.

4. Der Zeitbedarf

Bei den Ausbauprozessen wurde bereits darauf hingewiesen, wie bedeutend es ist, die benötigte Zeit pro Prozess zu erfassen. Nur so lässt sich letztlich ermitteln, ob die Ressourcen des Vertriebs in die richtigen Kanäle fließen. Im Gegensatz zu den Ausbauprozessen wird aber für die **Definition der Zielkunden** wesentlich weniger Zeit benötigt.

Die Dauer der Aktivitäten, um laufendes Geschäftsvolumen **abzuwickeln**, hängt unter anderem von der Anzahl der Anfragen, der Umsatz- bzw. Auftragshöhe und der erforderlichen Komplexität der Auftragsbearbeitung ab. Unter Umständen muss hier auch nochmals nach Produkten differenziert werden. Oft genug zeigt sich in der Praxis, dass gerade kleinere Kunden mehr Aufwand erzeugen und den auch vehement einfordern. Sicherlich ist es interessant zu beobachten, wie lange es dauert, einzelne Kunden zu bearbeiten. Andererseits ist mit der Erfassung selbst wieder ein hoher Aufwand verbunden. Deshalb sollte zumindest genau überlegt werden, ob er sich lohnt. Weiterhin sind berechtigte Zweifel angebracht, inwieweit sich **abwicklungsorientierte** Aufgaben systematisch und genau planen lassen, weil viel der benötigten Zeit fremdgesteuert wird. Schließlich muss auf Anfragen von Kunden reagiert werden. Wie umfangreich diese tatsächlich sind, kann allenfalls anhand von Erfahrungswerten geschätzt werden.

Um bestehende Kundenbeziehungen zu stabilisieren, ist der anfallende Zeitbedarf individuell und damit unterschiedlich. Es macht wenig Sinn, ihn pro Kunde zu erfassen und einzeln abzubilden. Er sollte vernünftigerweise nach Kategorien zusammengefasst werden, so dass sich denen wiederum leicht ein bestimmter Zeiteinsatz zuordnen lässt. Für die Basis-Verkaufsprozesse können also ebenso wie für die Ausbauprozesse zuverlässige Zeitansätze gebildet werden, so dass umfassend Kapazitäten für den gesamten Vertrieb geplant und analysiert werden können. Mehr zu diesem Thema erfährt der Leser – wie bereits angekündigt – in Teil 4 des Buches.

FOKUS

1. **Grundsätzlich sollte auch für die Basis-Verkaufsprozesse die eingesetzte Zeit kalkuliert werden.**

2. **Der Zeitbedarf für die abwicklungsorientierten Aufgaben ist größtenteils fremdgesteuert und daher nur schwierig einzuschätzen. Aktivitäten, um die bestehende Beziehung zu stabilisieren, sollten wiederum in Kategorien erfasst und dann geplant werden.**

V. Die Verbindung zwischen Ausbau- und Basis-Verkaufsprozessen

Die unterschiedlichen Anforderungen an Ausbau- und Basis-Verkaufsprozesse machen es sinnvoll, diese beiden Typen zu trennen. In der Praxis laufen sie jedoch häufig zeitgleich ab. So wird ein Verkäufer, der versucht, einem Kunden weitere Produkte seines Sortiments zu verkaufen (Ausbauprozess), sinnvollerweise parallel auftauchende Fragen zu einem bereits eingesetzten Produkt beantworten. Dieser Aspekt ist wichtig, wenn Kapazitäten für die einzelnen Prozesse kalkuliert werden (**1. Verbindung**). Gelingt es dem Verkäufer dann tatsächlich mehr Produkte zu plazieren, wird gleichzeitig der Kunde stärker an den Lieferanten gebunden. Je höher die Zahl der eingesetzten Produkte ist, umso enger ist der Kontakt zwischen Anbieter und Lieferant und umso größer wird die Zahl der Kontaktanlässe (**2. Verbindung**). Somit unterstützt jeder erfolgreich abgeschlossene Ausbauprozess die Ziele des Basisprozesses. Alle Aktivitäten, die zwischen einem Gespräch und einer Kaufentscheidung (Pre-Sales) und nach dem Kauf (After-Sales) liegen, werden durch den Basisverkaufsprozess beschrieben. Werden sie gut ausgeführt, erhöht sich die Wahrscheinlichkeit, dass ein Ausbauprozess erfolgreich abgeschlossen werden kann (**3. Verbindung**).

Sollen hingegen Neukunden gewonnen werden, bestehen die aufgezeigten Verbindungen natürlich nicht, da noch kein gemeinsames Geschäft existiert. Fällt bei einem Kunden kein regelmäßiger Bedarf an (Business-to-Business) ist es besonders wichtig, die Phase zwischen dem 1. Kontakt und dem möglichen Kaufabschluß **professionell und ausdauernd zu managen**. Es geht dann darum, im »Relevant-Set« der Entscheider zu bleiben, damit diese im Fall der Fälle sich an den potenziellen Anbieter erinnern. Nennen wir dieses Vorgehen **Pull-Strategie**, weil ein permanentes Verhandeln und Drücken beim Zielkunden den Bedarfsfall nicht eintreten lässt. Tritt andererseits regelmäßig ein Bedarf auf (Konsumgüter), ist also die Zeit zwischen Verhandlung und Kaufentscheidung sehr kurz, spielt die Pre-Sales-Phase keine große Rolle. Hier ist besonders das Verhandlungsgeschick und der Stellenwert einer Marke wichtig (**Push-Strategie**).

FOKUS

1. In der Praxis sind Basis- und Ausbau-Verkaufsprozesse eng miteinander verbunden. Der Erfolg eines Ausbauprozesses hängt somit entscheidend von der Qualität der Betreuung und Abwicklung ab.

2. Die Verbindungen müssen bekannt sein, sollen etwa Kapazitäten für den Vertrieb geplant werden.

VI. Das Wesentliche im Rück-Blick

Ein Verkaufsprozess stellt **ablauforientiert** dar, wie der Vertrieb agiert und welche Ergebnisse er dabei erzielt. Ein Prozess verbindet die Inputfaktoren – also die Verkaufsaktivitäten – mit einem Wirkungs- bzw. Erfolgsgrad, der dann zu konkreten Verkaufsergebnissen, zu Umsätzen oder zu Deckungsbeiträgen führt. Er wird mit Hilfe von **Aktivitäten, Erfolgskennziffern, Ergebnissen** und dem erforderlichen **Zeitbedarf** beschrieben. Im weiteren Verlauf wurden diese Elemente, getrennt nach **Ausbau- und Basisprozessen**, dem Leser vorgestellt. Es wird dabei noch einmal deutlich, dass die Anforderungen an diese beiden Prozesshauptgruppen doch sehr unterschiedlich sind. Über Ausbauprozesse zu wachsen, erfordert andere Vorgehensweisen, als Kunden mit Hilfe eines Basisverkaufsprozesses zu stabilisieren. Andererseits bestehen Abhängigkeiten, die wiederum den Erfolg der Prozesse stark beeinflussen.

Wir wissen jetzt, **wie** die verschiedenen Verkaufsprozesse ermittelt und strukturiert werden. Prozesse sind kein Selbstzweck, oder sollten es zumindest nicht sein. Sie dienen als Basis, um die richtigen Arbeitsschritte einzuleiten, welche die Marketing- und Vertriebsarbeit optimieren. Dadurch lassen sich Marktstrategien präzise beschreiben. Die benötigte Vertriebskapazität kann leichter und zuverlässiger ermittelt werden, als es bisher möglich war. Erst durch die Verknüpfung von Aktivitäten und Erfolgskennziffern werden die quantitativen und qualitativen Einflussgrößen auf den Verkaufserfolg wirklich transparent. Dadurch wiederum ergeben sich neue Ansätze, die Leistung von Verkäufern zu messen und entsprechende **Benchmarks** zu definieren. Aus- und Weiterbildungsmaßnahmen, Steuerungsinstrumente und die Marketingunterstützung können punktgenau ausgerichtet werden. Das bedeutet konkret: **Vertriebskosten können gezielt gesenkt und die eingesetzten Ressourcen im Vertrieb produktiv genutzt werden.**

Damit gelingt es dem willigen Praktiker, ganz wie von dem Skiflugexperten Rudi Tusch empfohlen, dem Geheimnis des Verkaufens systematisch auf die Spur zu kommen. **Leistungsförderer und -verhinderer** werden sichtbar. Gefordert ist jetzt nur noch die Bereitschaft und der Wille, sich mit den vorgestellten Elementen der Verkaufsprozesse auseinanderzusetzen. Das heißt: die Intuition im Verkauf mit Systematik zu kombinieren.

Teil 3
Die Arbeit mit Verkaufsprozessen

Überblick zu den einzelnen Kapiteln des Buches   Teil 3

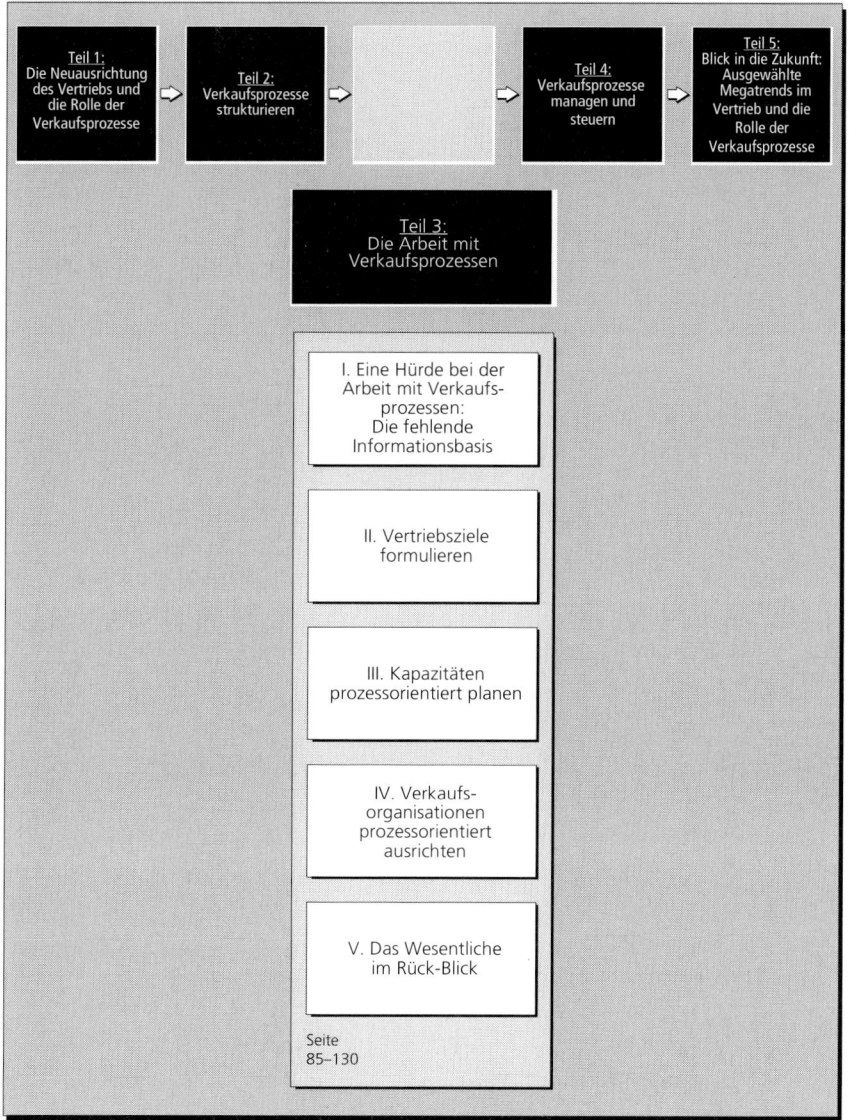

In diesem Abschnitt wird vorgestellt, welche Hürden bei der Arbeit mit Verkaufsprozessen auftreten (I.), wie sie pragmatisch beseitigt werden, wie sich konkret mit Verkaufsprozessen **arbeiten** lässt, wie Vertriebsziele präzise formuliert (II.), wie Kapazitäten prozessorientiert geplant (III.) und wie die Verkaufsorganisationen optimal ausgerichtet werden (IV.). Dazu erhält der Leser jeweils eine Argumentationshilfe (Vorteile), um mögliche Widerstände bei der Arbeit mit Prozessen aus dem Weg räumen zu können. Danach wird er angeleitet (**Nutzeranleitung**), wie konkret mit Verkaufsprozessen gearbeitet werden kann.

I. Eine Hürde bei der Arbeit mit Verkaufsprozessen: Die fehlende Informationsbasis

In der Praxis tritt häufig der Fall ein, dass Prozesse erstmalig in einer Vertriebsorganisation eingesetzt werden sollen. Dabei wird man schnell, vielleicht sogar sehr schnell feststellen, dass die benötigten Daten nicht vorhanden sind, um systematisch mit Prozessen zu arbeiten. Hier wirkt sich aus, dass viele Berichtssysteme noch immer eher den Charakter einer erweiterten Spesenabrechnung oder eines Tätigkeitsnachweises haben. Auch moderne CAS-Systeme sind oft nicht wesentlich ausgeklügelter. Es wird zwar meistens eine enorme Datenmenge erfasst, aber die Datenstruktur und die Analyseprogramme sind kaum geeignet, um Verkaufsprozesse präzise zu erfassen und zu überwachen. Vielfach werden aber auch einfach die vorhandenen Möglichkeiten nicht hinreichend genutzt, weil im Vertrieb bisher nicht in Prozessen gedacht, geschweige denn gehandelt wird. Aber was ist nun zu tun? Nicht aufgeben und pragmatisch denken! Es wird uns nichts anderes übrigbleiben, als die ersten Verkaufsprozesse auf der Grundlage von Schätzwerten zu erstellen.

Am sinnvollsten ist es, von einem konkreten, in der **Vergangenheit erzielten Verkaufsergebnis zurückzurechnen**. Um das zu veranschaulichen, nehmen wir als Beispiel eine Neukundengewinnung. Es sei unterstellt, dass im letzten Jahr mit neuen Kunden ein Umsatz von **5 Mio. Euro** erzielt wurde. Nun ist es interessant, wieviel Kunden hinter diesem Umsatz stecken. Angenommen es handelt sich um **42 Kunden,** dann beträgt der durchschnittliche Umsatz pro Neukunde rund **125 Tausend Euro**. Damit ist ein erster Wirkungsgrad ermittelt.

Im nächsten Schritt werden die vor der Auftragsvergabe liegenden Aktivitäten analysiert, also etwa die Verhandlung eines Angebots. Leider erhält der Lieferant nicht bei jedem Angebot den Zuschlag. Vielleicht ist man nur mit jedem zweiten der potenziellen Kunden ins Geschäft gekommen. Dann beträgt die nächste **Erfolgsquote 50%** oder entspricht dem **Verhältnis 2 : 1**. Erfahrungsgemäß schätzen hier Verkäufer so zuverlässig, dass man zu akzeptablen Werten kommt. In unserem Beispiel müssten dann **84 Auftragsverhandlungen** durchgeführt worden sein.

Die weiteren Schritte laufen analog ab. So werden Konzepte, eine Referenzanlage, ein Produkttest präsentiert oder aber auch nur der Bedarf analysiert. Nehmen wir für unser Beispiel vereinfacht eine solche Bedarfsanalyse an. Auch hier nimmt der Erfolg wahrscheinlich wieder ab. Vielleicht wird nur nach jeder dritten Bedarfsanalyse ein Angebot abgegeben. Die **Erfolgsquote** liegt dann bei **3 : 1** (oder 33%). Insgesamt müssten dann bis zu diesem Zeitpunkt schon alleine 252 Gespräche stattfinden. Es entsteht ein für viele bedrohlicher Aufwand, der aus dem Bauch heraus nie in diesem Umfang kalkuliert worden wäre.

Angenommen die Bedarfsanalyse war gleichzeitig auch der erste persönliche Kontakt zum Kunden, dann ist noch offen, wieviel Kunden wir ansprechen mussten, um Termine für ein Gespräch zur Bedarfsanalyse zu identifizieren. Auch hier kann zunächst auf die Erfahrungswerte der Verkäufer zurückgegriffen werden und eine Quote von **2 : 1 oder 50%** ist sicher realistisch.

Damit ist klar, dass **504 Kunden** für eine Terminvereinbarung angesprochen werden müssen, wenn bei einer **Erfolgsquote** von **2 : 1 hinterher 252 Gespräche** zur Bedarfsanalyse geführt werden sollen. Davor müssen dann noch Zielkunden identifiziert und qualifiziert werden. Abbildung 34 fasst die Erfolgsquoten noch einmal zusammen.

Die Daten für die anderen **Ausbau-Prozesse** wie etwa das **Cross Selling** oder die **Intensivierung** können genauso ermittelt werden. Es wird also mit **Schätzwerten oder Annahmen** gearbeitet. Bei diesen Näherungswerten kommt es nicht nur darauf an, ob sie mit der Realität präzise übereinstimmen. Viel wichtiger ist es, sich langsam ein Erfahrungsraster aufzubauen, das immer realistischer wird. Die Mitarbeiter sollen darüber hinaus erkennen, dass zunächst bewusst mit Planungsunsicherheiten kalkuliert wird. Eine fehlende Informationsbasis ist also kein Argument, um auf eine Planung von Verkaufsprozessen zu verzichten.

Bleibt der **Basis-Verkaufsprozess**, bei dem nicht mit Erfolgsquoten gearbeitet wird. Die dafür erforderlichen Daten lassen sich aber ebenso durch Schätzungen ermitteln.

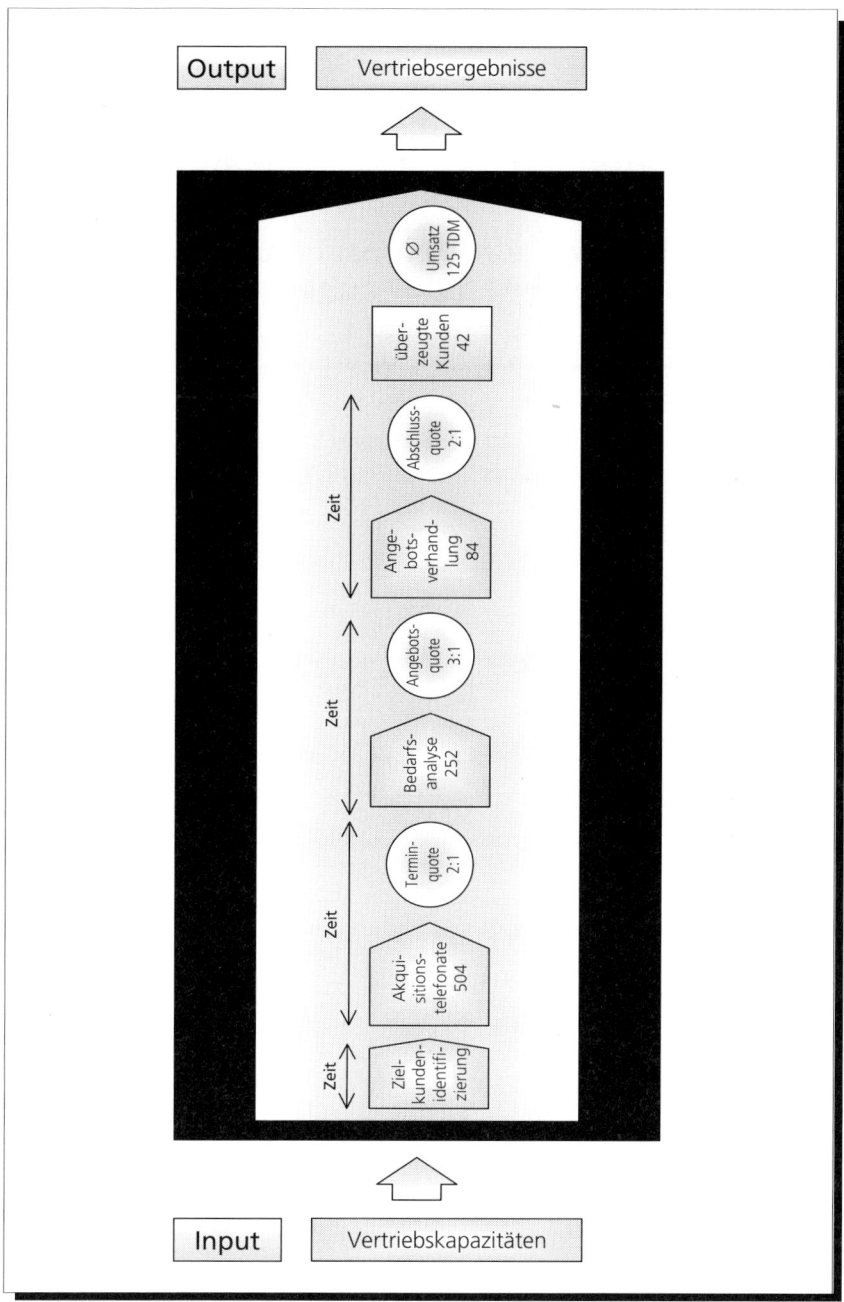

Abbildung 34: Daten eines Ausbauprozesses (Neukunden)

Quelle: Mercuri International

FOKUS

1. **Fehlen die erforderlichen Informationen, weil der Vertrieb bisher nicht an Prozessen ausgerichtet wurde, lässt sich mit Schätzwerten arbeiten.**

2. **Dadurch wird ein Erfahrungsraster aufgebaut, das im Zeitablauf zunehmend präziser wird.**

II. Vertriebsziele formulieren

1. Die Vorteile differenzierter Vertriebsziele

Mit Hilfe von Verkaufsprozessen können Vertriebsziele differenzierter und damit exakter an der Strategie ausgerichtet werden. Abbildung 35 zeigt den logischen Zusammenhang zwischen den einzelnen Unternehmenszielen (z. B. Rendite) und den Vertriebszielen.

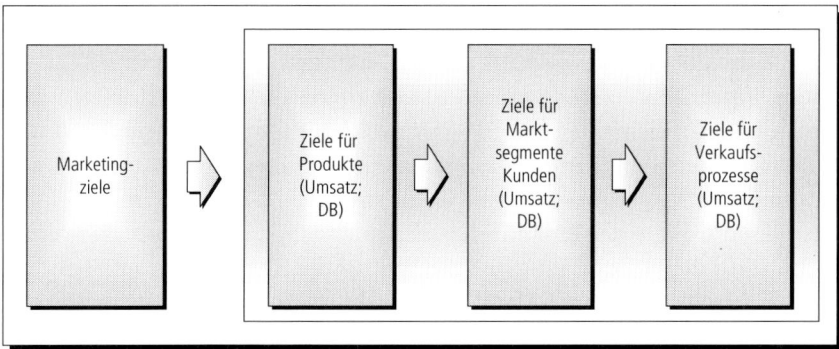

Abb. 35: Verkaufsprozesse als Element des Zielsetzungssystems

Quelle: Mercuri International

So wird transparent, wie der Vertrieb vor dem Hintergrund der Unternehmensziele agieren muss (**1. Vorteil**). Weiterhin lassen sich Verkaufsprozessziele mit der jeweiligen Marketingstrategie verknüpfen (**2. Vorteil**). Das klingt selbstverständlich, ist es aber in der täglichen Praxis keineswegs. Ein Einblick in das übliche Planungsprocedere eines Unternehmens untermauert diese These schnell. Am Anfang steht in der Regel ein **übergreifendes Unternehmensziel**. Eine **Renditezahl** wird beispielsweise von weiteren Zielsetzungen ergänzt, indem im Rahmen der Marketingkonzeption die jeweilige Marktpositionen und schließlich die einzelnen Produktziele beschrieben werden. Diese Produktziele müssen dann wiederum auf einzelne Marktsegmente heruntergebrochen werden. Marktsegmente können dabei unterschiedlich definiert sein. Es können sowohl Branchen als auch Größen-/Potenzialklassen oder z.B. Kunden eines bestimmten Wettbewerbers sein.

Aber **Marktsegmentziele** pro Produkt zu definieren, reicht bei weitem noch nicht aus. Damit weiß der Verkäufer zwar auf welche Branchen er sich konzentrieren soll. Er weiß aber noch nicht, **wie** er das konkret tun soll. Sollen die Ziele erreicht werden, indem er bestehende Kunden ausbaut oder neue Kunden hinzu gewinnt? Erhält er dazu keine exakten Vorgaben, so wird er selbst entscheiden, welchen Verkaufsprozess er in welcher Intensität durchführen wird. Dabei spielen dann sein jeweiliger Informationsstand über Marktentwicklungen, sachliche Kriterien, wie die Potenziale der Kunden und auch subjektive Einflussgrößen, wie seine eigene Persönlichkeit, eine ganz wesentliche Rolle. Nach allen Erfahrungen neigen Verkäufer allerdings dazu, ihre Entscheidungen eher intuitiv zu treffen und sich auf die gute alte Vergangenheit zu verlassen. Damit werden die unternehmerischen und marktbezogenen Anforderungen allerdings nur selten adäquat getroffen. Verkaufsprozessziele helfen, die häufig zu großen Freiräume der Verkäufer strategiegerecht zu gestalten (**3. Vorteil**).

Einem Unternehmen sollte es unter strategischen, also längerfristigen Gesichtspunkten, nicht gleichgültig sein, welche Produktumsätze z. B. von Neukunden oder von bestehenden Kunden resultieren. Das hat nachhaltige ökonomische Konsequenzen, weil es in manchen Branchen drei bis fünf Jahre dauert, bis ein Neukunde überhaupt noch die Gewinnschwelle erreicht. Wird dieser Zeitverzug bis zum Eintritt des Ergebnisses nicht berücksichtigt, schränken sich die Handlungsoptionen ein. **Vertriebsprozessziele** helfen diese Zeiträume konkret zu berücksichtigen (**4. Vorteil**). Auch deshalb sollte die Entscheidung darüber, welcher Vertriebsprozess in welcher Intensität verfolgt wird, nicht allein bei einem einzelnen Verkäufer liegen. Unternehmen, die lediglich Produktziele vorgeben, überlassen es den Verkäufern, die Prioritäten in einzelnen Segmenten und Prozessen zu setzen. Dadurch gefährden sie massiv den Umsetzungserfolg ihrer eigenen Strategien.

Die Erfahrung zeigt, dass Verkaufsmannschaften ohne **konkrete Verkaufsprozessziele** weitaus stärker reagieren als **agieren**. Häufig arbeiten sie so, wie sie es in der Vergangenheit auch getan haben. Dabei ist es dann fast unerheblich, ob sich die Strategie ändert oder nicht. Viele Menschen sind von Natur aus eher bequem veranlagt. Deshalb orientieren sie sich unbewusst an gewohnten Verhaltensmustern. Während die Marketingverantwortlichen meistens recht konkrete Vorstellungen über die Aufgaben und Ziele der Vertriebsmannschaften haben, dominieren bei den Verkäufern **pauschale Umsatzziele**. Systematisch werden Märkte auf jeden Fall so nicht bearbeitet. Folglich müssen die Kunden stärker analytisch und weniger intuitiv geplant werden. Verkaufen ist auch heute noch vielfach ein stark ausgeprägtes Beziehungsgeschäft, bei dem die Persönlichkeit der handelnden Personen die wesentliche Bedeutung zukommt. Zumindest so lange Menschen verkaufen, wird das auch so bleiben. Allerdings muss die Beziehung durch stärker analytisch fundierte Vorgehensweisen ergänzt werden. Mit Emotionen sollte nicht mehr jede Sachargumentationen beiseite geschoben werden. Nur durch diesen Ansatz lässt sich der Vertrieb für die Zukunft fit machen.

Die Ursache für diese Misere liegt nicht allein bei der Vertriebsmannschaft. Das Produktmanagement konzentriert sich vielfach zu wenig auf distributionspolitische Fragestellungen. Viele Produktmanager tun sich bereits schwer mit der Frage, welche Marktsegmente zu bevorzugen sind. Zu den Verkaufsprozessen haben sie meistens erst recht keine konkreten Vorstellungen. Dabei müssten ihnen eigentlich – sofern sie eine sorgfältige Marktanalyse vorgenommen haben – alle wichtigen Daten und Informationen vorliegen, um konkrete Verkaufsprozessziele zu formulieren.

Lediglich bei den Markenartikel- und Konsumgüterherstellern sieht die Realität bereits besser aus. Für Konsumgüter wird auf der Endverbraucherebene als da sind: Erstkäufer- und -Wiederkäuferraten sowie Intensivierungen und Line-Extensions durchaus in Verkaufsprozessen gedacht. Auf Handelsebene sind diese Ziele meistens schon weit weniger präzise. Alle Ziele, um die Distribution zu erweitern, spiegeln zwar Verkaufsprozesse wider, werden aber nur selten in persönliche Zielsetzungen für Verkäufer übersetzt. **In anderen Branchen findet man so gut wie keine Verkaufsprozessziele.** Sie sollten ebenso wie Verkaufsprozesse zum Handwerkszeug des Marketing gehören, um die Zusammenarbeit mit dem Vertrieb zu verbessern.

Allen Vorteilen zum Trotz: Verkaufsprozessziele sind kein Selbstzweck. Folglich sollten pragmatische Lösungen übertriebenem Aufwand vorgezogen werden. So macht es bei einem durchschnittlichen Produktsortiment meistens nur für wenige Produkte ernsthaft Sinn, zu detailliert zu planen. Nutzt man das bekannte Pareto-Gesetz, um die eigenen Produkte zu ordnen, stellt man fest: ca. 20% der Produkte erwirtschaften ca. 80% der Ergebnisse. Demnach reicht es völlig aus, wenn nur für diese Produkte und ggf. für Neuprodukte oder Wachstumsprodukte Verkaufsprozessziele definiert werden. Alle anderen werden wie bisher ohne Verkaufsprozessziele vermarktet.

FOKUS

1. **Mit Verkaufsprozesszielen zu arbeiten, ist mit konkreten Vorteilen verbunden: Die Strategie lässt sich präzise beschreiben, Verkaufskapazitäten lassen sich exakt planen und einsetzen, das Marketing kann gezielt begleiten, die vielfach zu großen Freiräume der Verkäufer werden sinnvoll begrenzt. Die Planung allein nach Produkten und Kundengruppen kann das nicht bieten.**

2. **Um den Aufwand nicht unnötig zu steigern, sollte nur für die wichtigsten Produkte und Kunden detailliert mit Hilfe von Verkaufsprozessen geplant werden.**

2. Nutzeranleitung: Verkaufsprozessziele identifizieren

Der Gewohnheit zu liebe, werden wir in den folgenden Beispielen **Umsatzzahlen** verwenden, zumal bei Deckungsbeiträgen **sinngemäß** identisch vorgegangen wird. Diese Kennzahl ist bei den meisten Unternehmen auch immer noch eine der wichtigsten Zielgrößen. Normalerweise ist das Unternehmensziel bereits in Produktziele und ggf. auch noch in einzelne Marktsegmentziele pro Produkt übersetzt worden. Nun schließt sich die Frage an, wie man von den **Produkt-/Segmentzielen** zu den **Verkaufsprozesszielen** kommt.

Gehen wir zunächst davon aus, dass zu Produkten und Marktsegmenten aktuelle Daten und Zielwerte vorliegen. Sie werden zunächst in eine **Produkt-Kunden-Matrix** überführt (**1. Schritt**). Diese Matrix gibt an, welcher Anteil des aktuellen Umsatzes bzw. des Zielumsatzes für ein Produkt auf welches Marktsegment entfällt. Im Grunde genommen handelt es sich dabei um nichts anderes, als um eine spezielle Form der **Ansoffschen Strategiematrix**.

Ein Beispiel einer solchen Produkt-Kunden-Matrix ist in Abbildung 36 dargestellt. Um übersichtlich zu bleiben, ist hier nur ein Produkt mit Zahlenwerten belegt worden.

Beim **2. Schritt** werden dann die Vertriebsergebnisse bzw. Vertriebsziele in die einzelnen Verkaufsprozesse unterteilt. Die dafür erforderlichen Daten

Markt-segment		Produkt 1		Produkt 2		Produkt 3		Gesamt	
		Akt. Jahr	Planjahr	Akt. Jahr	Planjahr	Akt. Jahr	Planjahr	Akt. Jahr	Planjahr
Markt-segment 1	neue Kunden	5	10						
	bestehende Kunden	20	30						
Markt-segment 2	neue Kunden	5	5						
	bestehende Kunden	30	40						
Markt-segment 3	neue Kunden	10	5						
	bestehende Kunden	40	40						
Gesamt	neue Kunden	20	20						
	bestehende Kunden	90	110						
		110	130						

Abb. 36: Produkt-Kunden-Matrix

Quelle: Mercuri International

		Produkt 1 Akt. Jahr	Produkt 1 Planjahr	Produkt 2 Akt. Jahr	Produkt 2 Planjahr	Produkt 3 Akt. Jahr	Produkt 3 Planjahr	Gesamt Akt. Jahr	Gesamt Planjahr
Markt-segment 1	Neukundengewinnung	5	5						
	Cross Selling	0	5						
	Wettbewerbsverdräng.	0	5						
	Verwendungshäufigkeit	0	5						
	Halten	20	20						
		25	40						
Markt-segment 2	Neukundengewinnung	5	0						
	Cross Selling	0	5						
	Wettbewerbsverdräng.	0	0						
	Verwendungshäufigkeit	5	10						
	Halten	25	30						
		35	45						
Markt-segment 3	Neukundengewinnung	10	5						
	Cross Selling	0	0						
	Wettbewerbsverdräng.	10	5						
	Verwendungshäufigkeit	10	5						
	Halten	20	30						
		50	45						
Gesamt	Neukundengewinnung	20	10						
	Cross Selling	0	10						
	Wettbewerbsverdräng.	10	10						
	Verwendungshäufigkeit	15	20						
	Halten	65	80						
		110	130						

Abb. 37: Wie Ziele auf Verkaufsprozesse verteilt werden

Quelle: Mercuri International

liegen (bis auf die Differenzierung zwischen Intensivierung durch Wettbewerbsverdrängung und Verwendungshäufigkeit) normalerweise in der Fi-
nanzbuchhaltung vor. So können sie für das aktuelle Jahr über spezielle Aus-
wertungsprogramme ermittelt oder zumindest näherungsweise durch Experten geschätzt werden. Wie Ziele in Verkaufsprozesse unterteilt werden,
zeigt Abbildung 37.

Aufgrund der aktuellen Ergebnisse im laufenden Jahr kann auch geprüft
werden, welche verkäuferischen Potenziale noch bei den einzelnen Verkaufsprozessen vorhanden sind. Welche Prozesse laufen noch nicht optimal
ab, wo gibt es noch große Schwankungen zwischen einzelnen Verkäufern?

Wer Zielsetzungen, wie besprochen, für die Produkte und Marktsegmente
auf die zukünftigen Verkaufsprozesse herunterbricht, muss verschiedene
Einflussfaktoren berücksichtigen. Das sind die zu erwartenden Veränderungen im Markt, bei der eigenen Angebotspalette sowie die sich daraus er-
gebenden neuen Potenziale bei bestehenden und potenziellen Kunden. In
Checkliste 3 sind dazu ausgewählte Prüffragen aufgeführt. Sie helfen, die
richtigen Verkaufsprozessziele herzuleiten.

	Prüffragen zur Ableitung von Verkaufs-prozesszielen für einzelne Produkte	Ergebnis?	
Status der Ver-kaufsprozesse (bezogen auf ein konkretes Pro-dukt/Marktseg-ment)	Wie haben sich im letzten Jahr die Produktumsätze auf neue und bestehende Kunden verteilt?		
	Wie hoch war jeweils der Neukunden- und der Cross Selling-Umsatz (absolut und differenziert nach Anzahl Kunden und Durchschnittsumsatz pro Kunde)?		
	Wie hoch war jeweils der Umsatzzuwachs durch Inten-sivierung (absolut und differenziert nach Anzahl Kunden und durchschnittlichem Umsatzzuwachs pro Kunde)?		
	Wie hoch war jeweils der Umsatzanteil, der auf Kun-den ohne Steigerung der Produktumsätze entfiel (ab-solut und unterteilt nach Anzahl Kunden und Durch-schnittsumsatz pro Kunde)?		
Verkäuferische Potenziale	Welche Verkaufsprozesse können noch professionel-ler durchgeführt werden?		
Veränderungen im Markt und beim eigenen Unternehmen, die die Verkaufs-prozesse beein-flussen (normalerweise im Marketing-plan enthalten)	Welche neuen Wettbewerber werden mit welchen Leistungsprofilen in den Markt kommen oder welche bestehenden werden verschwinden?		
	Inwieweit wird das Marktsegment wachsen oder schrumpfen?		
	Wie werden sich die Leistungseigenschaften/Positio-nierungen/Preise der Produkte verändern?		

	Prüffragen zur Ableitung von Verkaufs-prozesszielen für einzelne Produkte	Ergebnis?
Veränderungen im Markt und beim eigenen Unternehmen, die die Verkaufs-prozesse beein-flussen (normalerweise im Marketing-plan enthalten)	Wird es neue Produkte geben und welche Synergieef-fekte ergeben sich daraus für die bestehenden Pro-dukte?	
	Welche neuen Services/unterstützenden Maßnahmen wird es geben?	
	Wird der Verkauf in den gleichen Strukturen arbeiten wie im letzen Jahr bzw. welche Veränderungen wird es geben?	
	Wird der Verkauf der Wettbewerber seine Vorgehens-weise ändern?	
Marktpotenziale (normalerweise im Marketing-plan enthalten)	Welche Potenziale gibt es vor diesem Hintergrund noch bei bestehenden und potenziellen Kunden (Wo entsprechen die Anteile noch nicht dem Nutzenbei-trag,, den die Produkte bieten oder wo liegt z. B. der »in shop market-share« unter dem Marktanteil)?	
Festlegung der neuen Verkaufs-prozessziele	Wieviel soll von den bestehenden Kunden abgenom-men werden?	
	Wenn es mehr als im Vorjahr sein soll, was ist der Grund dafür?	
	Wächst der Markt und wieviel von der geplanten Stei-gerung wird auf dieses Marktwachstum entfallen?	
	Wenn man bei bestehenden Kunden schneller als der Markt wachsen will, soll das über eine Erhöhung des Lieferanteils erreicht werden oder über eine Verwen-dungssteigerung/Absatzunterstützung für den Kun-den?	
	Wieviel soll über Cross Selling bei bestehenden Kun-den erreicht werden und wieviel durch potenzielle Kunden mit denen bisher noch keine Geschäftsbezie-hung bestand?	

Checkliste 3: Wie Verkaufsprozessziele hergeleitet werden

Quelle: Mercuri International

Je mehr Marktsegmente und Produkte es gibt, desto größer wird natürlich auch die **Zahl der Verkaufsprozesse** sein. Bei drei Marktsegmenten und bei drei Produkten oder Produktgruppen gibt es bereits 45 verschiedene Verkaufsprozesse. Während das für einen Produktmanager noch analytisch zu handhaben ist, werden 45 verschiedene formelle Ziele den einzelnen Verkäufer überfordern und vor allen Dingen auch frustrieren. Vier bis sechs verschieden gewichtete Verkaufsprozesse sind erfahrungsgemäß das

Maximum, das in die offiziellen Zielsetzungen der Vertriebsmannschaft einfließen sollte. Diese müssen also im **3. Schritt** ausgewählt werden.

Auch ist zu prüfen, inwieweit es bei den Verkaufsprozessen überhaupt erforderlich ist, nach Marktsegmenten zu differenzieren. Oft gibt es keinen Grund, sich auf ein bestimmtes Marktsegment zu konzentrieren oder das Marketing hat ebenfalls keine konkreten Anhaltspunkte, um bestimmte Marktsegmente zu bevorzugen. Dann können pro Produkt auch Prozesse definiert werden, die allgemeingültig sind. Der Verkäufer wird dann selbst entscheiden, worauf er sich konzentriert.

FOKUS

1. **Mit einer Produkt-Kunden-Matrix kann gezeigt werden, welcher Teil des aktuellen Umsatzes für ein Produkt auf welches Segment entfällt. Sie sollte in einem 1. Schritt definiert werden.**

2. **Im zweiten Schritt werden die Vertriebsergebnisse oder -ziele auf die jeweiligen Verkaufsprozesse aufgeteilt, im 3. Schritt werden bei zu vielen Prozesszielen die wichtigsten ausgewählt.**

III. Kapazitäten prozessorientiert planen

1. Die Vorteile einer prozessorientierten Kapazitätsplanung

Welche Vertriebskapazitäten benötigt werden, diskutieren viele Unternehmen kontrovers. Vertriebskosten von durchschnittlich 14% vom Umsatz verdienen schließlich entsprechende Aufmerksamkeit. Der persönliche Vertrieb, also der Außendienst, steht besonders in der Optik. Er ist mit weitem Abstand die wirkungsvollste, aber auch teuerste Form des Kundenkontakts. Die Kosten für einen persönlichen Kundenbesuch können zwischen 100 DM und über 1000 DM liegen. Es lohnt sich also, diese wertvolle Ressource vernünftig zu kalkulieren und einzusetzen. Genauso kann es für ein Unternehmen überlebenswichtig sein, genug Vertriebskapazitäten einzusetzen, eventuelle Engpässe möglichst schnell zu identifizieren und zu beseitigen (**1. Vorteil**).

Traditionelle Vorgehensweisen, um die optimale Mitarbeiterzahl im Verkauf zu finden, teilen die Kunden nach ihrer Bedeutung und nach ihren Kontaktanforderungen in Gruppen ein. Dabei wird noch zwischen persönlichen (Außendienst) und telefonischen Kontakten (Innendienst, Call Center) unterschieden. Daraus ergibt sich ein Besuchs- oder Kontaktrhythmus pro Kundengruppe bzw. Kunde. Anschließend multipliziert man das Ganze mit der Anzahl der Kunden und kommt zu der Gesamtzahl der notwendigen Kontakte. Diese werden durch die Anzahl der Kontakte geteilt, die ein Vertriebsmitarbeiter in einem Zeitraum durchführen kann. So erhält der kühle Rechner schließlich die notwendige Anzahl der Verkäufer. Abbildung 38 fasst diese Schritte des herkömmlichen Weges noch einmal zusammen. Vielleicht wird noch pauschal Zeit für Neukunden reserviert.

Eine solche Kalkulationsmethode toleriert **erhebliche Unsicherheiten** und führt nur selten zu wirklich brauchbaren Ergebnissen. Höchstens der **Basis-Verkaufsprozess** kann in so pauschaler Form ausreichend kalkuliert werden. Um eine Marketingstrategie konsequent umzusetzen, müssen die Kapazitäten präzise geplant werden. Der Besuchsrhythmus als einzige variable Größe reicht nicht aus, um mögliche strategische Optionen befriedigend widerzuspiegeln. Bestimmte Produktumsätze zu forcieren oder die Distribution auszubauen, kann dabei kaum berücksichtigt werden. Egal ob ein Unternehmen beabsichtigt viele oder wenige Produkte einzuführen, egal wie die Qualifikation der Vertriebsmannschaft ist, nach dieser Kalkulationsmethode kommt immer ein ähnliches Ergebnis heraus. In Wirklichkeit werden jedoch die Kapazitäten der Unternehmen unterschiedlich beansprucht.

Kunden-gruppe	Kontakt-häufigkeit p.a.	Anzahl Kunden	Anzahl Kontakte	Gesamt-zahl Kontakte	Mögliche Kontakte pro Mitarbeiter	Anzahl not-wendiger Mitarbeiter
A	12	50	600			
B	6	100	600	3600	720	5
C	3	400	1200			
D	1	1200	1200			

Abb. 38: Der traditionelle Weg, um Vertriebskapazitäten zu planen

Quelle: Mercuri International

Die Folgen im Markt können einschneidend sein. Entweder bekommt der Vertrieb **mehr Aufgaben,** als er bewältigen kann. Oder er weiß nicht, wie er die Kontakte mit sinnvollen Inhalten füllen soll. Quantität löst in diesem Fall Qualität ab. Nicht ohne Grund äußern viele Vertriebsmitarbeiter harsche Kritik, wenn ihre Kapazitäten derart pauschal kalkuliert werden. Mehr Präzision wird deshalb zu Recht von ihnen eingefordert. Dabei hilft Abbildung 39, die vermittelt, von welchen Größen die Kapazitäten beeinflusst werden. Eine wesentlich präzisere Kalkulationsbasis der prozessorientierten Planung von Kapazitäten ist damit gegeben (**2. Vorteil**).

Gibt es mehr Aufgaben als Kontaktkapazitäten, wird einem Verkäufer nichts anderes übrig bleiben, als eigenständig Prioritäten zu setzen. Oder er führt bestimmte Aufgaben gar nicht durch. Diese individuellen Prioritäten entsprechen jedoch in den seltensten Fällen der Unternehmensstrategie. Die Verkäufer lassen viel eher ihre persönlichen Vorstellungen einfließen, die stark von emotionalen Faktoren und ihrer Spontaneität beeinflusst sind. Es werden dann lieber die Kunden besucht, die nett sind. Auch wird lieber über die Produkte gesprochen, bei denen man sich bestens auskennt. So wird gestenreich erläutert, warum für die anderen, von der Strategie vorgegebenen Aufgabenstellungen, keine Zeit mehr verfügbar ist. Schließlich arbeitet man ja schon 10 Stunden am Tag. Fehlen dagegen die Kontaktinhalte, wird der Vertriebsmitarbeiter schnell zum lästigen Zeitdieb ohne konkrete Botschaft für den Kunden.

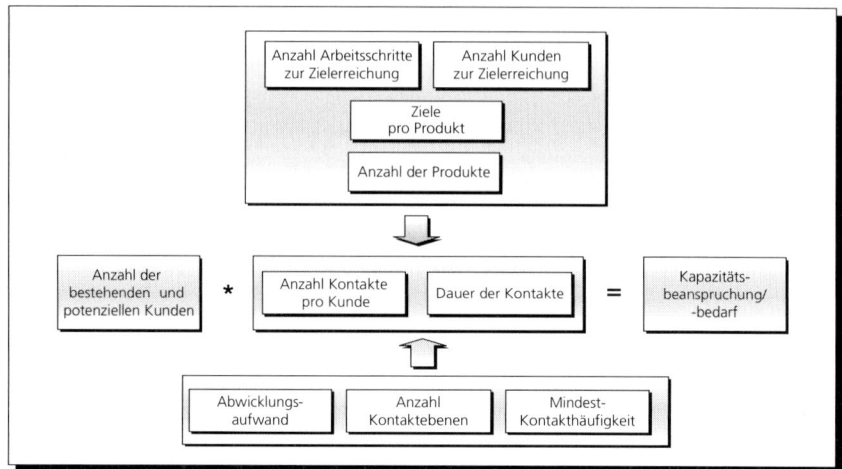

Abb. 39: Einflussgrößen auf die Vertriebskapazitäten

Die aufgezeigten Mängel können behoben werden, wenn **Verkaufsprozesse die Grundlage der Kapazitätsplanung** sind (vgl. Abb. 39). Im Basis-Verkaufsprozess werden die kundenbezogenen Kriterien abgebildet und in den Ausbau-Prozessen die produkt- und prozessbezogenen. Dadurch ist auch sichergestellt, dass die wesentlichen Elemente der Marketingstrategie automatisch mit in die Kapazitätsplanung einfließen.

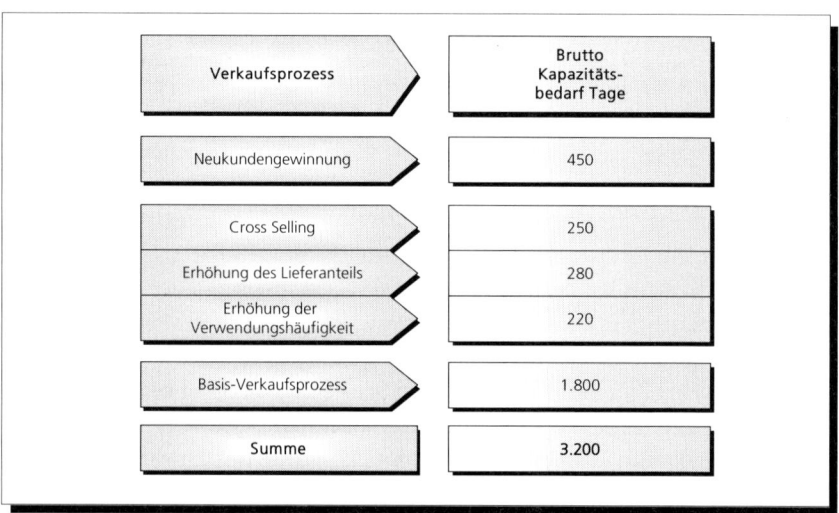

Abb. 40: Vertriebskapazitäten pro Verkaufsprozess

Quelle: Mercuri International

Mit Hilfe der Erfolgskennziffern und des Zeitbedarfs für die einzelnen Arbeitsschritte (siehe auch Teil 2 Struktur der Verkaufsprozesse) kann der Aufwand für die Ausbau- und die Basis-Verkaufsprozesse zuverlässig und unternehmensspezifisch kalkuliert werden. Das Ergebnis ist eine exakte Übersicht über den zu erwartenden Kapazitätsbedarf in Form von Mann-Tagen (Abb. 40). Die Vertriebskapazitäten werden nicht mehr nach pauschalen Kriterien auf die verschiedenen Vertriebswege (Außendienst, Innendienst, Call Center) verteilt. Vielmehr kann pro Einzelschritt des Verkaufsprozesses separat gerechnet werden (**3. Vorteil**).

Die prozessorientierte Planung ermöglicht, **Kapazitätsengpässe** bewusst und frühzeitig zu managen (**4. Vorteil**). Wenn eine Vertriebsmannschaft nur eine unterstellte Kapazität von 2.600 Tagen zur Verfügung hat, so fehlen um die Marketingstrategie umzusetzen, in unserem Beispiel 300 Tage oder 2 Verkäufer (Basis: 150 verkaufsaktive Tage pro Verkäufer/Jahr). Nun sind verschiedene Lösungsansätze denkbar:

- zwei neue Verkäufer werden eingestellt,

- Teilaufgaben im Rahmen der einzelnen Verkaufsprozesse werden so auf andere Abteilungen verteilt, dass der persönliche Verkauf entsprechend entlastet wird,

- für bestimmte Aufgaben werden externe Mitarbeiter (z. B. Call Center) eingesetzt,

- Maßnahmen werden ergriffen, um einzelne Verkaufsprozesse effizienter zu gestalten (z. B. verstärktes Training, andere Vorgehensweisen).

Mit einer solchen Kapazitätsplanung können auch für Strategien, die aktuelle Planungszeiträume überschreiten, die notwendigen Vertriebskapazitäten abgeleitet werden. Damit ergeben sich neue Ansatzpunkte, wenn die Personalentwicklung im Vertrieb langfristig und vor allem strategiebezogen kalkuliert werden soll (**5. Vorteil**).

Neben den quantitativen Faktoren werden auch die qualitativen Anforderungen transparent (**6. Vorteil**). Es kann ohne Probleme abgelesen werden, wieviel Prozent seiner Arbeitszeit ein Mitarbeiter z. B. mit der Akquisition oder damit verbringt, den Kundenerfolg zu steigern. Dadurch entsteht für jeden Verkäufer ein mit Zeitkapazitäten bewertetes Aufgabenprofil. Abbildung 41 zeigt, dass der Kapazitätsaufwand für die einzelnen Verkaufsergebnisse in der Regel nicht mit dem Anteil am Ergebnis übereinstimmt. In unserem Beispiel wird ein **unterproportionaler Zeitanteil** in den Basis-Verkaufsprozess und ein **überproportional** hoher Anteil in verschiedene Ausbau-Verkaufsprozesse investiert.

Das lässt den Rückschluss zu, wie Aus- und Weiterbildungsmaßnahmen zu gestalten sind und zudem wie die Vertriebsmannschaft sinnvoll zu organisieren ist. Zu diesen beiden Themen erhält der Leser im Teil 4 (s. S. 165 ff.) nähere Informationen. Ein **weiterer Vorteil:** Wer Kapazitäten prozessorientiert berechnet, wird präzise herausfinden, wie hoch der Anteil an **verkaufsaktiven** und an **abwicklungsorientierten** Aufgaben ist. Wichtig ist, möglichst viel Zeit für die verkaufsaktiven Tätigkeiten zu investieren. Sie beeinflussen direkt das Wachstum eines Unternehmens.

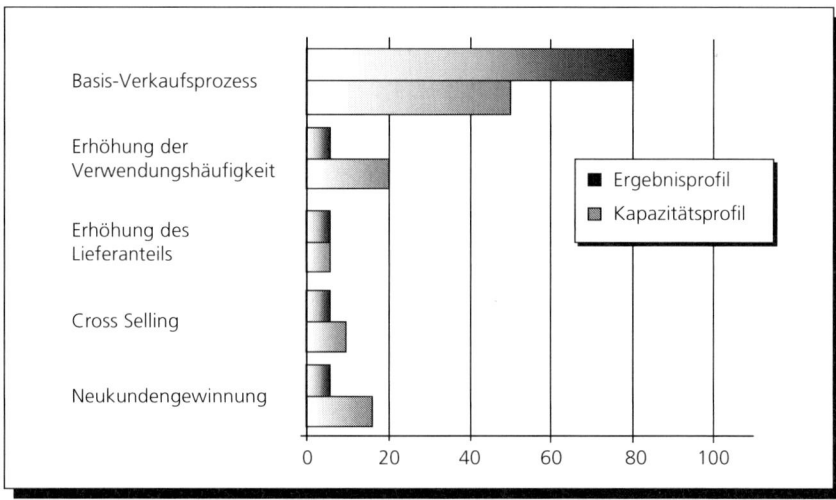

Abb. 41: Kapazitäts- und Ergebnis-(Ziel-)profil

Quelle: Mercuri International

FOKUS

1. **Weil der persönliche Kontakt zum Kunden eines der teuersten Instrumente ist, sollten die knappen Kapazitäten genau geplant werden. Sechs konkrete Vorteile ergeben sich, wenn Kapazitäten im Vertrieb prozessorientiert geplant werden.**

2. **Die aufgezeigten Vorteile relativieren den mit einer solchen Planung verbundenen Aufwand.**

2. Nutzeranleitung: Kapazitäten prozessorientiert berechnen

Kapazitäten für **Basis- bzw. Ausbauverkaufsprozesse** werden unterschiedlich berechnet. Noch komplexer wird es, wenn in einem Kontakt beide Prozesstypen durchlaufen werden. Aus analytischen Gründen wurden die beiden Prozesstypen isoliert vorgestellt. Tatsächlich, darüber haben wir ja bereits an derer Stelle gesprochen, überschneiden sich häufig **Basis-Verkaufsprozess** und **Ausbau-Prozesse** bei bestehenden Kunden. So kann während eines Kontaktes im Rahmen eines Basis-Verkaufsprozesses durchaus ein Gespräch zum Thema Cross Selling geführt werden. Allein der Prozess, **neue Kunden zu gewinnen**, läuft separat. Folglich ist es wenig aussagekräftig, den Kapazitätsbedarf der einzelnen Verkaufsprozesse einfach zu addieren. Dann erhält man »nur« den sogenannten **Brutto-Kapazitätsbedarf**, den wir in Abbildung 40 bereits gezeigt haben.

Bei jedem Ausbau-Verkaufsprozess mit bestehenden Kunden muss deshalb geprüft werden, ob er bereits durch die Kontakte des Basis-Verkaufsprozesses abgedeckt werden kann (**1. Schritt**). Bei wichtigen Kunden mit einer hohen Kontaktfrequenz ist das normalerweise der Fall, so dass für diese Verkaufsprozesse kaum zusätzliche Kapazitäten entstehen. Gehören dagegen auch kleinere Kunden, die nur ein- oder zweimal im Jahr besucht werden, zu den Zielkunden, dann wird man zusätzliche Kontakte durchführen müssen (vgl. Abb. 42).

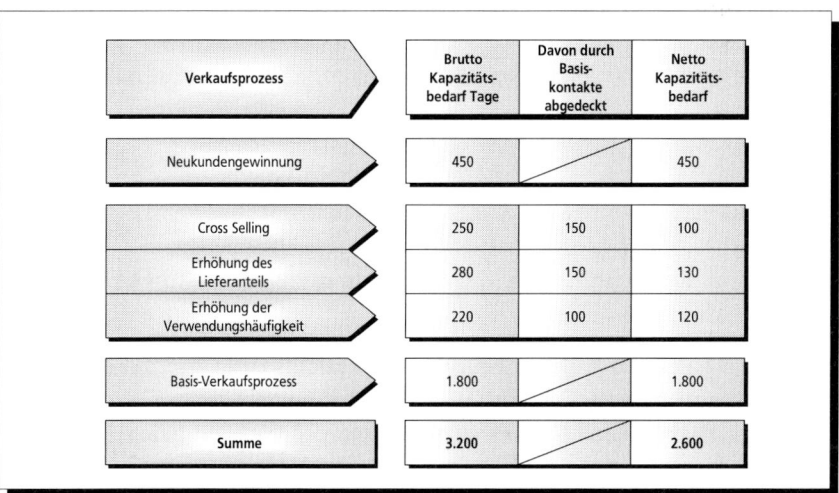

Abb. 42: Planung der Netto-Kapazitäten nach Verkaufsprozessen

Quelle: Mercuri International

Der gute alte **Besuchsrhythmus** eignet sich als Grundlage, um die erforderlichen verkaufsaktiven Aufgaben eines **Basis-Verkaufsprozesses** zu berechnen. Dabei wird die Anzahl **der Kunden mit der Anzahl der Kontakte und dem durchschnittlichen Aufwand pro Kontakt** multipliziert. Dieses Verfahren wird wiederum für jede Kundenkategorie praktiziert, da es pro Kategorie unterschiedliche Kontakthäufigkeiten bzw. Kontaktzeiten gibt. Abbildung 43 fasst diese Erkenntnis zusammen.

Sofern der Vertrieb auch mit **Abwicklungsaufgaben** betraut ist, müssen diese für den gesamten Zeitbedarf eines Basis-Verkaufsprozesses ebenfalls berücksichtigt werden. Einheitliche Vorgehensweisen dafür gibt es nicht, da es branchen- und produktabhängig zu große Unterschiede gibt. Dafür zwei typische Beispiele:

1. Beispiel: Ein Hersteller von Automatiktüren verkauft seine Produkte an Stahlbauer. Die verkaufen die Türen wiederum an Geschäftsleute oder Bauherren, die Läden neu einrichten. Da alle Türen Maßanfertigungen sind, muss für jedes Angebot und für jeden erzielten Auftrag geplant werden. Allerdings sind nur wenige Stahlbauer erfahren genug, um auch die Einbaumaße korrekt aufzunehmen. In vielen Fällen muss das deshalb durch den Außendienst des Herstellers übernommen werden. Als der Außendienst neu strukturiert wurde, musste dieser **Aufwand der Abwicklung** unbedingt berücksichtigt werden. Dafür haben wir die Kunden zunächst in **drei Klassen** eingeteilt:

- Kunden, die alles selbst machen können (kein Abwicklungsaufwand);

- Kunden, die zwar ein Angebot kalkulieren, aber kein Aufmaß nehmen können;

- Kunden, die weder Aufmaß noch Angebot selbst kalkulieren können.

Da der Preis für die meisten Türen etwa gleich war, brauchte der Gesamtumsatz eines Stahlbauers nur noch durch den Umsatz pro Tür geteilt zu werden, um die Anzahl Türen und somit den **ungefähren Abwicklungsaufwand** auszurechnen.

2. Beispiel: In einem anderen Fall war der Verkauf eines Dienstleistungsunternehmens zwar nicht direkt in die Abwicklung eingebunden. Gleichwohl ergaben sich aber regelmäßig zahlreiche Rückfragen der Kunden zu ihren **Aufträgen und Bestellungen**. Hier wurde dann einfach ein bestimmter Prozent-Wert der Arbeitszeit für solche indirekten Abwicklungsaktivitäten reserviert.

Motivierender ist es, bei den Abwicklungsaufgaben **nicht** zu **detailverliebt und bürokratisch zu planen**. Exakte Informationen sind, wenn überhaupt,

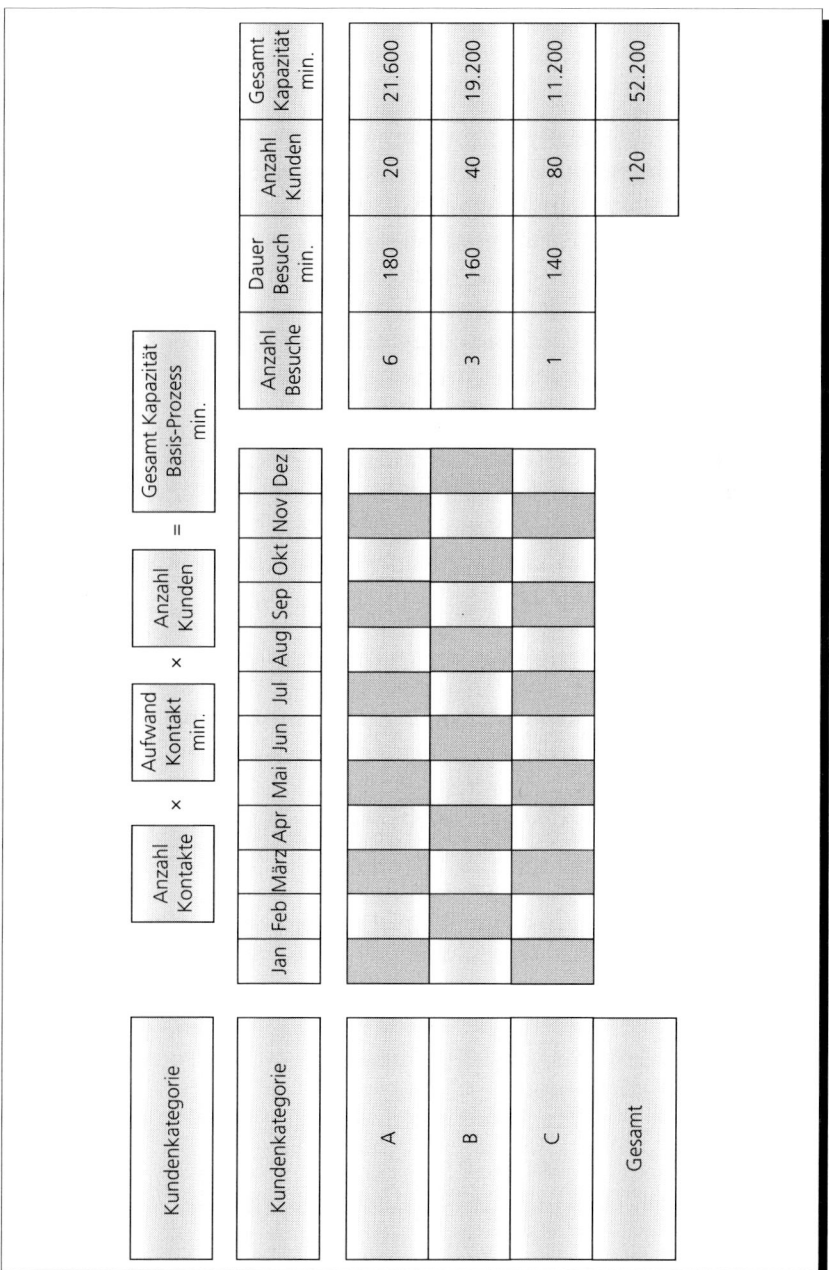

Abb. 43: Wie die Kapazitäten eines Basis-Verkaufsprozesses pro Kundenkategorie berechnet werden

Quelle: Mercuri International

nur mit großem Aufwand zu erhalten. Den willigen Praktiker schreckt das nur unnötig ab. Beide Beispiele zeigen, dass auch mit pragmatischen Ansätzen einigermaßen realistische Prozent-Werte kalkuliert werden können.

Die nächste Detaillierungsgrad tritt ein, wenn bei einem Kunden **für verschiedene Produkte** unterschiedliche Verkaufsprozesse relevant sind. Sofern die Prozesse im Rahmen **eines Kontaktes** durchgeführt werden können, entsteht wiederum kein zusätzlicher Aufwand. Sollten jedoch zusätzliche Kontakte erforderlich sein, so werden letztlich nur solche Arbeitsschritte zusätzlich erfasst, die nicht im Rahmen der **Basis-Betreuung** durchgeführt werden können. Nähere Informationen dazu sind Abbildung 44 zu entnehmen.

Wenn dann die Netto-Kapazitäten für die verschiedenen Verkaufsprozesse addiert werden, ergibt sich die **effektiv benötigte Vertriebskapazität**. Wird die Beispielrechnung von Seite 111, Abbildung 44 entsprechend erweitert, errechnet sich dann bei einer Netto-Kapazität von 2.750 Tagen und bei 150 verkaufsaktiven Tagen pro Jahr/Verkäufer ein Bedarf von 18 Verkäufern.

Betrachten wir nun die Ausbau-Prozesse einmal isoliert. Bei ihnen wird die Zeit mit Hilfe einzelner Arbeitsschritte und Erfolgskennziffern kalkuliert. Zunächst wird die reine Arbeitszeit betrachtet, die für einen Prozess-Schritt gebraucht wird, also etwa um Zielkunden zu **identifizieren**, um Termine zu **vereinbaren** oder um zu verschiedenen Anlässen zu **verhandeln**. Natürlich sollte hier mit Durchschnittswerten gearbeitet werden. Auch empfiehlt es sich, die Zeiten für vor- und nachbereitende Arbeiten sorgfältig zu kalkulieren. Wer Reisezeiten abschätzen will, sollte wiederum mit Näherungsgrößen rechnen. Falls die Verkaufsregionen verkehrstechnisch sehr unterschiedlich strukturiert sind, denken wir zum Beispiel an das dichtbesiedelte Ruhrgebiet und das weitläufige Schleswig Holstein, sollte pro Region jeweils ein eigener Wert angesetzt werden. Eine nützliche Erfahrung besagt, dass 70.000 gefahrene Kilometer auf Deutschlands Straßen pro Jahr gleichbedeutend mit 100 Arbeitstagen sind. Womit von den 220 insgesamt vorhandenen Arbeitstagen nur noch 150 verfügbar sind.

Verkaufsprozess	Produktgruppe 1			Produktgruppen 2			
	Brutto Kapazitäts-bedarf Tage	Davon durch Basis-kontakte abgedeckt	Netto Kapazitäts-bedarf	Brutto Kapazitäts-bedarf Tage	Davon durch Kontakte Produkt 1 abgedeckt	Zusätzl. Netto Kapazitäts-bedarf	Gesamt Kapazitäts-bedarf
Neukundengewinnung	450		450	250	150	100	550
Cross Selling	250	150	100	150	150	0	100
Erhöhung des Lieferanteils	280	150	130	180	150	30	160
Erhöhung der Verwendungshäufigkeit	220	100	120	120	100	20	140
Basis-Verkaufsprozess	1.800		1.800	1.200	1.200	0	1.800
Summe	3.200		2.600	1.900	1.750	150	2.750

Abb. 44: Wie Kapazitäten bei verschiedenen Verkaufsprozessen für mehrere Produkte zu planen sind

Quelle: Mercuri International

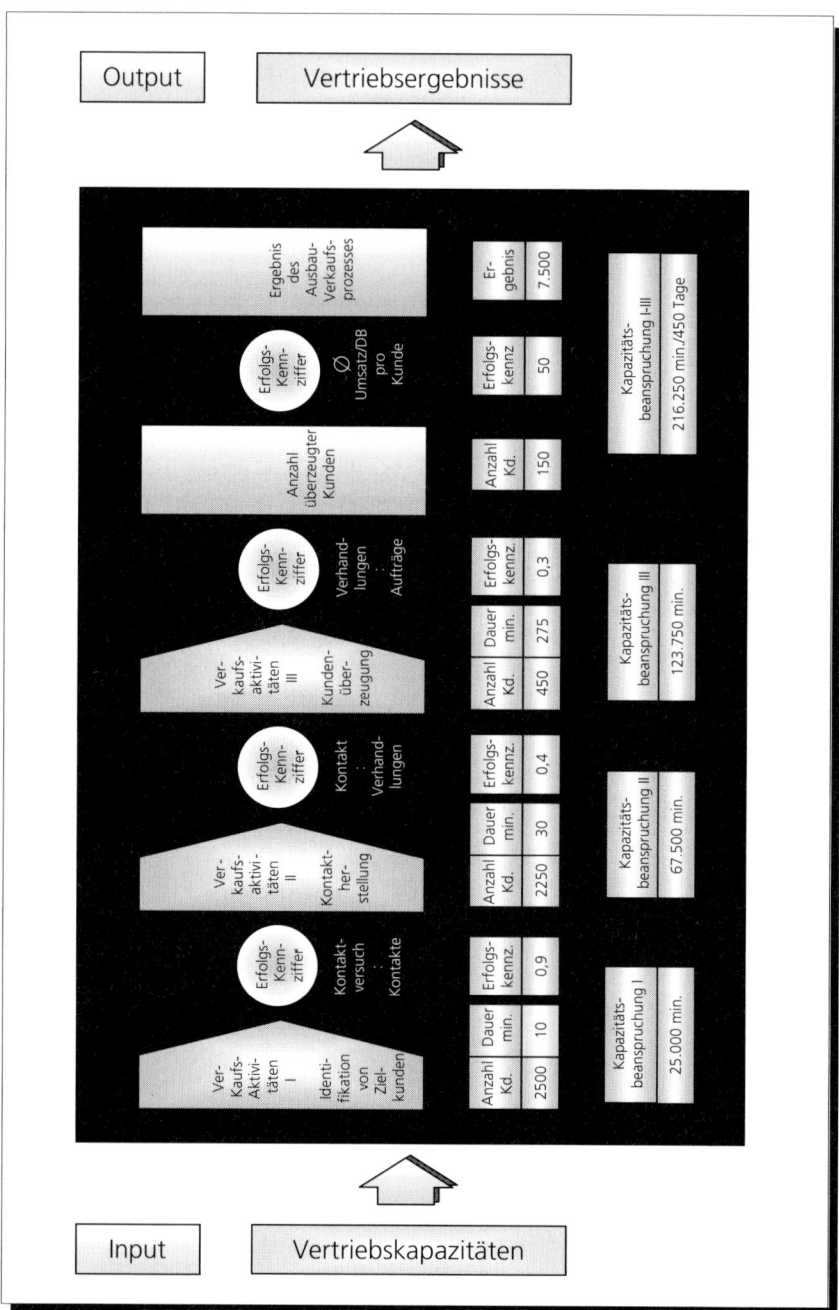

Abb. 45: Kapazitäten bei Ausbau-Verkaufsprozessen berechnen

Quelle: Mercuri International

Diese Zeitansätze pro Arbeitsschritt werden nun mit der Anzahl Kunden, die für die Zielerreichung in diesem Arbeitsschritt erforderlich sind, multipliziert. Anschließend werden die Zeiten von jedem Arbeitsschritt addiert, der bei der Durchführung des Verkaufsprozesses anfällt. Das Ergebnis ist die **Kapazität, die für diesen Verkaufsprozess benötigt wird.** Mit dieser Vorgehensweise hat eine große deutsche Bank den Bedarf an Mitarbeitern im Private Banking ermittelt.

Abbildung 45 zeigt noch einmal im Überblick, wie die Kapazitäten bei Ausbauprozessen berechnet werden.

FOKUS

1. **Kapazitäten werden bei Basis- und Ausbauverkaufs-Prozessen unterschiedlich berechnet. Bei der 1. Gruppe werden die Besuche (= verkaufsaktive Aufgaben) mit dem traditionellen Besuchsrhythmus kalkuliert. Die abwicklungsorientierten werden berechnet, wobei darauf zu achten ist, dass der Aufwand die Qualität der Ergebnisse rechtfertigt.**

2. **Die Ausbauverkaufs-Prozesse werden auf Basis der reinen Arbeitszeit kalkuliert, die für einen Prozess-Schritt gebraucht wird. »Verrechnet« werden muss, wenn Basis- und Ausbauprozesse in einem Besuch/Kontakt ausgeübt werden.**

3. **Als Ergebnis erhält der Manager die Kapazitäten, die er für einzelne Verkaufsprozesse benötigt.**

IV. Verkaufsorganisationen prozessorientiert ausrichten

1. Die Vorteile einer prozessorientierten Verkaufsorganisation

Nicht alle Arbeitsschritte, die in einem Verkaufsprozess anfallen, sollten durch den klassischen Außendienst durchgeführt werden. Die teure aktive Verkaufszeit bei den potenzialstarken Kunden und Interessenten zu verbringen und zu erhöhen, ist die Herausforderung schlechthin. Trotzdem leisten sich viele Unternehmen den Luxus eines **Allrounders im Vertrieb**, der versucht, Zielkunden zu identifizieren, Termine bei Wunschkunden zu vereinbaren, Aufträge zu bearbeiten, Objekte zu planen und den Kunden auch nach dem Kauf zu betreuen.

Die Aufgaben nach Prozessen auszurichten, hilft, den Vertrieb produktiver zu machen (**Vorteil 1**). Der Grund: Nach traditionellen Mustern wird von einem Verkäufer verlangt, dass er erfolgreich neue Kunden gewinnt und gleichzeitig aktuelle systematisch weiter ausbaut oder stabilisiert. Sind die dabei zu erfüllenden Anforderungen nicht unterschiedlich? Werden hier nicht andere Profile verlangt? Sucht man nicht den **Jäger** und **Heger** in einer Person? Wo liegen die konkreten Vor- und Nachteile einer organisatorischen Spezialisierung? Sie hat zu allererst den Vorteil, dass sich die Beteiligten auf **eine** Aufgabe konzentrieren können. Dem steht meist der Nachteil gestiegener Aufwendungen, bedingt durch veränderte Verkaufsgebiete und höhere Infrastrukturkosten, gegenüber.

Nicht einmal jede zweite Vertriebsorganisation, so das Ergebnis des Vertriebspanels 99, bereits an anderer Stelle zitiert, hat bisher überhaupt Erfahrungen mit Vertriebsteams gesammelt. Viel konsequenter, als zur Zeit praktiziert, sollten die Aufgaben so verteilt werden, dass **Spezialisten** sie optimal erledigen. Die Ära, in der jeder alles erledigt, ist vorbei. **Spitzenleistungen sind gefragt**. Die Komplexität der Märkte und der Druck des Wettbewerbs verlangen es. Der 100 Meter-Sprinter ist nicht zugleich der beste Kugelstoßer. Selbst die Spitzenathleten unter den Zehnkämpfern werden mit ihren Leistungen in einer Spezialdisziplin nie ganz vorne in der Weltspitze liegen. Verkaufsprozesse erleichtern es, den geeigneten Akteuren die richtigen Aufgaben zu übertragen (**2. Vorteil**).

FOKUS

1. Nicht alle Arbeitsschritte, die in einem Verkaufsprozess anfallen, sollten durch den klassischen Außendienst durchgeführt werden. Das ist zu teuer. Außerdem wird Spezialwissen anderer Mitarbeiter nicht ausreichend genutzt.

2. Verkaufsprozesse helfen, die Aufgaben den richtigen Akteuren zu zuordnen.

2. Nutzeranleitung: Prozessaufgaben im Vertrieb organisieren

Zuerst ist darüber nachzudenken, **welche** Vertriebsaufgabe **wie** am wirkungsvollsten ausgeführt werden kann. Dazu sollte diskutiert werden, ob es überhaupt sinnvoll ist, die Aufgaben neu zu verteilen (**1. Schritt**). Folgende Aspekte der Checkliste 4 helfen, Für- und Wider gegenüberzustellen:

– Welche Bedeutung haben einzelne Prozesse für den Unternehmenserfolg: Je wichtiger der Prozess, desto mehr spricht für eine organisatorische Spezialisierung.

– Welche speziellen Anforderungen stellen einzelne Prozesse: Je unterschiedlicher die Aufgaben, desto eher ist eine Spezialisierung angesagt.

– Wieviele Prozesse sollen im Außendienst insgesamt bearbeitet werden: Je komplexer die Aufgabenstellung, desto eher kommt eine Spezialisierung in Betracht.

– Welche Überschneidungen ergeben sich zwischen den Prozessen hinsichtlich der zu betreuenden Zielgruppe und zu forcierenden Produkte: Je weniger Überschneidungen, desto sinnvoller ist eine Spezialisierung.

Checkliste 4: Vor- und Nachteile einer Spezialisierung

Bleibt festzuhalten: Nicht jeder ist für jeden Job im Verkauf gleich gut geeignet. Die Anforderungen sind zu unterschiedlich und die geforderten Qualitätsstandards zu hoch. Letztlich kommt es darauf an, eine möglichst kosten- und wirkungsoptimale Kombination zwischen den einzelnen Funktionen zu finden. Da sind die Voraussetzungen in den Unternehmen unterschiedlich.

Fällt die Entscheidung für eine Spezialisierung, werden anschließend Stärken und Schwächen potenzieller Akteure **inklusive Internet**[3] für den Verkauf bilanziert (**2. Schritt**). Im **3. Schritt** werden die einzelnen Aufgaben verteilt. Abbildung 46 diene als erste Basis, um die Vor- und Nachteile der Akteure einzuschätzen.

Dem Mitarbeiter im **Außendienst** fällt es zweifelsohne am leichtesten, einen Kunden zu begeistern. Er wirkt durch seine äußere Erscheinung, seine Gestik, die Mimik, die gesamte Körpersprache und die Kommunikationsfähigkeit. Unterstellen wir dabei zunächst, dass er die entsprechenden Fähigkeiten besitzt und richtig einsetzt. Weiterhin kann er sehr flexibel auf seinen Gesprächspartner und die Situation vor Ort reagieren. Solche Vorteile heben ihn von allen anderen Mitstreitern im Vertrieb ab. Allerdings geht das zu Lasten hoher Kosten, die er produziert. Hinzu kommt eine gewisse Eigenwilligkeit, die es schwer macht, ihn optimal zu steuern. Auch einen Außendienst zu leasen, scheint für einige Unternehmen eine interessante Alternative zu sein. Damit soll die Schlagkraft des eigenen Vertriebs verbessert und neue, bisher nicht bearbeitete Geschäftsfelder mit möglichst wenig Risiko erschlossen werden. Renommierte Unternehmen wie die 3M setzen beim Verkauf von medizinischen Verbrauchsprodukten entsprechende Profis ein, die für einen bestimmten Zeitraum gemietet werden.

Der Mitarbeiter im Innendienst wiederum ist im Vergleich zum Kollegen draußen preiswerter, zieht man die Kosten pro Kundenkontakt als Maßstab heran. Er kann Kunden anrufen, ohne den Aufwand eines Besuches betreiben zu müssen. Damit erzielt er eine viel höhere Kontaktfrequenz. Andererseits sind seine Möglichkeiten am Telefon zu überzeugen, eingeschränkt. Er kann seine kommunikativen Vorteile nur bedingt einsetzen, weil etwa die optischen Reize fehlen. Deshalb muss er sich ausschließlich auf seine Stimme konzentrieren. Weiterhin sind entsprechende Mitarbeiter oft mit **abwicklungsorientierten** Aufgaben (Inbound-Telefonate) betreut gewesen. Folglich fällt es ihnen meistens schwer, plötzlich **verkaufsaktiv** zu agieren (Outbound-Telefonate).

Immer mehr Unternehmen gründen oder mieten deshalb **Call Center**, die mit Profis besetzt werden (zur Zeit gibt es in Deutschland etwa 1.500 Call Center). So diskutieren fast alle Branchen, welche Aufgaben das Call Center vom Außendienst übernehmen soll. Besonders etabliert ist dieses Instru-

---

3 Es wird von Multi-Channel-Anbietern ausgegangen, also Unternehmen, die das Internet als einen von mehreren Absatzkanälen bzw. für einzelne Teilaktivitäten in einem Vertriebsprozess nutzen. Die sogenannten **Pure-Player**, die ausschließlich über das Internet vermarkten, werden hier nicht berücksichtigt.

Akteure	Stärken	Schwächen	Einsatzfelder
Außendienst	Kann alle Wirkungsdimensionen (äußere Erscheinung, Gestik, Mimik, Visualisierungen, etc.) einsetzen. Kann Situationen vor Ort erfassen und berücksichtigen. Kann aktiv vorgehen.	Teuere und geringe aktive Verkaufszeit. Ist auch allen Wirkungsdimensionen des Kunden ausgesetzt. Hoher Aufwand. Nur schwer steuerbar.	Für komplexe, nicht standardisierbare Analysen und Überzeugungsprozesse mit hohen persönlichen Kommunikationsanforderungen.
Leasing Außendienst	Wie Außendienst. Darüber hinaus Spezialwissen für bestimmte Branchen/Produkte; geringeres Risiko im Vergleich zum Außendienst (abhängig von vereinbarter Laufzeit).	Kosten (allerdings geringer als beim eigenen Außendienst). Darüber hinaus keine bis geringe Kundenbindung für das Unternehmen; bedingt steuerbar.	Für neue Geschäftsfelder, Festmärkte, etc.
Internet/ E-Commerce	Preiswert, hohe Verfügbarkeit; dichte, schnelle Informationen.	Keine Wirkungsdimensionen, dadurch aktive Überzeugung kaum möglich.	Standardprodukte/Lösungen, die sich selbst erklären bzw. bekannt sind. Für dichte Information/Beratung zu bekannten Produkten, etc.
Verkaufsaktiver Innendienst/ Call Center	Preiswert. Vielfältige und aktuelle Daten leicht und schnell verfügbar.	Weniger Wirkungsdimensionen (Reduzierung auf die Stimme). Keine spontane Erfassung von Situationen vor Ort.	Für alle Aufgaben ohne direkten Kundenkontakt oder für standardisierbare Kundenkontakte.
Kundendienstleister	Kann Situationen vor Ort erfassen. Hohe Glaubwürdigkeit. Gesonderte Kontaktebenen beim Kunden.	Teuer, technisch ausgerichtet, wenig verkäuferische Kenntnis (Entscheidungskriterien und -abläufe der Kunden).	Für alle Teilaufgaben in allen Prozessen, außer Neukundengewinnung.
Externe Dienstleister	Spezialisten mit tiefem Funktionswissen. Verfügbarkeit. Preiswert für selektive Einsätze.	Steuerung, Identifikation, Eingeschränktes Background-/Breitenwissen.	Für selektive Einsätze in allen Funktionen.

Abb. 46: Stärken und Schwächen verschiedener Akteure

Quelle: Mercuri International

ment bereits bei den Banken und Versicherungen[4]. Überhaupt ist zu beobachten, dass aktive Vertriebsaktivitäten verstärkt in den Innendienst verlagert werden. Die Studie 2000 – Zahlen, Fakten, Trends der Gesellschaft für Unternehmensberatung und Marketing mbH (GUM) bei mehr als 100 Unternehmen bestätigt diesen Trend (vgl. Abb. 47).

Basis-Verkaufsprozesse (Kundenpflege/Kunden Halten)		Ausbau-Verkaufsprozesse (Neukundengewinnung, Cross Selling, Erhöhung des Lieferanteils, Erhöhung der Verwendungshäufigkeit)	
Aufgabe	Gesamt in %	Aufgabe	Gesamt in %
Aufträge telefonisch einholen	70	Adressqualifizierung (Zielkunden identifizieren)	52
Angebote nachfassen	65	Zusatzverkäufe (Kunden überzeugen)	52
Aktive Verkaufsunterstützung (Einladung zu Veranstaltungen, etc.)	59	Terminvereinbarung/Kontakt herstellen	32
Verantwortliche Betreuung von C-/D-Kunden	19	Verantwortlicher Ausbau von C-/D-Kunden	19
Telefonische Marktforschung	15		

(Mehrfachnennungen möglich!)

Abb. 47: Vertriebsaufgaben des Innendienstes

Quelle: In Anlehnung an den Norbert Müller Verlag

Eine weitere sinnvolle Alternative um Vertriebsaufgaben zu lösen, bietet der **Kundendienst**. Er leistet wortwörtlich vor Ort Dienst am Kunden. Er hat vergleichbare Voraussetzungen wie der Außendienst, bereichert um eine hohe Glaubwürdigkeit. Allerdings ist er teuer. Weiterhin fehlen ihm die verkäuferischen Fertigkeiten, zumal er in aller Regel stark technisch ausgerichtet ist. Das **Internet** als jüngstes Mitglied im Kreis der in Frage kommenden Akteure ist preiswert, informativ, rund um die Uhr verfügbar und schnell. Allerdings fehlen ihm alle persönlichen Eigenschaften, die den Menschen auszeichnen und ihn unverwechselbar machen. Deshalb kann eine Maschine Menschen eher **beraten und informieren** als **aktiv überzeugen**. In den nächsten Abschnitten wird nun überprüft, wer für welche Aufgabe eingesetzt wird. Dabei wird sich herausstellen, dass für einen Prozess auch mehrere Akteure eingesetzt werden.

---

4 Vgl. dazu auch die jährliche Benchmark Studie, die die profiTel Call Center Consulting GmbH mit der Universität Hamburg und der Purdue University USA erstellt.

(1) Zielkunden identifizieren

Die **Zielkunden zu bestimmen,** ist Ausgangspunkt eines jeden Verkaufsprozesses. Dabei handelt es sich bei Neukunden um eine rein analytische Arbeit, die das gewünschte Anforderungsprofil mit den verfügbaren Ist-Daten des Kunden abgleicht. Die meist zu große Zahl möglicher potenzieller Kontakte wird dazu gewichtet und selektiert, damit der Außendienst seine wertvolle Verkaufszeit schonen kann. Das ist Routine, solange das Profil eindeutig und nachvollziehbar ist. Bevorzugt sollten deshalb der Innendienst oder externe Dienstleister dafür eingebunden werden. Das Internet hilft im übrigen dabei, die Qualität und den Zugriff der benötigten Informationen zu verbessern.

Um Kontakte für andere Prozesse zu analysieren, ist die Situation nicht mehr ganz so eindeutig. Schließlich handelt es sich um bestehende Kunden. Häufig muss für die notwendigen Anforderungsprofile auf Daten oder Einschätzungen zurückgegriffen werden, die nicht so ohne weiteres im Unternehmen abrufbar sind. Wer etwa den Lieferanteil eines Produktes beim Kundenunternehmen **intensivieren** will, greift unmittelbar den Wettbewerb an. Insofern sollte die Wettbewerbsstrategie und die Ausrichtung des Kunden in entsprechenden Dateien erfasst sein. Dann erst kann der Innendienst entlasten und helfen.

Die Praxis sieht jedoch meist anders aus. Das Wissen ist in den Köpfen der Mitarbeiter gespeichert, die im direkten Kundenkontakt stehen. Somit ist es nicht zentral abrufbar. Hier gilt es also erst, die Hausaufgaben zu erledigen. Externe Dienstleister kommen für diese Aufgabe kaum in Frage, weil es zu aufwendig ist, sie einzuarbeiten. Als Ausnahme kann gelten, wenn Anbieter über tiefes Branchen- oder Kundenwissen verfügen.

Übrigens werden **Kundendiensttechniker** viel zu selten berücksichtigt, wenn Verkaufschancen bei bestehenden Kunden eingeschätzt werden. Sie haben oft klare Vorteile gegenüber dem Außendienst aufgrund ihrer Detailkenntnis zur Situation vor Ort. Letztlich kommt es nur darauf an, die Kundendiensttechniker für solche Herausforderungen zu sensibilisieren und auszubilden.

(2) Termine vereinbaren

Termine mit **neuen Kunden** zu vereinbaren, ist weniger eine analytische als eine **personenbezogene** Aufgabe. Ein unbekannter Ansprechpartner für diese Aufgabe muss gezielt überzeugt werden. Der Außendienst fällt einem traditionell dafür zu allererst ein. Die Kosten allerdings sprechen schnell gegen ihn. Außerdem kann er die notwendigen Telefonate oft nur hektisch zwischen zwei Kundenterminen führen. Er ist zeitlich bei weitem nicht so flexibel wie andere Akteure. Auch versucht er vielfach, schon in dieser Phase zu verkaufen. Das verschlechtert erfahrungsgemäß die Chancen für den Termin. Mitarbeiter ohne detaillierte Produktkenntnisse (z.B. aus einem Call Center) konzentrieren sich entschlossen darauf, möglichst schnell den Termin zu erhalten. Schon die Sorge, in ein konkretes Fachgespräch verwickelt zu werden, treibt sie zu solcher Eile. Ihre Abschlussquoten sind deshalb erfahrungsgemäß deutlich besser. Wichtig dabei ist allerdings, dass sich Außendienst und Telefonagent eng abstimmen.

Termine mit aktuellen Kunden zu vereinbaren, scheint einfacher zu sein, weil eine Bindung existiert. Besonders geeignet ist, wer den **intensivsten Kontakt** zum Kontaktpartner hat. Alles andere erschwert es, einen persönlichen Besuch zu fixieren. Wenn der Außendienst der Hauptansprechpartner ist, sollte er somit selbst seine Termine machen. Wenn dagegen der Kunde seine meisten Kontakte zum Innendienst/Call Center oder zum Servicetechniker hat, kommen diese Akteure auch dafür in Frage.

(3) Verhandlungen führen

Verhandeln heißt, seinen Gesprächspartner zu überzeugen. Dabei ist zunächst unerheblich, ob diese Herausforderung im **persönlichen Kontakt,** mit **elektronischen Medien** oder am **Telefon** gelöst wird. Zweifelsohne besitzt der persönliche Kontakt hier Vorteile. Das Telefon distanziert und kann die Persönlichkeit des Anrufers nur eingeschränkt vermitteln. Das Internet wiederum baut nicht **gezielt Emotionen** auf und ist nur bedingt dialogfähig. Abhilfe schaffen will das Hamburger Unternehmen Kiwilogic.com AG. Es bietet ein Software Programm an, mit dessen Hilfe »natürlichsprachliche Agenten«, sogenannte Lingubots, erstellt werden können. Diese Helfer im Netz beantworten nicht nur Standardfragen zu Unternehmen und Produkten, sondern sind – je nach Programmierung – auch zu Smalltalk, Witzen und frechen Kontern fähig. Der Vorstandsvorsitzende Karl-Ludwig Freiherr von Wendt meint dazu: »*Schon die nahe Zukunft der Menschheit wird von sprechenden Maschinen geprägt sein, die Anweisungen und Fragen in natürlicher Sprache interpretieren und beantworten können.*«

Diese Einschätzung teilen wir nicht. Die Maschine wird auch in der fernen Zukunft Menschen kaum **aktiv überzeugen** können. Hier ist der Mensch eindeutig im Vorteil. Sollte ein guter Kontakt bereits vorhanden sein, fällt es leichter, telefonisch zu überzeugen. In diesem Fall sollte dann auch der Innendienst oder das Call Center wieder eingebunden werden. So lassen sich zusätzliche Produkte verkaufen oder neue einführen. Auch kann der Verbrauch bestimmter Produkte intensiviert werden, wenn die relevanten Einsatzfelder beim Kunden bekannt sind. Nur der regelmäßige telefonische Kontakt beim Kunden ermöglicht diese Option. Je besser das Verhältnis, umso eher kann auf den persönlichen Besuch verzichtet werden.

Eine weitere Entscheidungshilfe, ob Außendienst, Call Center oder elektronische Medien den Kunden überzeugen sollen, liefert der jeweilige **Verkaufsprozess,** mit dessen Hilfe die gesteckten Ziele realisiert werden sollen. Den Verbrauch eines bereits beim Kunden eingesetzten Produktes zu erhöhen, ist am Telefon, auch in Kombination mit elektronischen Medien, sinnvoll (**Intensivierungsprozess**) zu praktizieren. Bei (für den Kunden) neuen Produkten hängt die richtige Wahl wiederum von dem erforderlichen Beratungsbedarf ab. Neue Kunden am Telefon zu überzeugen, gelingt nur bei sich selbsterklärenden Produkten, die beim Ansprechpartner bereits **vorverkauft** sind (etwa durch Werbung) und bei einem positiven Image des Lieferanten.

Je stärker allerdings ein Produkt mit seinen Einsatzfeldern **erklärt** und der jeweilige Bedarf damit umfangreich ermittelt werden muss, umso weniger wird es gelingen, mit Kunden telefonisch zu verhandeln. Im persönlichen Kontakt lassen sich eben wesentlich gezielter Emotionalität aufbauen und Produktmerkmale fassbar erläutern. Wichtig ist weiterhin, wie groß das **erreichbare Potenzial** bei einem ausgewählten Kontakt ist. Je größer es ist, umso eher empfiehlt sich der **Besuch,** weil die Bereitschaft des Kunden, am Telefon zu verhandeln, aller Voraussicht nach eher gering ist. Kleinere Kunden sollten aber schon aus Wirtschaftlichkeitsaspekten verstärkt am Telefon betreut werden. Insgesamt lehren die Erfahrungen aus der Praxis, dass der Innendienst am Telefon viel stärker, als gemeinhin vermutet und praktiziert, eingesetzt werden sollte. Dadurch wird der Außendienst entlastet, kann sich auf Schlüsselkunden und auf die wichtige Akquisition konzentrieren. Der Innendienst oder das Call Center kümmern sich verstärkt um kleinere Kunden und um selbsterklärende bzw. bekannte Produkte, die der Kunde kennt.

So versucht die Dresdner Bank mit Call Centern in acht Regionen kleinen und mittleren Firmenkunden so nahe zu sein wie es die Sparkassen und die Volksbanken sind. Gerade in diesem Segment ist nicht nur die effizientere Abwicklung der Geldgeschäfte von großem Vorteil, besonders die erweiterten Geschäftszeiten sind gefragt. Die Unternehmen können nun von 7 bis 20 Uhr sowohl Transaktionen tätigen als auch sich zu einfachen Themen beraten lassen. Ist ein detaillierteres und zeitaufwendiges Gespräch erforderlich, wird der Kunde direkt mit dem zuständigen Firmenkundenbetreuer verbunden. Dieser wird durch das Service Center insgesamt entlastet und gewinnt Zeit für das aktive Verkaufen hinzu. 60% der angesprochenen Kunden nutzen das Angebot.

Zusammenfassend helfen vier Kriterien dem Leser bei der Auswahl, wobei die emotionale Nähe (1. Punkt) die größte Bedeutung besitzt:

(1) Wie steht es um die bisherige **emotionale Bindung** des Kunden zum Lieferanten und den Mitarbeitern: Je besser der Kontakt zum relevanten Ansprechpartner, umso weniger wichtig ist der persönliche Kontakt, um erfolgreich zu verhandeln. Die Anzahl der Kontakte wird unbedeutender, solange die Qualität der Ansprache stimmt.

(2) Wie hoch ist der **Beratungs-/Erklärungsbedarf** des Produktes bzw. der angebotenen Lösung: Je beratungsintensiver Produkte oder Lösungen sind, umso schlechter können sie am Telefon oder über das Internet verhandelt werden.

(3) Für welchen **Verkaufsprozess** muss verhandelt werden: Sind beratungsintensive Produkte beim Kunden bekannt und werden schon länger genutzt, ist es auch am Telefon möglich, über eine Intensivierung zu verhandeln. Je stärker dabei jedoch gegen den Wettbewerb argumentiert werden muss, umso mehr empfiehlt es sich, im persönlichen Gespräch zu überzeugen. Bei Neukunden fehlt die emotionale Bindung, so dass die Entscheidung vom Beratungsbedarf abhängt. Neue Produkte für den Kunden, die sehr beratungsintensiv sind, sollten persönlich verhandelt werden.

(4) Wie **wichtig** ist der Kunde: Mit kleineren Kunden sollte überwiegend am Telefon verhandelt werden, bei größeren wiederum sollte die emotionale Beziehung vor Ort gepflegt werden.

Checkliste 5: Auswahl des richtigen Mediums beim Verhandeln

(4) Abwickeln, stabilisieren und ausbauen

Betreuungs- und Abwicklungsaufgaben helfen, den potenziellen Kunden, unabhängig von einem konkreten Kaufwunsch, zu begeistern, die Loyalität auszubauen und damit selbst als Lieferant interessant zu bleiben. Eine wesentliche Rolle können dabei schon traditionell der Kundendienst oder die Techniker spielen. Sie installieren, warten, reparieren Maschinen und wechseln Verbrauchsgüter bzw. Verschleißteile wie zum Beispiel Filter aus. Weiterhin beraten sie Kunden bei technischen Anfragen. Allerdings wird diese klassische Aufgabe, die unmittelbar mit der eigentlichen Produktnutzung zusammenhängt, verstärkt durch elektronische Medien, also etwa das Internet, übernommen. Dadurch lassen sich Kosten einsparen. Denn einen perfekten Service weltweit rund um die Uhr anzubieten, ist teuer. Der Kunde spart die aufwendigen Anfahrten, der Anbieter ein flächendeckendes Netz und die Zeit, die seine Mitarbeiter sonst auf der Straße verbracht hätten. Weiterhin bestimmt der Kunde alleine wann und wo er die gewünschten Informationen abruft. Bei Alcatel, dem weltweit führenden Unternehmen für Telekommunikationssysteme, erfolgt der »After Sales Service« Online über die Service-Zentrale in Berlin. So werden auftretende Störungen bei Kunden über Leitungen beseitigt, wodurch das Unternehmen viel Geld einspart. Teure Verweilzeiten und lange Anfahrten entfallen. Außerdem lässt sich die Service-Kompetenz an einem Ort bündeln. Dieser Service ist inzwischen weltweit abrufbar. Überhaupt wird das Internet beim After Sales und Pre Sales immer bedeutender. So werden über Web-Seiten kundenindividuelle Informationen angeboten, zur Branche, zu Produkten, Veranstaltungen und rund um den Anbieter.

Da dazu in der Regel keine persönlichen Besuche und keine Überzeugungsarbeit notwendig sind, sollte die teure Zeit des Außendienst-Mitarbeiters dafür nicht eingesetzt werden. Vielmehr sollte der Innendienst die Aktionen, abgestimmt mit dem Außendienst durchführen. Auch das Internet kann zumindest unterstützend eingesetzt werden. Arbeitsschritte wie zum Beispiel

— Angebote erstellen,

— Auftragseingänge überprüfen und bestätigen

— Lieferzeiten und den Transport prüfen

— Bonitäten checken

laufen auf jeden Fall zukünftig nicht mehr auf dem Schreibtisch des Innendienstes ab. Diese abwicklungsorientierten Aufgaben fließen aus dem E-Shop direkt in das Vertriebssteuerungssystem und die Auftragsabwicklung. Schon deshalb werden sich die Aufgaben des Innendienstes von der Abwicklung zu verkaufsaktiven Tätigkeiten verlagern (müssen).

Um die Akteure nun mit ihren Vorteilen und Nachteilen richtig einzuteilen, kann Abbildung 48 herangezogen werden. In der Praxis bewährt hat sich außerdem die folgende Skalierung. Sie hilft, die Eignung für eine der Aufgaben, zu bewerten:

• geeignet

• bedingt geeignet

• ungeeignet

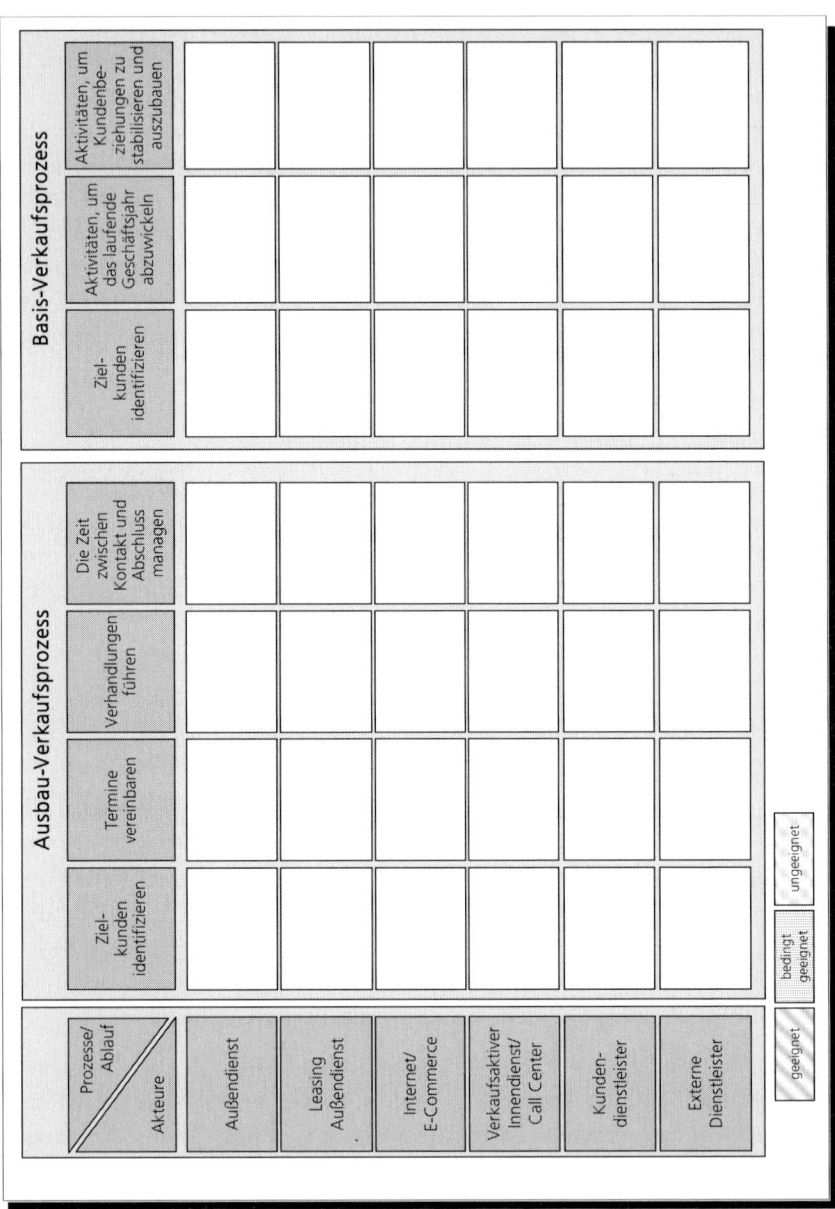

Abb. 48: Wie die Aufgaben den Akteuren zugeordnet werden

Quelle: Mercuri International

FOKUS

1. **Die Diskussion, wer welche Aufgabe in welchem Vertriebsprozess übernehmen kann, zeigt, dass mehrere unterschiedliche Abteilungen und handelnde Personen eingebunden werden können. Der Verkäufer als Allrounder ist vielfach überfordert und schlicht zu teuer.**

2. **Die Organisation der Verkaufsaufgaben zu den potenziellen Akteuren erfolgt in drei Schritten. Zunächst werden die Vor- und Nachteile einer Spezialisierung abgewogen (1), dann die potenziellen »Kandidaten« gegenübergestellt (2). Zum Schluss werden sie den Aufgaben zugeordnet (3).**

3. Ausgewählte Aspekte der Aufbauorganisation

Gemeinsam und mit Hilfe des abrufbaren Expertenwissens lassen sich im Vertrieb letztlich die vorhandenen Reserven nutzen. Diese Erkenntnis auszuschöpfen, beschreibt der **Team-Selling-Ansatz**. Um dem häufig in der Praxis genannten Einwand *»wir arbeiten doch schon lange im Team«* vorzubeugen, seien die wichtigsten Merkmale kurz wiederholt.

* **Team-Selling** beschreibt vermarktungs- und kundenbezogene Aktivitäten, die von einer organisatorisch fest installierten oder auf Projektbasis arbeitenden Gruppe ausgehen. Diese setzt sich aus Vertriebsmitarbeitern und – je nach Aufgabenstellung – aus Mitarbeitern anderer Abteilungen, des Zulieferers oder Kunden zusammen;

* **Team-Selling** garantiert, dass sich die sozialen und fachlichen Fähigkeiten der Teammitglieder gegenseitig ergänzen und die damit zu Synergieeffekten führen. Hierzu sind ein intensiver Austausch und eine enge Kooperation zwischen den Mitgliedern erforderlich;

* **Team Selling** hilft, gemeinsame Vermarktungsziele zu verfolgen, für die das Team kollektive Verantwortung trägt;

- **Team Selling** verlangt, eine in sich möglichst geschlossene Aufgabe darzustellen, für die das Team einen gemeinsamen Aktionsplan und Arbeitseinsatz weitestgehend autonom entwickelt und umsetzt.

Teamarbeit ist folglich entschieden mehr als eine übliche Kooperation zwischen einzelnen Abteilungen. Die rasant gewachsene Bedeutung der Teamarbeit spiegelt sich auch in der Mercuri International Erhebung zum Thema Sales Process wider: 72 Prozent der befragten Unternehmen bestätigen, dass sie für ihre Verkaufsprozesse zukünftig verstärkt Teams einrichten müssen. Um die fünf Verkaufsprozesse optimal zu managen und zu praktizieren, sind in der Regel **funktions- und unternehmensübergreifende Teams** erforderlich. Weiterhin müssen zwei **aufbauorganisatorische Herausforderungen** gelöst werden, damit die Teams reibungslos zusammenarbeiten:

(1) Soll der jeweilige Verkaufsprozess als eine zeitliche befristete Aktivität, z. B. im Rahmen einer Neukundengewinnungskampagne bzw. einer Produkteinführung durchgeführt oder soll er organisatorisch dauerhaft etabliert werden?

(2) Wie sollen die Schnittstellen zwischen den einzelnen Abteilungen oder Teams harmonisiert werden?

Zu (1): Die Antwort zu dieser Frage ist eng an den jeweiligen Verkaufsprozess gekoppelt und daran, wie bedeutend der jeweilige Prozess für die Strategieumsetzung in einer betrachteten Periode ist. Der **Basisverkaufs-Prozess** etwa, also die Pflege und die Stabilisierung der A-Kunden, ist bei etablierten Unternehmen eine permanente Aufgabe, welche die Existenz des Anbieters sichert. Es ist schnell einzusehen, dass hier auch eine dauerhafte organisatorische Lösung anzustreben ist. Es ist durchaus vorstellbar, dass sich ein Team ausschließlich um den **Basisverkaufs-Prozess** kümmert. Selbstverständlich kann ein Mitarbeiter Mitglied in verschiedenen Prozessteams sein. In welchem Umfang er dann eingebunden ist, hängt wiederum von seinen Fähigkeiten und davon ab, wie die Synergien bei den Teilschritten einzelner Prozesse genutzt werden. Die Praxis wird schnell genug verlangen, dass vorhandene Synergien auch erkannt und ausgeschöpft werden. Denn es werden sich bestimmte Aktivitäten in den jeweiligen Verkaufsprozessen wiederholen, wie etwa die Terminvereinbarung, das Nachfassen von Angeboten oder das Überzeugen von Kunden. Hier werden idealerweise die Aufgaben gebündelt, etwa in einem Call Center oder bei einem Außendienst-Mitarbeiter. Wichtig dabei ist nur, dass die Kapazitäten **prozessorientiert** geplant werden. Ansonsten werden die Mitarbeiter schnell »verheizt« und setzen ihre Prioritäten wiederum individuell ein.

Bei den **Ausbauprozessen** können vor allen Dingen die Neukundengewinnung und das Cross Selling (Neueinführung von Produkten bzw. weitere Produkte aus dem Sortiment) von **zeitlich befristeten Teams** durchgeführt werden. Abhängig ist diese Entscheidung allerdings von dem jeweiligen Marktanteil und dem Lieferanteil bei den Zielkunden. Je höher die entsprechenden Anteile bereits sind, umso sinnvoller sind Projektteams, die **aktionsbezogen** und zeitlich befristet ins Leben gerufen werden. Konkret bedeutet dies, dass der Ansprechpartner, der den Kunden überzeugt oder gewonnen hat, den Kontakt an das Team »Basisverkaufs-Prozesse« übergibt. Fraglich ist allerdings in der Praxis, inwieweit ein Kunde einen damit verbundenen Betreuerwechsel akzeptiert. Gewöhnt er sich daran, von mehreren kompetenten(!) Ansprechpartnern betreut zu werden, sollte eine solche Aufteilung durchaus praktikabel und nutzbringend sein. Weiterhin muss die Vertriebsmannschaft eine Größe haben, die es grundsätzlich sinnvoll macht, sich zu spezialisieren.

Zu (2): Verkaufsprozesse und ihre Aufteilung in Etappen helfen zunächst, die richtigen Mitarbeiter für die einzelnen Aufgaben zu finden. Konsequent weitergedacht, werden – wie oben bereits angesprochen – Teams oder Mitarbeiter nach ihren Fähigkeiten eingesetzt. Da die Prozess-Schritte aufeinander aufbauen, müssen sich die Akteure eng untereinander abstimmen. Voraussetzung dazu ist einmal eine adäquate EDV, die den Stand der Bearbeitung jederzeit aktuell abbildet. Zum anderen müssen die Mitarbeiter bereit sein, offen miteinander zu kommunizieren. Diese Offenheit ist in der Praxis nicht selbstverständlich. Ein Anspruch auf den Kunden bei den Außendienstmitarbeitern ist ein Grund dafür. Denken in klassischen Abteilungsgrenzen ein weiterer. Eine andere von Mercuri International durchgeführte Studie bei 180 Marketing- und Vertriebsleitern aus der Investitions-, Konsumgüter- und Dienstleistungsbranche bestätigt die Sorge um unzureichende Abstimmung (vgl. Abb. 49).

Für den Erfolg der Prozesse ist es unabdingbar, dass die Beteiligten mehr voneinander verstehen, ihre gemeinsamen Ziele und Aktivitäten besser koordinieren und aufeinander abstimmen. Dabei helfen die Prozesse zwar per se, weil sie ihre Schritte sowie Erfolgskennziffern in einer logischen Reihenfolge abbilden und die Kapazitäten zuordnen helfen. Das allein reicht jedoch keinesfalls aus. Damit der Anspruch also nicht nur ausgesprochen, sondern vor allen Dingen auch umgesetzt wird, gehen viele unserer Kunden dazu über, einen **Schnittstellenmanager** einzusetzen. Dieser Beruf hat nach Meinung der Experten Zukunft, weil er Marketing und Vertrieb koordiniert zusammenarbeiten lässt.

sehr schlecht/weniger gut

Gesamt	39% / 49%
Dienstleistung	33% / 50%
Konsumgüter	30% / 40%
Investitionsgüter	53% / 57%

■ Umsetzung der Marketingstrategie durch den Vertrieb ▨ Vertriebsunterstützung durch Marketing

Abb. 49: Für wie gut halten Sie die Abstimmungsprozesse zwischen Marketing und Vertrieb?

Quelle: Mercuri-Befragung von 180 Vertriebs- und Marketingleitern

Weiterhin wird das Team-Selling eine immer wichtigere Rolle einnehmen.[5] Die funktionale Arbeitsteilung wird dabei durch eine **prozessorientierte** ersetzt. Das verlangt, dass klare Ziele gesetzt, die Aufgaben eindeutig verteilt, die Erfolgskennziffern als Indikatoren für den Projektfortschritt genutzt werden, und dass die Akteure bereit sind, offen zu kommunizieren.

---

5   Der interessierte Leser kann weitere Informationen bei Bußmann/Rutschke nachlesen (Bußmann/Rutschke: Team Selling).

FOKUS

1. **Innerhalb der Verkaufsprozesse werden unterschiedliche Akteure mit unterschiedlichen Erfahrungen und unterschiedlichem Wissen aus diversen Abteilungen eingesetzt. Nur so lassen sich wirklich Produktivitätsreserven abschöpfen. Dieser Ansatz ist als Team-Selling bekannt.**

2. **Wer diesem Ansatz nachgeht, muss sicherstellen, dass die Akteure sich abstimmen, offen kommunizieren und nach verbindlichen Regeln handeln.**

3. **Inwieweit Verkaufsprozesse und damit die gewählte Organisationsform zeitlich befristet oder von dauerhafter Natur sind, hängt wesentlich von der Bedeutung des Prozesses und den jeweiligen Marktanteilen sowie der Potenzialausschöpfung ab.**

V. Das Wesentliche im Rück-Blick

 In diesem Teil des Buches wurde konkret mit Verkaufsprozessen gearbeitet: Prozesse zerlegt, Zielsysteme präzisiert, Kapazitäten geplant und die organisatorischen Möglichkeiten abgeschätzt sowie den jeweiligen Aufgaben zugeordnet. Dabei wird deutlich: Standardisierte, abwicklungsorientierte Aktivitäten belasten die wertvolle **Aktive Verkaufszeit des Außendienstes** und lassen sich inzwischen viel günstiger durch den Innendienst, das Call Center oder verstärkt über neue Medien wie das Internet abwickeln. Hier kann eingespart und Spezialisierungsvorteile können konsequent genutzt werden.

Damit stellt sich für manchen Verkäufer die Frage, ob er deshalb überflüssig wird. Verkäuferisch anspruchsvolle Aufgaben, wie das **Verhandeln mit Kunden,** werden, wenn auch nicht ausschließlich, aus dem Bauch entschieden. Und genau hier hat der Mensch seine Berechtigung im Verkauf. Das Internet ebenso wie die anderen angesprochenen Varianten auch, ersetzen den Außendienst nicht, sondern unterstützen ihn.

Teil 4
Verkaufsprozesse managen und steuern

Überblick zu den einzelnen Kapiteln des Buches   Teil 4

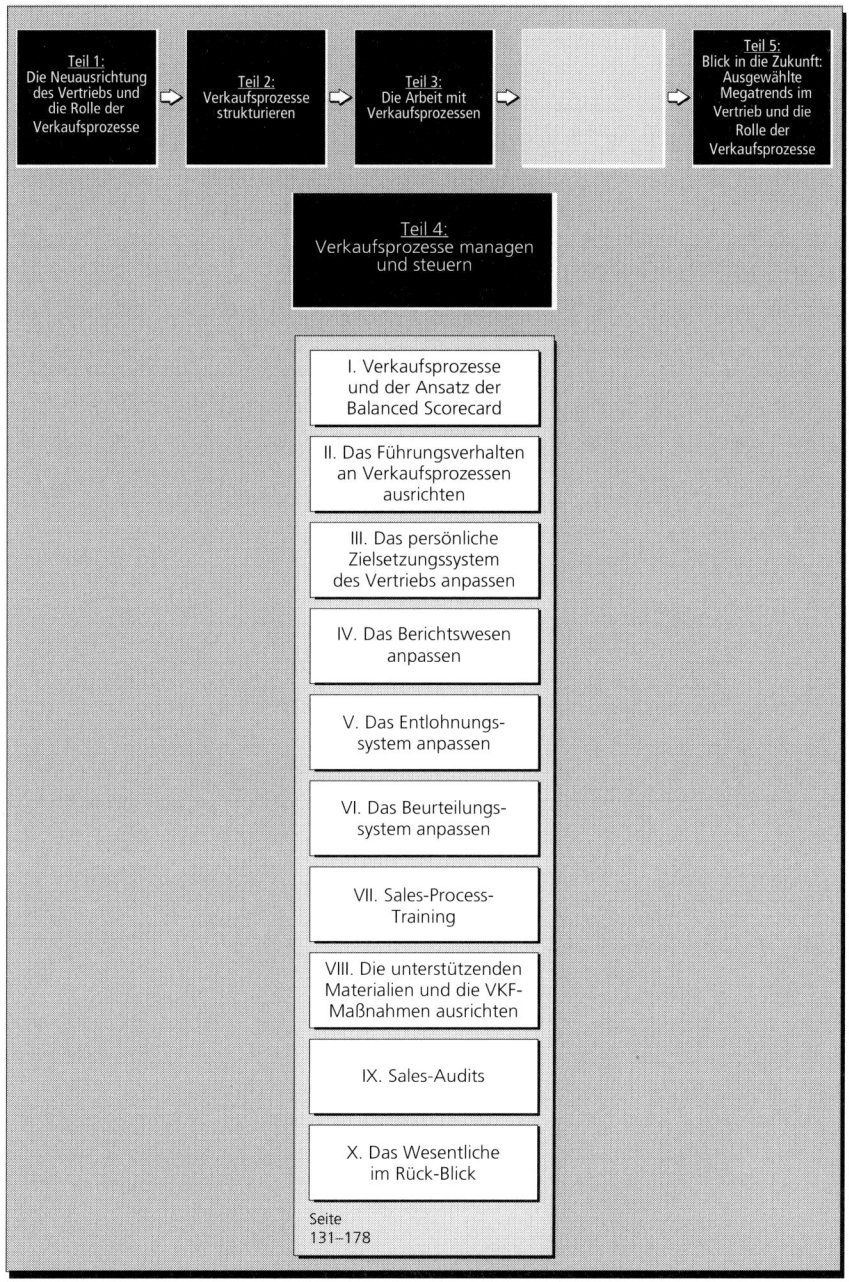

Teil 1:
Die Neuausrichtung
des Vertriebs und
die Rolle der
Verkaufsprozesse

Teil 2:
Verkaufsprozesse
strukturieren

Teil 3:
Die Arbeit mit
Verkaufsprozessen

Teil 5:
Blick in die Zukunft:
Ausgewählte
Megatrends im
Vertrieb und die
Rolle der
Verkaufsprozesse

Teil 4:
Verkaufsprozesse managen
und steuern

I. Verkaufsprozesse
und der Ansatz der
Balanced Scorecard

II. Das Führungsverhalten
an Verkaufsprozessen
ausrichten

III. Das persönliche
Zielsetzungssystem
des Vertriebs anpassen

IV. Das Berichtswesen
anpassen

V. Das Entlohnungs-
system anpassen

VI. Das Beurteilungs-
system anpassen

VII. Sales-Process-
Training

VIII. Die unterstützenden
Materialien und die VKF-
Maßnahmen ausrichten

IX. Sales-Audits

X. Das Wesentliche
im Rück-Blick

Seite
131–178

Teil 4 beschreibt, wie Verkaufsprozesse gemanagt und gesteuert werden können. Dazu werden Verkaufsprozesse in den Ansatz der Balanced Scorecard integriert, um den unternehmerischen Gesamtblick zu berücksichtigen (I.). Wie das Führungsverhalten (II.) und die bekannten Steuerungsinstrumente – das persönliche Zielsystem (III.), das Berichtswesen auf Basis der Informationstechnologie (IV.), das Entlohnungssystem (V.), das Beurteilungssystem (VI.), und das Training (VII.) – prozessorientiert ausgerichtet werden, sind dann Themen der nächsten Abschnitte. Hier wird auch kurz beschrieben, wie die verkaufsunterstützenden Materialien (VIII.) gestaltet werden. Die Idee, den eigenen Vertrieb hinsichtlich der in diesem Buch gestellten Anforderungen zu prüfen, kann in Form eines Sales Audits (IX.) umgesetzt werden.

I. Verkaufsprozesse und der Ansatz der Balanced Scorecard

Parallel zu der in diesem Buch gewählten Vertriebssichtweise fordern immer mehr Aufsichtsräte und Shareholder Informationen über den zukünftigen Wert eines Unternehmens. Daran werden nicht nur junge E-Commerce-Firmen gemessen, die fast ausschließlich von ihrer Perspektive und kaum von den realisierten Ergebnissen leben, sondern auch etablierte. Die Frage nach dem Zukunftswert wird z. B. bei Fusionen oder Übernahmen immer bedeutender. Denken wir nur an die Übernahme von Mannesmann durch Vodafone. Folglich reicht es nicht mehr aus, sich an den traditionellen, an der Vergangenheit ausgerichteten Kennziffern zu orientieren. Es müssen Informationen über die Vermögenswerte und Potenziale geliefert werden, welche ausweisen, dass das Unternehmen eine vielversprechende Zukunft hat.

Der inzwischen etablierte Ansatz der Balanced Scorecard erfüllt diese Anforderungen. Das in den neunziger Jahren entwickelte Konzept von Rober S. Kaplan berücksichtigt die wichtigsten Unternehmensziele, wie sie operationalisiert werden und wie sie in konkrete Aktionsprogramme fließen können. Finanzielle Steuerungsgrößen werden mit den für eine Geschäftsstrategie wesentlichen Perspektiven der Kunden, den internen Prozessen sowie dem Lernen der Mitarbeiter verknüpft. Ursache und Wirkung lassen sich somit dann für das gesamte Unternehmen aussagefähig beschreiben (vgl. Abb. 50).

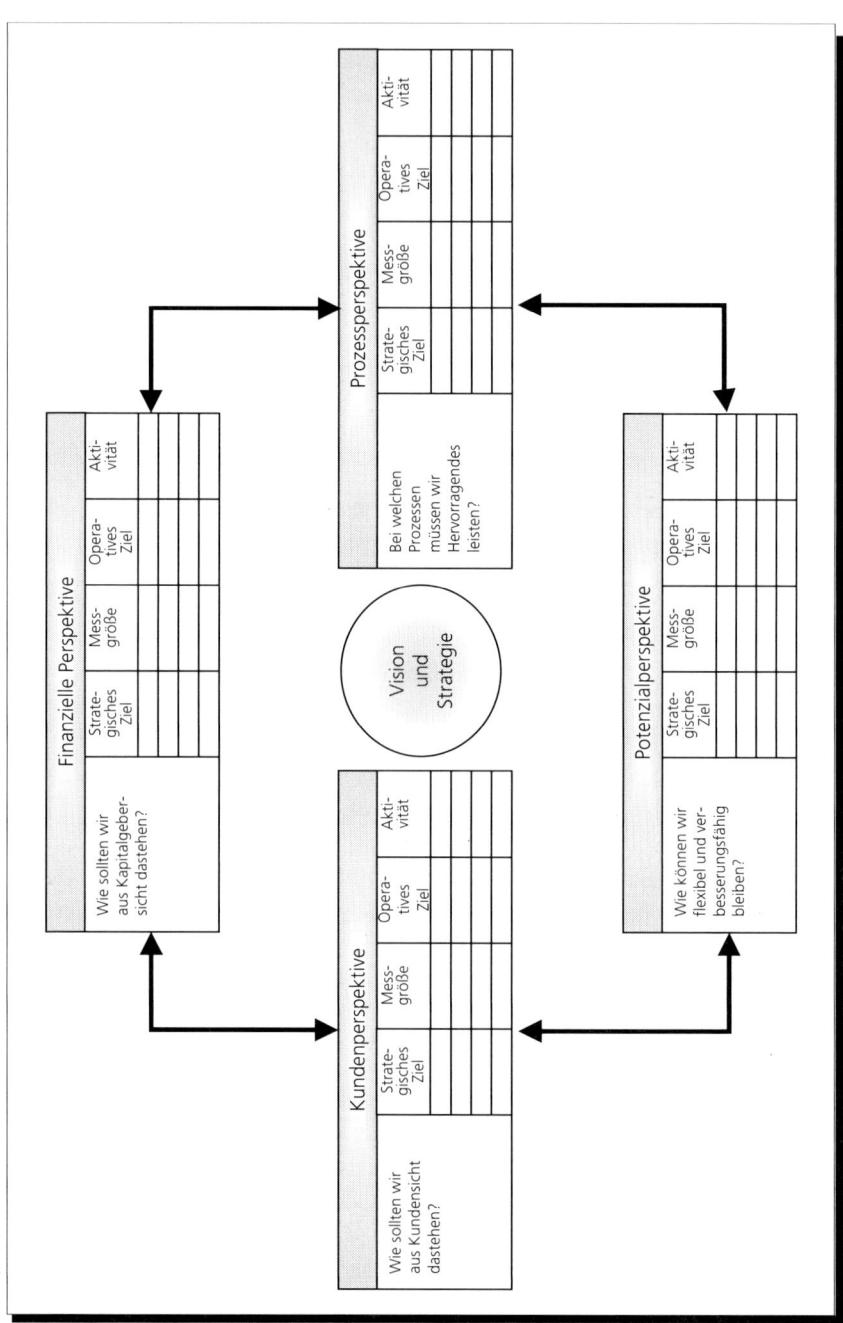

Abb. 50: Balanced Scorecard

Quelle: Kaplan/Norton

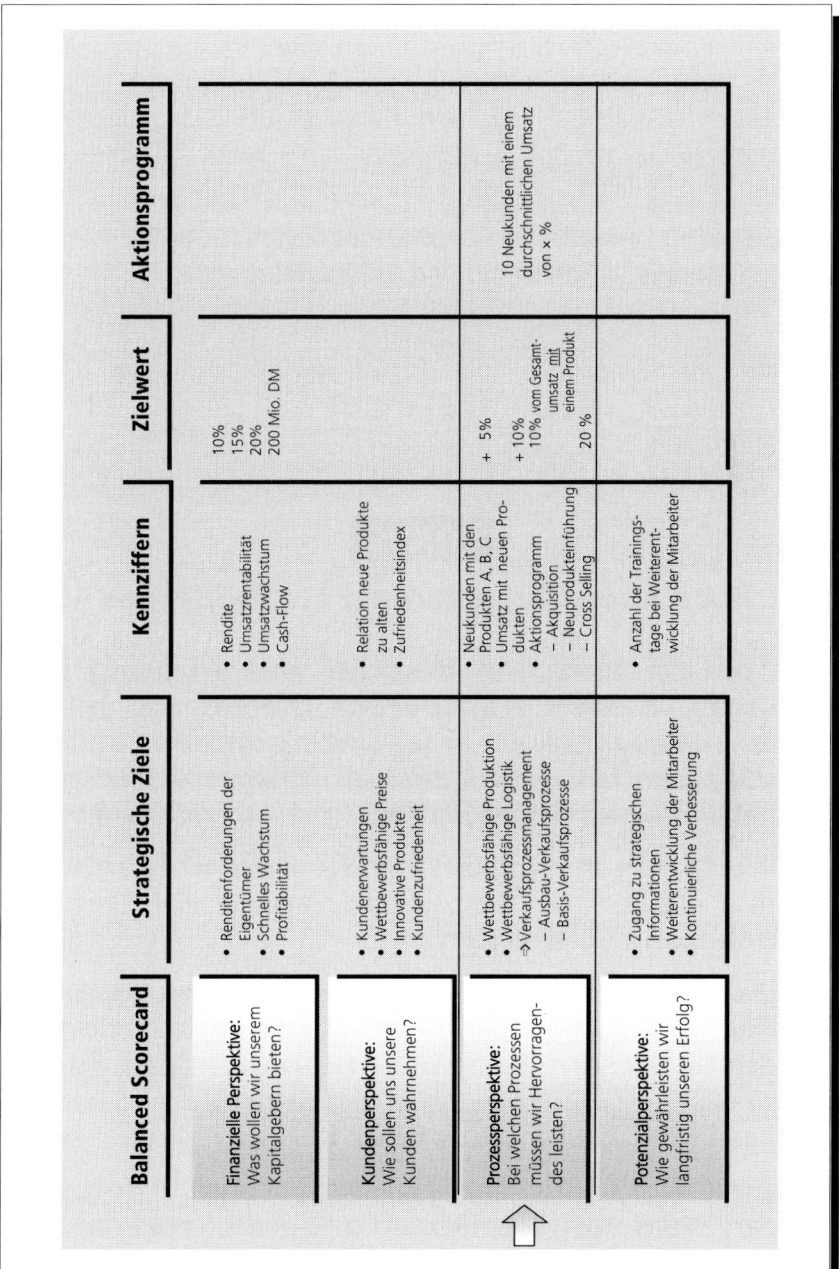

Abb. 51: Welche Rolle Verkaufsprozesse innerhalb einer Balanced Scorecard spielen

Quelle: Mercuri International in Anlehnung an Horvath & Partner

Es wird schnell sichtbar, dass die Verkaufsprozesse in diesem Kontext eine wichtige Rolle spielen. Sie liefern Auskünfte darüber, wie Ursache und Wirkung im Vertrieb zusammenhängen, ohne dass sie sich ausschließlich auf die bekannten Größen Umsatz oder Deckungsbeitrag zu verlassen. Die nächste Abbildung (vgl. Abb. 51) verdeutlicht, wie Verkaufsprozesse in das übergeordnete Konzept der Scorecard zu integrieren sind.

Damit muss jede aussagefähige Scorecard die Erkenntnisse der Verkaufsprozesse berücksichtigen. Umgekehrt sind die Verkaufsprozesse wiederum eingebunden in andere Prozesse und Scorecards. Führungskräfte müssen diese Zusammenhänge kennen. Steuerungssysteme des Vertriebs wie das persönliche Ziel-, das Entlohnungs- und das Beurteilungssystem sowie die Aus- und Weiterbildung sollten sie integrieren, indem sie prozessorientiert ausgerichtet werden.

FOKUS

1. **Die Balanced Scorecard ist ein modernes Management- und Controllingsystem, das den Kontext zwischen Ursache und Wirkung im Unternehmen transparent macht. Sie hilft, den Zukunftswert eines Unternehmens einzuschätzen und wird deshalb immer wichtiger für Anleger, Shareholder und Aufsichtsräte.**

2. **Weiterhin erleichtert sie die Kommunikation und steuert die Implementierung von Unternehmens-Strategien.**

3. **Dazu sind nicht-finanzielle Steuerungsgrößen erforderlich. Diese werden auch durch die in diesem Buch beschriebenen Verkaufsprozesse geliefert. Jede aussagefähige Scorecard berücksichtigt somit Verkaufsprozesse.**

4. **Gute Vertriebs-Steuerungssysteme integrieren die Schnittstellen zu anderen Scorecards.**

II. Das Führungsverhalten an Verkaufsprozessen ausrichten

Besonders das Führungsverhalten der Manager ist für Kapitalanleger und Investoren ein inzwischen wesentliches Kriterium, um Unternehmen auf ihren Wert hin einzuschätzen. Sie prüfen, wie entschlossen Führungskräfte Strategien umsetzten (vgl. »Welt«, 2. Oktober 99). **In einer geordneten Planung und vernünftigen Messbarkeit liegt allerdings immer noch eine Achillesferse des Verkaufs.** Die meisten Verkäufer lehnen jede Art von Planung und Analyse ab. Im Verdrängungswettbewerb kann jedoch nur gewinnen, wer komplexe und differenzierte Strategien punktgenau mit Hilfe des Vertriebs umsetzt. Je ungenauer die Spielräume zwischen den Leitplanken ausgemessen sind, in denen sich der Vertrieb tummeln darf, desto freier bewegen sich die Mitarbeiter. Das, was nach motivierenden Freiräumen und Flexibilität vor Ort aussieht, führt dann letztlich nur zu einem dramatischen Profilverlust im Markt. Die Informationsgrundlage von Verkäufern ist häufig zu schmal und von regionalen und persönlichen Besonderheiten geprägt. Außerdem sind sie in ihrem Denken und Handeln eher kurzfristig auf das laufende Geschäftsjahr ausgerichtet. Auch deshalb wird in vielen Unternehmen die Neukundengewinnung so sträflich vernachlässigt. Denn es wird übersehen, dass sich Erfolge vielleicht erst nach mehreren Perioden einstellen.

Da strategiebewusstes Führen in der Tat ein relevantes Thema ist, lässt sich überzeugend am Theorem der »Managementfalle« demonstrieren.

Angenommen ein fiktiver Verkaufsleiter erzielt als Verkäufer auch die meisten Umsätze, sagen wir **150 TDM**. Seine fünf Verkäufer sind weniger erfolgreich und verkaufen jeder für **90 TDM**. Der Teamumsatz beträgt damit folgerichtig **600 TDM**. In der nachfolgenden Abbildung ist dies die Variante 1. Unsere Führungskraft wird nun wie jedes Jahr aufgefordert, bessere Ergebnisse zu realisieren. Wie kann er das schaffen? Er kann selber versuchen, seine Verkaufsrate weiter zu steigern und hoffen bzw. bangen, dass seine Mitarbeiter ähnliche Erfolge aufweisen werden. Aber dies ist unsicher. Deshalb empfiehlt sich die 2. Variante. Er reduziert seinen Zeiteinsatz für die eigene Kundenbetreuung auf **50 TDM** Umsatz und investiert die gewonnenen Kapazitäten, um seine Mitarbeiter erfolgreicher zu machen. In unserem Beispiel sollen sie sich durchschnittlich von **90 TDM** auf **125 TDM** entwickeln. Das gesamte Teamergebnis kann dann **675 TDM** betragen. So zeigt die »Managementfalle« deutlich, dass nicht die Top-Verkäufer, sondern die **Top-Führungskräfte** das Gesamtresultat des Teams verbessern (vgl. Abb. 52).

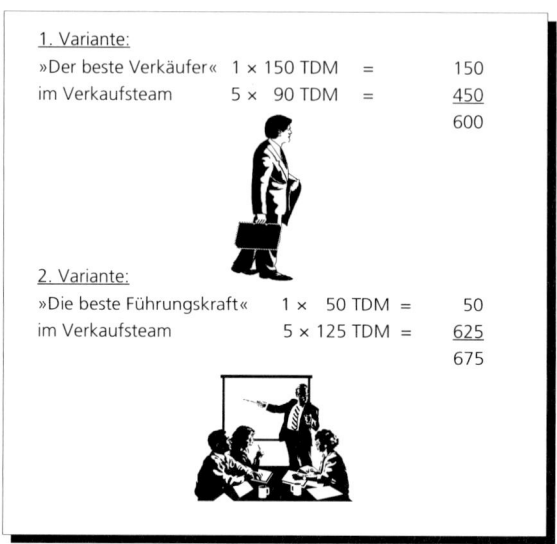

Abb. 52: Die Managementfalle

Quelle: Mercuri International

Diese simple wie logische Idee ist in der Praxis gar nicht so einfach zu realisieren. Das hier gerade beschriebene Führungsverständnis stößt in Zeiten des Multi-Level-Selling, wo auf unterschiedlichen Hierachieebenen verkauft werden muss, auch an praktische Grenzen. Deshalb sollte als Kompromiss zumindest ein großer Teil der eigenen Zeit in die Arbeit mit den Mitarbeitern investiert werden.

Viele Mitarbeiter, die in ihrem Unternehmen »befördert« wurden, waren zwar selber hervorragende Verkäufer oder Sachbearbeiter, selten allerdings vorher erfolgreiche Führungskräfte. Die nächste Abbildung zeigt jedoch, dass die Anforderungen zwischen z.B. einem Verkäufer und einem Verkaufsleiter erheblich voneinander abweichen (vgl. Abb. 53).

Vor diesem Hintergrund wird verständlich, warum in vielen Unternehmen letztlich Strategien scheitern. Die Verkaufsleitung muss sicherstellen, dass ihre Mitarbeiter die Strategie und die daraus abgeleiteten Verkaufsprozesse kennen, verstehen und sie umsetzen wollen und können. Der Trainer einer Fußballmannschaft muss schließlich auch nicht der beste Spieler gewesen sein, um eine Mannschaft erfolgreich zu trainieren. So findet man in der Fußball-Bundesliga auch kaum Trainer, die selber Spitzen-Fußballer gewesen sind. Der Ausnahme-Fußballer und Ausnahme-Trainer Franz Beckenbauer ist die Ausnahme, die diese Regel bestätigt.

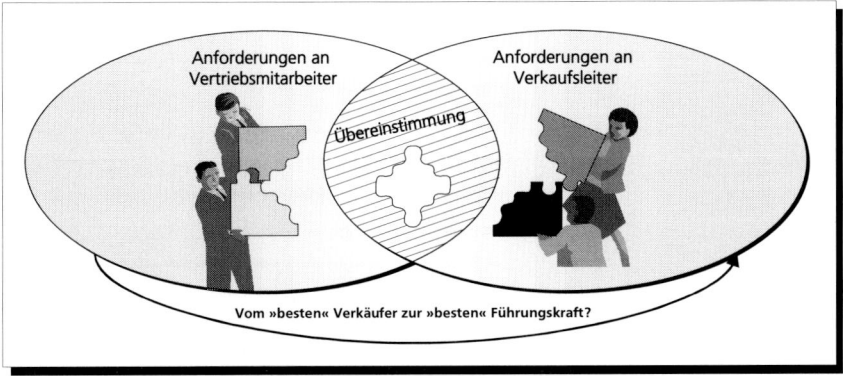

Abb. 53: Unterschiedliche Anforderungen an einen Verkäufer und einen Verkaufsleiter

Quelle: Mercuri International

Der Vergleich mit dem Fußball lässt sich weiter ausreizen: Was zeichnet denn Spitzentrainer im Fußball und Spitzenmanager im Vertrieb gemeinsam aus? Vor allem: sie müssen ein international zusammengesetztes Team begeistern und motivieren können. Ein spektakuläres Beispiel lieferte dazu der Leverkusener Trainer Daum, der seine Mannschaft barfuß über Scherben laufen ließ. Er erhoffte sich von der Maßnahme, die Leistungsbereitschaft seiner Profis um bis zu 20% steigern zu können. Sieht man einmal von der Fragwürdigkeit solcher Methoden ab: Das Beispiel zeigt, wie wichtig für Mitglieder des Teams ist zu erkennen, auf welche ungewöhnliche Herausforderung sie sich einlassen, und zu begreifen, dass die Leistung wesentlich auch eine Funktion der **Motivation** ist. Christoph Daum kann sich durch eine Umfrage des Instituts für Demoskopie in Allenbach bei 546 Top-Führungskräften bestätigt fühlen: die Fähigkeit, motivieren zu können, stand bei 60% der Befragten ganz oben.

Nicht umsonst fordert auch die bereits weiter oben zitierte Untersuchung der Zeitschrift »absatzwirtschaft« von den Führungskräften mehr **Konsequenz in der Umsetzung**. Sie sind letztlich die Prozesspromotoren, an denen sich die Mitarbeiter orientieren. Um diese schwierige Aufgabe auszufüllen, braucht man Siegeswillen und Selbstvertrauen. In vielen Projekten zeigt sich jedoch, dass gerade die Führungskräfte im Vertrieb selbst sehr unzufrieden sind. Wie wollen sie dann ihre Mitarbeiter zu Gewinnern entwickeln und die Umsetzung begleiten (Abb. 54)?

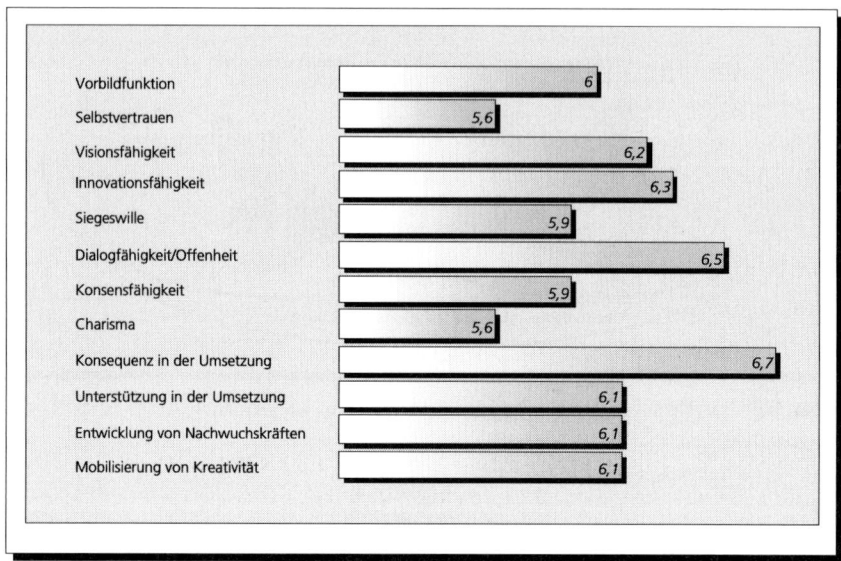

Abb. 54: Auf welche Eigenschaften von Führungskräften kommt es im zukünftigen Wettbewerb besonders an?

Quelle: absatzwirtschaft

Weiterhin: Es reicht nicht und motiviert nicht, wenn der Trainer alias die Führungskraft Ziele nur vage benennt etwa nach dem Motto, das der Altbundespräsident Theodor Heuß für die Manöver der Bundeswehr ausgab: *»Nun siegt mal schön«.* Solche Allerweltsmotivation und Augenzwinkerei mag für eine Übung reichen, hilft allerdings im Ernstfall wenig. Ein Vertriebsziel vorzugeben nach dem Motto *»nun verkauft mal schön«* wird die Leistungsbereitschaft des Teams kaum steigern, allenfalls dazu führen, Freiheiten falsch zu nutzen. So wie der gute Fußballtrainer die Taktik austüftelt, Videos über den Gegner auswertet, Mannschaftsaufstellungen variiert und das Training dosiert, die Spieler individuell auf ihre Spezialaufgaben vorbereitet, Störfaktoren ausschaltet – kurz: alles tut, was dem Erfolg nutzt, alles lässt, was ihm schaden könnte, so muss die Führungskraft mit ihrem Vertriebsteam arbeiten, es auf den Punkt fitmachen: Strategie, Kondition, Technik und Taktik müssen unter Ausnutzung aller vorhandenen Kapazitäten auf das festgelegte Verkaufsziel hin wirksam werden.

Das setzt voraus, dass der Leiter des Vertriebs über das gesamte für den Verkauf relevante Wissen aus dem Unternehmen, sowie aus der Branche verfügt. Es verlangt weiterhin, dass er dieses Wissen konsequent für die strategische Planung nutzt. Selbstkritische Vertriebsleiter können dann sehr wohl evaluieren, ob sie erfolgreich oder nicht agiert haben, und wenn nicht, warum.

Übertragen auf den Verkauf bedeutet dies: Die vorhandenen Kapazitäten strategiekonform einzusetzen, sowie die Wege zum Ziel gemeinsam mit dem Team zu erarbeiten und zu begleiten, ist eine zentrale Herausforderung für die Führungskraft. Um dies erfolgreich bewerkstelligen zu können, müssen die **fünf Verkaufs-Prozesse** bekannt sein. Die Elemente der Prozesse helfen dabei, sich zu orientieren, um die Mitarbeiter nach ihren Fähigkeiten sowie Erfahrungen und nach einzelnen Prozessphasen gezielt einzusetzen. Weiterhin können sie **situativ**[6] unterstützt, die relevanten Prozesse richtig strukturieren, nicht gewollte Entwicklungen rechtzeitig erkennen und die erforderlichen Korrekturen früh in die Wege leiten.

Am Beispiel des Neukundengewinnungs-Prozesses wird in Abbildung 55 deutlich, wie eine Führungskraft unterstützen kann. Dabei wird auch der Erfahrungshintergrund der Mitarbeiter für die jeweilige Aufgabe berücksichtigt. Es liegt auf der Hand, dass Mitarbeiter mit guten Verkaufserfolgen und hoher Motivation für diese spezifische Aufgabe bei (zu) **enger Führung** demotiviert werden. Andererseits müssen unerfahrene Mitarbeiter wesentlich enger angeleitet und unterstützt werden.

Natürlich hängt der jeweils richtige Führungsstil von der **Kompetenz** und der **Motivation** der Mitarbeiter für die jeweilige Teilaufgabe ab. Hat ein »alter Hase« etwa in der Vergangenheit nie aktiv Neukunden gewonnen, so hat er auch auf diesem Gebiet keine Erfahrungen sammeln und sich damit keine Kompetenz aufbauen können. Diese Erkenntnis ist unabhängig von seinem Alter und seiner Zugehörigkeit zum Unternehmen. Der Menschenverstand sagt auch, dass Mitarbeiter mit hoher Kompetenz und ebenso hoher Motivation den jeweiligen Prozess oder die Aufgabe selbstständig lösen sollten. Folglich gibt es auch nicht **den** richtigen Führungsstil, sondern nur den zur Aufgabe und zum Mitarbeiter passenden. **Pro Aufgabe** wird die professionelle Führungskraft deshalb die Motivation und Kompetenz seiner Mitarbeiter einschätzen und seinen Führungsstil entsprechend anpassen.

Unabhängig von der Möglichkeit, die Mitarbeiter anhand von Prozessen und Teilaktivitäten viel genauer zu fördern, lässt sich über die Kennziffern der aktuelle Status Quo der Umsetzung pro Prozess präzise beschreiben. Damit wird die Führungskraft aussagefähiger. Leistungstreiber und -verhinderer lassen sich erkennen, ausbauen bzw. beseitigen.

---

6   Ken Blanchard´s Siuational Leadership, Blanchard Training and Development Inc.

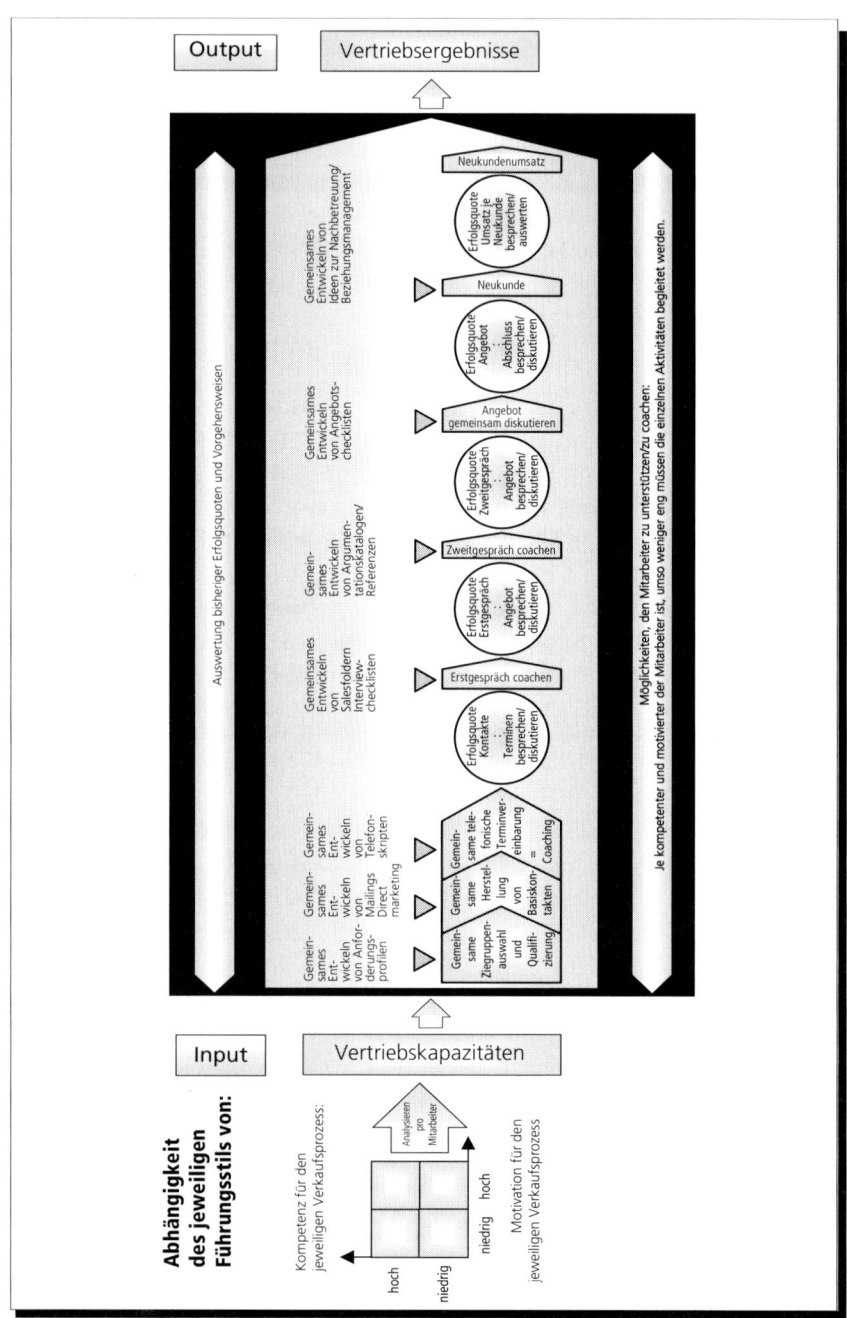

Abb. 55: Führungsarbeit bei Verkaufsprozessen

Quelle: Mercuri International

FOKUS

1. **Führungskräfte sind die Promotoren, um Strategien mit Hilfe der Verkaufsprozesse umzusetzen. Da in vielen Unternehmen die Führungskräfte traditionell ein anderes Führungsverständnis besitzen, scheitern viele Konzepte bereits im Ansatz.**

2. **Das Motto »nun verkauft mal schön« reicht nicht aus. Die Führungskraft muss für die Strategie motivieren und begeistern sowie die Umsetzung mit Hilfe der Prozesse situativ begleiten.**

3. **In welcher Form dies erfolgt, hängt von der Kompetenz und Motivation für die jeweilige Aufgabe ab.**

III. Das persönliche Zielsetzungssystem des Vertriebs anpassen

Die Vorteile, die derjenige genießt, der sich **präzise und differenzierte Ziele im Vertrieb** setzt, sind wohl weitläufig bekannt. **Motivation, Orientierung und Steuerung** sollen hier als drei wesentliche genannt sein. Letztlich erhält der Vertrieb durch Ziele die Aufgaben genannt, die er erledigen muss, um eine Strategie umzusetzen.

Dennoch dominieren im Vertrieb immer noch **pauschale Umsatzziele**, die meistens nur einen Umsatzwert pro Verkäufer und Produkt anpeilen. Die wenigsten Verkäufer wissen, dass sie für einen Neukunden z.B. 200 Zielkunden identifizieren müssen. Und das bitte bis Mitte Februar. Dass sie anschließend zehn Akquisitionsgespräche pro Monat führen müssen? Viele haben von diesen Zusammenhängen keine konkreten Vorstellungen. In der Planung kann schnell ermittelt werden, ob die Ziele realistisch sind. Alleine das erforderliche Kapazitätsvolumen ist vielleicht nicht leistbar.

Aktivitätsziele helfen folglich, realistischer zu planen. Sie sind es, die den Mitarbeiter vor sich selber schützen, denn bei pauschalen Zielvorgaben versuchen Verkäufer auch nur pauschal soviel Umsatz wie möglich zu machen. Sie verteilen ihre knappe Zeit nach eigenen Vorstellungen und Präferenzen. Dabei gehen sie den Weg des geringsten Widerstandes. Sie entwickeln Geschäfte mit Kunden und Produkten, mit denen das am leichtesten möglich ist. Oft sind es aber gerade die strategisch nicht so wichtigen Kunden und Produkte, mit denen ohne große Mühe Umsätze gesteigert werden können. **Die Folge**: Der Minderumsatz in den strategisch wichtigen Marktsegmenten wird mit Mehrumsatz in den unwichtigen kompensiert, wenn nicht verschleiert. Dadurch wird die Strategie mit fatalen Auswirkungen torpediert und verliert viel von ihrer langfristigen Wirkung. Jeden Tag versuchen Tausende von Verkäufern, den falschen Kunden die richtigen Produkte zu verkaufen oder mit falschen Produkten an die richtigen Kunden zu gehen.

Schnell entsteht dann der Eindruck, dass die Strategie nicht richtig greift. Tatsächlich ist sie nur **nicht differenziert** genug in Handlungsanweisungen für die Verkäufer übersetzt worden.

Arbeitet ein Unternehmen jedoch mit Verkaufsprozessen, wird der Vertrieb **professionell und zielgerichtet** agieren. Das erleichtert die Arbeit und sorgt dafür, dass die Ziele auch wirklich mit den strategischen Zielsetzungen des Unternehmens korrespondieren. Bereits die personenübergreifenden Zielsetzungen für den Vertrieb bestehen aus verschiedenen Prozesszielen. Diese

Ziele müssen dann nach bestimmten Schlüsseln auf einzelne Vertriebsmitarbeiter heruntergebrochen werden. Da die Produktziele jetzt durch verschiedene Marktsegment- und Verkaufsprozessziele ergänzt werden, steigt die Komplexität bereits spürbar an. Natürlich wissen wir aus der Praxis, dass viele Mitarbeiter sich gegen dieses aus ihrer Sicht eher bürokratische Vorgehen wehren. Sie fühlen sich in ihrem Handlungsspielräumen eingeengt. Vielfach sind auch die Kapazitäten der Führungskräfte limitiert, die wiederum die Ziele mit ihren Mitarbeitern festlegen und sie managen müssten. Auch deshalb sollte die Zahl der Prozessziele insgesamt möglichst auf vier bis sechs beschränkt werden.

Besonders wichtig ist für den Praktiker, dass dem Verkäufer nicht mehr allein überlassen bleibt, wie er das vorgegebene Gesamtziel erreichen soll. Er erhält vielmehr **Suchhinweise**, aus welchem Marktsegment mögliche Kunden stammen sollten und mit welchem Volumen etwa der Prozess des Cross Selling dazu beitragen soll, die gesteckten Ziele zu erreichen. De facto werden die Ziele also nicht komplizierter, sondern präziser und differenzierter. Das macht die Verkaufsarbeit erfolgreicher. Das im Verkauf durchaus verbreitete Vorgehen nach dem trial and error-Prinzip wird zu Gunsten abgestimmter Vorgehensweisen eingeschränkt.

Persönliche Zielsetzungen sind daher im ersten Schritt weniger ein **Steuerungs-**, sondern vor allem ein **Kommunikationsmittel**. Es teilt dem Verkäufer mit, was er tun muss bzw. welche Ergebnisse er erreichen soll. Eine wirkungsvolle Steuerung ist aber erst dann spürbar, wenn einzelne Zielsetzungen besonders herausgestellt werden. Speziell vor diesem Hintergrund sollte sich das Management nicht nur auf die sogenannten Ergebnisziele konzentrieren. Verkaufsprozesse bieten zahlreiche weitere Orientierungshilfen wie **Erfolgsquoten-, Aktivitäts- oder Meilensteinziele** (Abb. 56).

Vielleicht erscheint das einigen Vertriebsmanagern als zu aufwendig. Aber ein kritischer Blick auf die tatsächlich durchgeführten Neukundenbesuche ihrer Verkäufer in der Vergangenheit zeigt schnell, wie wichtig **Aktivitätsziele** sind.

Während **Aktivitätsziele** vor allem Quantitäten widerspiegeln, können aus den Verkaufsprozessen auch Zielsetzungen mit mehr **qualitativem Charakter** abgeleitet werden. Manchmal ist es sinnvoll, einen Wirkungsgrad bzw. eine bestimmte Erfolgskennziffer für den Übergang von einem Arbeitsschritt zum nächsten vorzugeben. Diese Größe zu messen oder in Form eines internen Benchmarks herauszustellen, veranlasst manchen Verkäufer, mehr über sein persönliches Verkaufsverhalten nachzudenken, als es ein Coaching- oder Beurteilungsgespräch vermag.

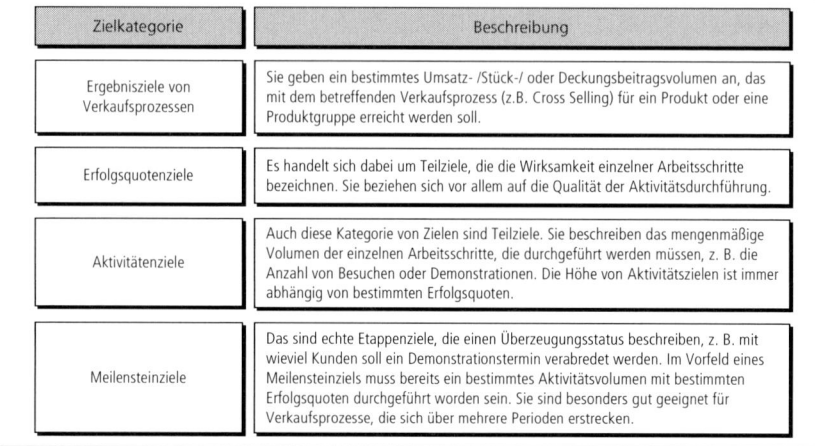

Abb. 56: Mögliche Zieldimensionen eines Verkaufsprozesses

Quelle: Mercuri International

Nur wenn die kritischen Größen der wichtigen Verkaufsprozesse konkret formuliert sind, permanent beobachtet und gemeinsam diskutiert werden, haben Vertriebsmannschaften eine reelle Chance, ihre Ziele systematisch zu erreichen und sich nicht den Launen des Schicksals zu unterwerfen.

FOKUS

1. **In der Praxis sind Vertriebsziele häufig viel zu pauschal, so dass die Handlungsanweisungen an den Vertrieb zu ungenau sind. Als Folge verpuffen die Strategien in der Umsetzung.**

2. **Verkaufsprozesse bieten zahlreiche Orientierungshilfen wie Erfolgsquoten-, Aktivitäts- oder Meilensteinziele für den Vertriebsmitarbeiter und Manager.**

3. **Insgesamt gilt: Je präziser die Zielvorgaben, umso besser werden Strategien im Markt durch den Vertrieb umgesetzt und Kapazitäten realistisch verplant.**

IV. Das Berichtswesen anpassen

Um Verkaufsprozesse vernünftig steuern zu können, sind ein professionelles Berichtswesen und eine entsprechende Informationstechnologie (IT) unabdingbar. Das Berichtswesen ist die Plattform, um alle erforderlichen Informationen zu erfassen, auszuwerten und verdichtet anzubieten. Das Anforderungsprofil dazu ergibt sich aus den Gedanken der Balanced Scorecard.

Bezogen auf den Vertrieb beobachtet das Berichtswesen, ob und wie die teuren Vertriebskapazitäten sich in die von der Strategie gewünschten Richtung bewegen. Deshalb sollte das System die Aktivitäten des Vertriebs möglichst vollständig widerspiegeln. So erst lässt sich feststellen, ob die Durchführung hinter der Planung zurückbleibt. Ohne regelmäßige Reports und eine geeignete IT ist die komplexe Arbeit mit Prozessen allerdings nicht möglich. Das Berichtswesen ist also eine Art Frühwarnsystem. Abweichungen, die sich aufgrund der **Sales Lead Time** erst mit Zeitverzug in den Verkaufsergebnissen niederschlagen, können so rechtzeitig sichtbar gemacht werden.

Denken wir nur daran, wie aufwendig gerechnet werden muss, um die Kapazitäten des Vertriebs pro Prozess zu planen. Oder an die Vielzahl der unterschiedlichen Akteure, die pro Prozess eingesetzt werden müssen oder können. Oder an die Abläufe, die standardisiert und von EDV-Systemen und Internet-Lösungen übernommen werden können, weil der einzelne Mitarbeiter dafür inzwischen zu teuer geworden ist. Nur durch eine geeignete EDV ist eine Mehrbelastung zu vermeiden, die sonst auf den Vertrieb zukommen würde, wird ein prozessorientiertes Reporting eingesetzt. Letztlich muss der Vertrieb so unterstützt werden, dass er mit weniger Mitarbeitern effizienter und produktiver arbeitet. Damit sind die Anforderungen an die Technologie und die Systeme dramatisch gewachsen. Es ist deutlich vorgegeben, welche Leistungen abgebildet werden müssen:

- differenzierte Vertriebsziele nach Ländern, Marktsegmenten, Produkten und Kunden (Customized Selling & Marketing)
- die fünf Verkaufsprozesse
- die für die Prozesse anfallenden Teilschritte/Aktivitäten und Erfolgskennziffern
- das Kundenportfolio mit Potenzialen und Potenzialausschöpfung
- erforderliche und vorhandene Kapazitäten
- Ergebnisse/Kosten pro Prozess und Teilschritt, Kunde und Produkt

- Benchmarks mit anderen Profit Centern und Unternehmen
- relevante Marktdaten über Kunden, wichtige Zielgruppen und Wettbewerber
- Kunden- und Mitarbeiterzufriedenheit

Checkliste 6: Anforderungen an ein prozessorientiertes IT-System

Gleichzeitig ist die Zahl der zu verarbeitenden Daten/Informationen durch die zunehmende Internationalität, die Ausrichtung auf Einzelkunden und die Konzentration der Märkte gigantisch gestiegen. Weiterhin stellt die Integration der Datensysteme an andere vorhandene Lösungen eine zentrale Herausforderung dar. Es reicht heute nicht mehr aus, ein System zu entwickeln, das alleine den Außendienst steuert. Vielmehr müssen – und dieser Anspruch wird durch den Prozessansatz deutlich – das Marketing, der gesamte Vertrieb inklusive dem möglichen Online-Geschäft integriert werden. Damit müssen Programme sehr viele unterschiedliche Schnittstellen abdecken.

Technisch möglich scheint heute wiederum (fast) alles. Die Leistungsfähigkeit der Computertechnologie verdoppelt sich alle zwölf bis achtzehn Monate (Moore's Law). Vor dem Hintergrund weiter sinkender Kosten bei gleichzeitig steigenden Leistungen ergeben sich für jedes Unternehmen vielfältige Möglichkeiten, den Vertrieb prozessorientiert zu unterstützen. Das geht von selbst entwickelten Lösungen mit Hilfe von Tabellenkalkulations-Programmen (z. B. Excel) bei kleinen Firmen, die an eine vielleicht (vorhandene) Standardsoftware gekoppelt werden, bis hin zu sehr komplexen Anwendungen bei umfangreichen Vertriebsorganisationen. Große Kunden von uns, die etwa Finanzdienstleistungen anbieten, investieren schon mal in einem Geschäftsjahr bis zu 1 Mrd. DM, um ihre Produktivität im erforderlichen Umfang zu steigern. Darin enthalten sind Aufgaben der traditionellen Sachbearbeitung, die vom Mitarbeiter auf die Maschine verlagert wurden, Aufbau eines E-Commerce-Kanals und eines modernen Vertriebs-Steuerungsprogramms, das an Verkaufsprozessen ausgerichtet ist. Dieses Programm ist etwa in der Lage, Aktivitäten von 5.000 Vertriebsmitarbeitern prozessorientiert zu verwalten. Allerdings amortisiert sich die immense Investition sehr schnell, weil die Ressourcen im Vertrieb endlich richtig gesteuert werden können und der damit relevante Hebel gigantisch ist.

Die schöne heile Welt versprechen im übrigen die Anbieter von Computergestützten Informationssystemen im Vertrieb (CAS = Computer Aided Selling). So steht es auch in den zahlreichen Prospekten, die man auf eine Anfrage erhält. Nur der Prozessgedanke ist, zumindest bei den Standardsoftware-Programmen meist nicht ausreichend integriert. Allenfalls Teilaktivitäten lassen sich abbilden, die wiederum nur mit einem zusätzlichen Programmieraufwand einzelnen Prozessen zugeordnet werden können. Aber selbst dieser Aufwand kann sich lohnen.

Damit im Vertrieb nicht das große Warten auf die EDV einsetzt, empfehlen wir mit Zwischenlösungen zu arbeiten, die etwa über ein Kalkulationsprogramm selbst entwickelt werden. Für einen überschaubaren Zeitraum ist dieser pragmatische Weg sicherlich sinnvoll und beschleunigt die Umsetzung. Auch bei größeren Projekten konnten hierzu gute Erfahrungen gesammelt werden. Egal wie vorgegangen wird, das Ziel ist die möglichst vollständige Abbildung eines Verkaufsprozesses. Der klassische Besuchs- oder Kontaktbericht als Ausgangspunkt muss um drei Kennziffern erweitert werden:

– um das Produkt, das bei dem Kontakt besprochen wurde,

– um den Verkaufsprozess, der für das Produkt verfolgt wurde,

– um die Aktivität oder den Meilenstein, der durchgeführt oder erreicht wurde.

Damit lässt sich dann jeder Prozessablauf und -schritt problemlos nachvollziehen.

FOKUS

1. **Nur mit Hilfe eines geeigneten Berichtswesens, unterstützt durch eine kompakte IT, kann letztlich professionell nach Verkaufsprozessen agiert werden.**

2. **Die Anforderungen an geeignete IT-Systeme sind erheblich gestiegen, wobei in der Praxis keine Standardlösungen auffindbar waren, die den Prozessgedanken bereits integrieren.**

3. **Somit müssen die bereits vorhandenen Lösungen ergänzt bzw. neue selbst entwickelt werden.**

4. **Bevor allerdings das lange Warten im Vertrieb auf die geeignete IT-Lösung einsetzt, ist pragmatisch der Kontaktbogen zu erweitern und per PC individuell eine Auswertung durchzuführen.**

V. Das Entlohnungssystem anpassen

Nachdem die Vertriebsziele festgelegt wurden, stellt sich die Frage, wie die erreichten Ergebnisse honoriert werden sollen. Dazu können über variable Entlohnungssysteme drei Ziele verfolgt werden:

1. **Steuerung:** Die vorhandene Energie sollte auf bestimmte Ziele gebündelt werden.

2. **Gewinnbeteiligung**: Der Mitarbeiter soll in einem bestimmten Ausmaß am Gewinn des Unternehmens beteiligt werden.

3. **Motivation**: Der Mitarbeiter soll insgesamt mehr Energie investieren, um seine beruflichen Ziele zu erfüllen.

Der kritische Punkt bei variablen Entlohnungssystemen ist die richtige **Bemessungsgrundlage**. Nur die differenzierten Vertriebsziele, von denen wir im letzten Abschnitt gesprochen haben, sind dabei der richtige Maßstab (vgl. Abb. 57).

Manchmal werden Systeme konzipiert, die jeden kleinen Schritt in Richtung auf das Ziel belohnen. Ein Großteil davon sind allerdings **normale Leistungen**, die keinerlei besonderen Einsatz vom Verkäufer erfordern. Wenn das Ziel 200 ist und der Verkäufer erhält schon für die 50 einen Teil seiner Prämie/Provision, so hilft das wenig, die Strategie umzusetzen. Viele Manager hoffen übrigens, mit einem variablen Entlohnungssystem die eigenen Mitarbeiter zu mehr Leistungen anzutreiben (vgl. Ziel 3). Aber nicht nur in Sprengers »Mythos Motivation« wurde diese Hoffnung deutlich als Illusion entlarvt. Seit den Herzberg-Untersuchungen ist hinlänglich bekannt, dass gerade das Einkommen nicht zu den **langfristigen Motivatoren** gehört. Die Führungs- und Motivationsexperten sind sich deshalb auch einig, dass eine sogenannte intrinsische Motivation, bei der sich die Befriedigung aus der Tätigkeit selbst (Leistungserlebnis, Sinnhaftigkeit der Arbeit, Erfolgserlebnisse, etc.) ergibt, für die eigentliche Leistungsbereitschaft sorgt. Viele Vorgesetzte haben bereits die leidvolle Erfahrung gemacht, dass maximale Provisionen in kurzer Zeit als Normalprovisionen angesehen werden. Wird sie nicht erreicht, wirkt sie sogar demotivierend. Auch eine Untersuchung der Führungskräfteakademie Bad Harzburg bestätigt, dass Geld nicht alles ist. Und: Mitarbeiter und Vorgesetzte leben offensichtlich in unterschiedlichen (Motivations-) Welten. Wie weit sie auseinanderklaffen, zeigt Abbildung 58.

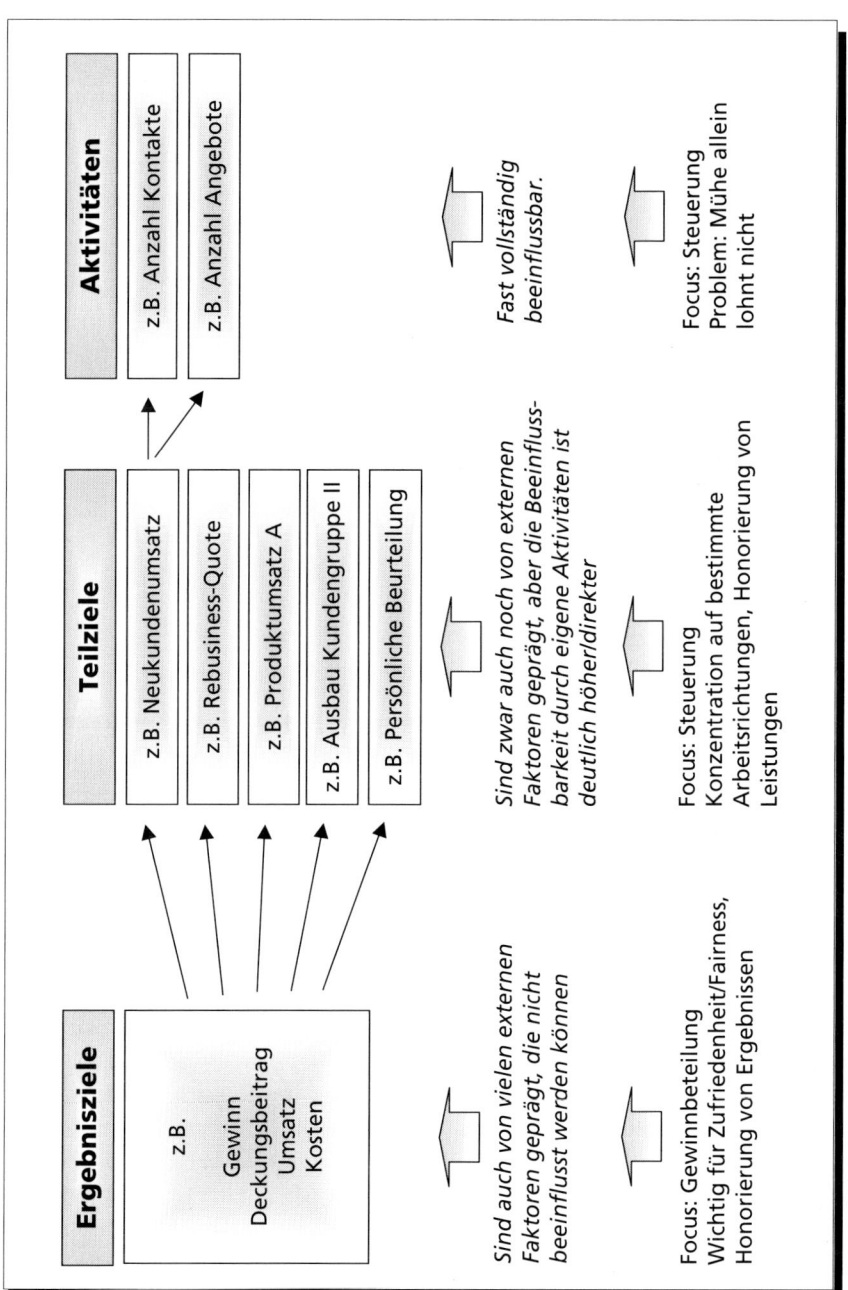

Abb. 57: Gewinnbeteiligung und Steuerung

Quelle: Mercuri International

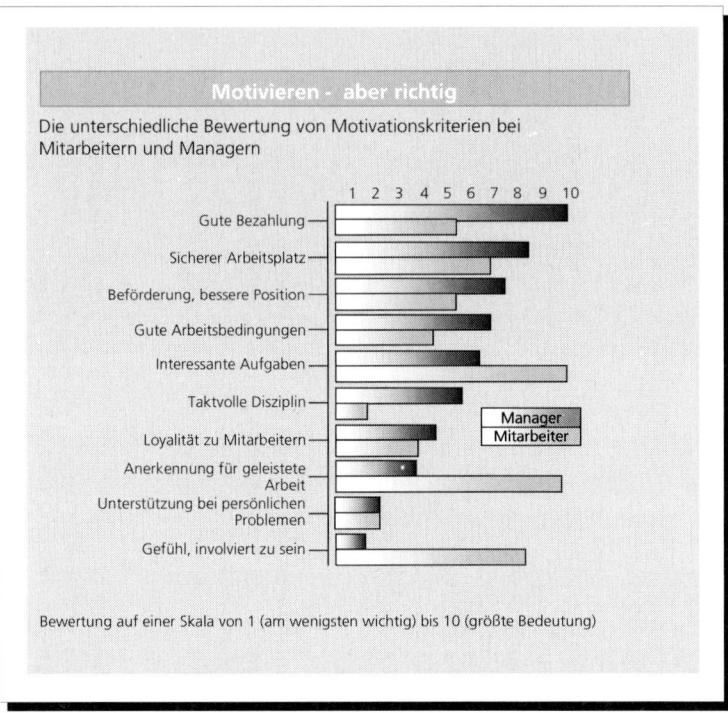

Abb. 58: Die unterschiedliche Bewertung von Motivationskriterien bei Mitarbeitern und Managern

Quelle: Herbert Becker, Bad Harzburg

 Nachfolgend konzentrieren wir uns auf **die Steuerungsfunktion** von variablen Entlohnungssystemen. Es wird dabei unterstellt, dass Verkäufer nicht von allein in Richtung dieser Ziele arbeiten werden. Auch wenn es konservativ klingt, befürworten wir diese Annahme. Nicht weil die Verkäufer besonders undisziplinierte Menschen sind, sondern weil sie einen sehr komplizierten Beruf haben. Verkaufstätigkeiten bestehen zum großen Teil aus zwischenmenschlichen Kontakten. Dabei geht es in der Regel nicht logisch zu. Verkäufer meiden häufig Arbeiten, bei denen sie sich unsicher fühlen. Sie bevorzugen vielmehr bestehende Kontakte. Nur die wenigsten besitzen einen eigenen Antrieb, neue Geschäftsbeziehungen aufzubauen oder ein bestehendes Geschäft aktiv auszubauen. Deshalb sollten nicht nur die wichtigsten, sondern auch die aus Vertriebssicht unangenehmsten Zielsetzungen in das Zielsetzungssystem aufgenommen werden. Meistens sind das auch die strategisch entscheidenden, denn die anderen Vorgehensweisen hat der Vertrieb in der Vergangenheit wahrscheinlich schon weitgehend realisiert.

Das heißt aber auch, dass ein Entlohnungssystem nicht alle Ziele, die wichtig sind, widerspiegeln sollte, sondern nur **die, die mit einem Steuerungsimpuls** unterstützt werden sollen. Weniger Ziele sind im Zweifelsfalle besser, weil sie verstärkt steuern. Durch Provisionen oder Prämien, durch finanzielle Anreize oder Incentives können Zielsetzungen gewichtet werden. Sie bekommen dann eine andere Bedeutung, als sie ursprünglich hatten.

Mit **Verkaufsprozesszielen** (Teilzielen) wird die Bandbreite der möglichen Ziele und die Möglichkeit, bestimmte Leistungen ursachengerecht zu honorieren, erheblich größer. Die Ziele, die durch das Entlohnungssystem verstärkt werden sollen, können sehr viel detaillierter ausgewählt werden. Dadurch wird genauer gesteuert. Es ist aber nicht nur der höhere **Differenzierungsgrad**, der neue Aspekte für die Entlohnung bringt. Auch die hinführenden Ziele, die Aktivitäts-, Meilenstein- und Erfolgsquotenziele bieten interessante Ansatzpunkte, um den Vertrieb noch wirksamer zu managen. Allerdings sollten dabei einige Nebenbedingungen beachtet werden.

Da es um Geld geht, ist es zumindest riskant, nur einzelne Aktivitäten aus einer Gruppe von Zielen zu honorieren. **Messbare Aktivitätsziele**, wie zum Beispiel die Anzahl der Besuche bei einer bestimmten Kundengruppe sind ja nicht der einzige Grund für Verkaufserfolge. Es kann durchaus vorkommen, dass trotz einer realisierten Anzahl von Besuchen die Prozessziele nicht erreicht werden. Vielleicht war die **Qualität der Kontakte** schlecht. Sollte auch in diesem Fall eine Prämie oder Provision gewährt werden? Natürlich könnten diese Defizite ausgeglichen werden, indem Erfolgsquoten berücksichtigt werden. Aber dann kann man auch direkt das Ergebnis des Prozesses als Ziel formulieren. Letztlich wird es bei dieser Frage auf die Prozess-Struktur insgesamt ankommen. Nur wenn die Erfolgsquoten erfahrungsgemäß sehr hoch sind, aber gegen die Anzahl der Aktivitäten bei den relevanten Verkäufern erhebliche Vorbehalte bestehen, können Aktivitätsziele sinnvoll sein.

Erfolgsquotenziele wiederum sind interessant, wenn die Menge der Aktivitäten unkritisch ist. Wenn zum Beispiel Anfragen durch Mailings automatisch gewonnen werden, es aber darauf ankommt, die Anfragen in Aufträge umzuwandeln. Würde in diesem Fall nur ein Ergebnis- oder Aktivitätsziel honoriert, wäre es ungerecht, da ein wesentlicher Input nicht in der Verantwortung der Verkäufer liegt. Wohl aber die mengenunabhängige Erfolgsquote.

Meilenstein-Ziele, die einen bestimmten Überzeugungsgrad auf dem Weg zum Prozessergebnis beschreiben, sind vor allem dann erfolgversprechend, wenn der Zeitbedarf für den gesamten Prozess über die Planungsperiode hinausreicht.

Die Praxis wehrt sich allerdings immer noch erheblich dagegen, hinführende Zielsetzungen in ein variables Entlohnungssystem aufzunehmen. Im Hinterkopf steckt das Gewinnbeteiligungsprinzip. Es belohnt einen Mitarbeiter nur dann, wenn auch das Unternehmen entsprechend gewinnt. Das ist nachvollziehbar, wenn es um **ein überdurchschnittlich hohes Einkommen für leitende Angestellte oder Manager geht**.

Wenn aber für die »anderen Mitarbeiter« ein Teil ihres Einkommens variabel gestaltet wird, um ihr Verhalten in eine bestimmte Richtung zu lenken, sollten auch Provisionen oder Prämien bei fehlenden Ergebnissen gezahlt werden. Auf jeden Fall gilt diese Regel, wenn die Mitarbeiter ihre erfolgskritischen Teilziele erreicht haben. Vielleicht haben ganz andere Faktoren ein besseres Ergebnis des Unternehmens verhindert.

In jedem Fall bietet das Prinzip der Verkaufsprozesse neue Möglichkeiten, Entlohnungssysteme noch wirksamer zu gestalten und auch den Innendienst beziehungsweise die Verkaufsteams fair und wirkungsvoll zu entlohnen.

Die nächste Abbildung und die folgende Checkliste fassen zusammen, welche Themen innerhalb einer Projektgruppe erarbeitet werden müssen, um das aktuelle Entlohnungssystem zu prüfen und ein neues System zu entwickeln:

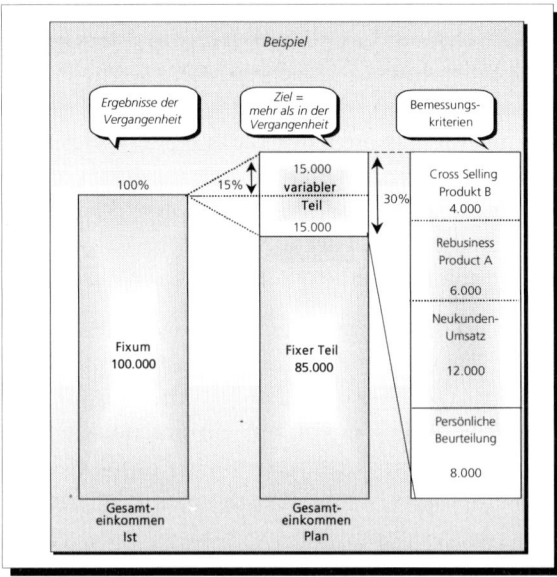

Abb. 59: Prüfen und Entwickeln eines prozessorientierten Entlohnungssystems

Quelle: Mercuri International

Interviewleitfaden für Eingangsrecherche

- Welche Ziele (Zielkategorien) gibt es bisher für Außendienst, Innendienst, etc.?
- Wie werden die Ziele kommuniziert (schriftlich, mündlich)?
- Wie wird der Zielerreichungsgrad gemessen bzw. welche Ziele können gemessen werden?
- Wie wird der Zielerreichungsgrad kommuniziert?
- Welche Konsequenzen haben Zielüber- oder Zielunterschreitungen?
- Welche Steuerungsinstrumente (Incentives, Wettbewerbe, Berichtswesen, Beurteilungssystem, Aus- und Weiterbildung) gibt es?
- Welche Ziele oder Aktivitäten werden durch diese Steuerungssysteme unterstützt?
- Wie war der Zielerreichungsgrad bei den einzelnen Zielen in der Vergangenheit?
- Was sind die Gründe für eine möglicherweise fehlende Zielerreichung?
- Wie gut kennen die Verkäufer ihre Zielsetzungen?
- Welche persönlichen Ziele haben die Verkäufer neben den offiziellen Zielen?
- Wie gut kann die Verkaufsmannschaft aus den Zielen Aktivitäten ableiten?
- Welche Ziele werden erfahrungsgemäß vom Verkauf weniger stark verfolgt (bzw. erfordern »unbeliebte« Aktivitäten)?
- Wie sieht die Aktivitätsstruktur des Vertriebs aus (nach Verkaufsprozessen)?
- Wer muss aus gesetzlichen Gründen an der Ausgestaltung beteiligt werden (Betriebsrat)?
- Welche Limitierungen gibt es durch gesetzliche oder tarifvertragliche Regelungen?
- Welche dieser Regelungen können unter welchen Voraussetzungen geändert werden, welche nicht?
- Wie hoch ist das derzeitige Einkommensniveau und wie hat es sich in der Vergangenheit entwickelt?
- Welche Bandbreiten beim Einkommen gibt es bei vergleichbaren Positionen?

Checkliste 7: Eingangsrecherche Entlohnungssystem

FOKUS

1. **Verkaufsprozesse bieten die Plattform, um ein Entlohnungssystem nicht nur undifferenziert auf Basis von Umsätzen und Deckungsbeiträgen zu gestalten.**

2. **Über die hinführenden Ziele, die Aktivitäts-, Meilenstein- und Erfolgsquotenziele bieten sich interessante Ansatzpunkte, um den Vertrieb noch wirksamer auf die Strategie auszurichten.**

3. **Ein Entlohnungssystem sollte nicht alle Ziele, die wichtig sind, widerspiegeln, sondern nur die, die mit einem Steuerungsimpuls unterstützt werden sollen. Weniger Ziele sind im Zweifelsfalle besser, weil sie die gewünschte Steuerungswirkung verstärken.**

VI. Das Beurteilungssystem anpassen

Die variablen Komponenten des Einkommens beeinflussen durch finanzielle Anreize die **Quantität** und die **Richtung** der Arbeit. Um auch die **Qualität** steuern zu können, sollten als weiteres Element **prozessorientierte Beurteilungssysteme** eingesetzt werden. Beurteilungen verdeutlichen, ob gesetzte Leistungsstandards erreicht oder verfehlt wurden. Damit sich die Mitarbeiter verbindlich orientieren können, sollte ein offizielles und verbindliches System aufgebaut werden. Ansonsten ist es für den Betroffenen nur schwer nachvollziehbar und kaum akzeptabel. Mit einem schriftlichen Anforderungsprofil ist es für den Verkäufer einfacher, sein Verhalten gezielt zu verbessern und Erfolgserlebnisse zu erarbeiten. Voraussetzungen für Karrieren werden greifbarer und gerechter. Es ist jedoch nicht nur das Lernen eines strategie- und prozessorientierten Verhaltens, das durch ein Beurteilungssystem gefördert wird. Es kann vor allen Dingen auch intrinsisch motivieren, da durch eine **Beurteilung** gezielter und bewusster Anerkennungen ausgesprochen werden können.

In vielen Unternehmen werden Mitarbeiter zwar beurteilt, allerdings nur mündlich und oft genug unsystematisch, was für die Betroffenen eher unverbindlich und schwerer nachvollziehbar ist. Die gewünschten Steuerungseffekte bleiben aus. Wenn andererseits ein schriftliches Beurteilungssystem vorliegt, ist es bereits in vielen Fällen mit dem Betriebsrat abgestimmt und damit festgeschrieben. Die Kriterien können dann nicht mehr flexibel an die jeweilige Unternehmensstrategie angepasst werden, die ja selbst wiederum im Zeitverlauf häufiger verändert werden muss. Auch versuchen Vorgesetzte einen Mitarbeiter, der so veranlagt ist wie sie selbst, besonders positiv zu beurteilen. Damit entsteht die Quadratur des Kreises. Gelingt es nun, sich von den persönlichen Gutdünken der Vorgesetzten unabhängiger zu machen und an der Strategie und den entsprechenden Prozessen auszurichten, lässt sich dieses Manko besser umgehen.

Mit Hilfe von Verkaufsprozessen lassen sich die Vertriebsleistungen, die in eine Beurteilung fließen sollen, transparenter darstellen. So kann viel genauer herausgearbeitet werden, welche Mitarbeiter für welche Verkaufsaufgaben geeignet sind. Soll es sich zum Beispiel eher um einen **Jäger** handeln, der **aktiv** dem Unternehmen zu mehr Wachstum verhilft (**Ausbauprozesse**)? Dabei ist der »Königsdiziplin Neukundenakquisition« noch einmal besonderes Augenmerk zu schenken, weil es besonders anspruchsvoll ist, unbekannte Gesprächspartner von den Lösungen oder Produkten des zunächst fremden Anbieters zu überzeugen. Folglich muss der Mitarbeiter etwa besonders gut in der Lage sein, Kontakte systematisch aufzubauen und ausgezeichnet zu verhandeln. Oder soll es sich eher um einen **Heger** handeln, dessen Stärken eher darin liegen, Kunden zu pflegen, zu denen bereits eine wie auch immer ausgeprägte emotionale Beziehung besteht. Das fordert wiederum weniger heraus, Menschen zu überzeugen, als Kontaktebenen auszuweiten oder mit Beschwerden richtig umgehen zu können.

Ein Beurteilungssystem für den Vertrieb, das sich an Prozessen ausrichtet, lässt sich in **drei Stufen** entwickeln:

1. Im **ersten Schritt** werden die relevanten Kriterien festgelegt. Sie orientieren sich an den Aufgabenstellungen, die sich wiederum aus den einzelnen Vertriebsprozessen ergeben. Da nur die Aktivitäten und nicht die Ergebnisse von einem Vertriebsmitarbeiter direkt beeinflussbar sind, sollten sich die Kriterien auch nur auf Aktivitäten beziehen. Es wäre wegen der zahlreichen anderen Einflussfaktoren fatal, wenn die Leistung eines Mitarbeiters ausschließlich nach den Ergebnissen beurteilt würde.

2. Im **zweiten Schritt** müssen die Verhaltensweisen der Mitarbeiter eindeutig abgestuft werden. Das hilft später, die unterschiedlichen Anforderungen zu integrieren, die sich aus den jeweiligen Aufgaben pro Prozess ergeben. Wir haben ja schon darauf hingewiesen, dass andere Profile erforderlich sind, um mit einem neuen Kontakt als mit einem bestehenden zu verhandeln. Außerdem wird sonst die gleiche Leistung von einem Manager als gut und von einem anderen als durchschnittlich beurteilt. Über die Anzahl der aufgenommenen Anforderungen lässt sich sicherlich streiten. Wichtig sind genügend Abstufungen, um Leistungen wirklich individuell einschätzen zu können. Abbildung 60 zeigt beispielhaft mögliche Beurteilungskriterien und Abstufungen.

3. Der **dritte Schritt** stuft die Aufgaben, ausgerichtet an den fünf Vertriebsprozessen entsprechend unterschiedlich ein. Damit entstehen pro Prozess Soll-Profile, die eventuell um ein Mindestprofil ergänzt werden. So lassen sich allgemeine Einstellungsvoraussetzungen definieren. So ergeben sich pro Prozess individuelle Anforderungsprofile (Abb. 61).

Beurteilungskriterien	sehr gut				sehr schlecht
	5	4	3	2	1
Branchenwissen über					
• Stärken/Schwächen Wettbewerber	alle, auch filigrane Unterschiede	alle wichtigen	meistens	nur wenige/lückenhaft	fast nicht bekannt
• vergangene Entwicklungen	alle, einschließlich Details	alle wichtigen	meistens	nur wenige/lückenhaft	nicht bewusst erlebt
• Einschätzung Zukunft	immer richtig	weitgehend richtig	meist richtig	unsicher bei Einschätzungen	nimmt keine Einschätzungen vor
Kundenwissen über					
• Potenziale	aller Kunden und Nicht-Kunden	aller wichtigen Kunden und Nicht-Kunden	nur Potenziale eigener Kunden	der meisten eigenen Kunden	nur selten bekannt
• Absatz-/Verarbeitungssituationen	alle wichtigen einschließlich Details	alle wichtigen	die meisten wichtigen	nur einige/lückenhaft	kaum bekannt
• Entscheider/E.-Zeitpunkte	alle	alle wichtigen	meistens	nur einige/lückenhaft	kaum bekannt
• Anforderungskriterien	alle	alle wichtigen	meistens	nur einige/lückenhaft	kaum bekannt
Produktwissen über					
• Leistungseigenschaften	alle	fast alle	alle USP's	die meisten	nur wenige
• Konstruktionsdetails	macht Verbesserungsvorschläge	alle wichtigen	die meisten	nur einige/lückenhaft	kaum bekannt
• Anwendung/Verwendung	alle Möglichkeiten	dem Kunden deutlich überlegen	entspricht Kundenniveau	entspricht nicht immer Kundenniveau	deutlich unter Kundenniveau
Arbeitssystematik, Gebietsmanagement					
• Information, Analyse	perfekt (mit wenig Aufwand)	sehr gut (mit Aufwand)	gut (etwas zuviel Aufwand)	nicht regelmäßig	sehr selten
• Planung	sehr gut, schriftlich	gut, schriftlich	gut, nicht immer schriftlich	vorhanden, im Kopf	kaum vorhanden
• Flexibilität	optimiert ständig	ändert, wenn nötig	ändert, wenn unbedingt nötig	ändert ungern	keine Änderungsbereitschaft
Arbeitsquantität					
• persönliche Kundenkontakte	sehr hohe Intensität/Breite, auch privat/Freizeit	hohe Intensität/Breite, selten privat/Freizeit	meistens gute Intensität/Breite	nicht immer ausreichend	Intensität und Breite zu gering
• Telefon/Schriftverkehr	perfekt abgestimmter Einsatz	wird gezielt eingesetzt	wird manchmal eingesetzt	wird relativ wenig eingesetzt	wird praktisch nicht eingesetzt
• Demonstrationen, Vorführungen	nutzt jede sinnvolle Gelegenheit	wird meistens eingesetzt	wird manchmal eingesetzt	müsste intensiver erfolgen	Einsatz nur in Ausnahmefällen
Arbeitsrichtung					
• Umsetzung Kundenschwerpunkte	nach Ziel, perfekte Anpassung	nach Ziel, wenig eigene Analyse	erfüllt meistens Ziele	halt an besteh. Schwerpunkten fest	keine Schwerpunkte, fremdbestimmt
• Umsetzung Produktschwerpunkte	Gebiet nach Ziel, perfekte Anpassung	nach Ziel, wenig eigene Analyse	meistens nach Ziel	wird nur selten versucht	reagiert nur
• Ansprechpartner beim Kunden	Gebiet	fast immer richtig	bei Standards richtig	meist keine bewusste Auswahl	vom Zufall abhängig
• zeitliche Verteilung der Kunden-Kontakte	bewusste Auswahl nach Kd.-Situation perfektes timing	fast immer richtig	bei Standards richtig	auch bei Standards Fehler	keine bewusste Berücksichtigung

Abb. 60: Beispiel für Beurteilungskriterien

Quelle: Mercuri International

Beurteilungskriterien	sehr gut				sehr schlecht
	5	4	3	2	1
Menschenkenntnis	absolut sichere Einschätzung	gute Typerkennung	Aufnahme der wesentlichen Eigenschaften	manchmal Einschätzungsfehler	kaum bewusste Aufnahme von Eigenschaften
Kontaktfähigkeit	in allen Situationen und bei allen Personen, sehr hohe Initiative	in allen Situationen und bei den meisten Personen, gute Initiative	nicht immer sicher, sucht nicht unbedingt Kontakt, ausreichende Initiative	häufig unsicher, situations- und personenabhängig, vermeidet teilweise neue Kontakte	unbeholfen, meidet unbekannte Personen
Kommunikationsfähigkeit verbal / schriftlich	fesselnd Zuhörer, hört selbst sehr gut zu, gibt und fordert Rückkoppelung / perfekter schriftlicher Ausdruck	gute Präsentation, hört meistens zu und ist dialogorientiert / überzeugende Darstellung/Aufbau	gute Präsentation, hört nicht immer zu, dominiert gelegentlich oder ist zu schweigsam / kann sich ausdrücken	durchschnittliche Präsentation, zu viel Redeanteile, hört wenig zu, schwacher Dialogaufbau / ist nicht immer griffig, prägnant	hat erhebliche Schwierigkeiten sich auszudrücken und Kundenreaktionen aufzunehmen / holpriger Ausdruck
Bedarfsanalyse, Empathie	sucht systematisch vorhandene Bedarfssituationen und baut Bedarf gezielt auf	sucht systematisch Bedarf, nutzt auch kleine Hinweise	geht richtig, aber zu schematisch vor, erkennt nicht immer Bedarf	stellt wenig Fragen, behauptet mehr, hat häufig Schwierigkeiten, einen passenden Bedarf zu finden	stellt direkt Produkte vor, ohne bewusste Bedarfsanalyse
Argumentationsfähigkeit	sehr hohe Überzeugungskraft und Nutzung aller Hilfsmittel, verbindet Nutzen und Kundenanforderungen	starke Überzeugungskraft und Nutzung der wichtigen Hilfsmittel, stellt Nutzen dar	setzt Überzeugungskraft ein, nutzt Hilfsmittel, stellt nicht immer Nutzen dar	ist nicht immer überzeugend, setzt nur selten Hilfsmittel ein, stellt oft Merkmale und nicht Nutzen dar	arbeitet ohne Argumentationsunterstützung, stellt nur Merkmale dar, kein Bezug zu Kundenanforderungen
Einwandbehandlung	nutzt Einwände als Verkaufshilfen	Kann Einwände ohne Polarisierung entkräften	beantwortet Einwände sicher	kann nicht jeden Einwand beantworten, will oft Recht behalten	ist bei Einwänden sprachlos oder widerspricht dem Kunden
Verhandlungsführung	streitet nicht um Positionen, sucht Interessenausgleich, kennt alle Taktiken	hinterfragt meistens Positionen, kennt die wichtigsten Taktiken	versucht manchmal Positionen durchzusetzen, nicht immer kreativ und flexibel, wenig Taktik	hinterfragt keine Positionen, macht Zugeständnisse für Atmosphäre, lässt sich austricksen	verhandelt nicht
Abschlusstechnik	sucht immer ein Ergebnis, legt weitere Schritte fest, immer hartnäckig	sucht meistens Ergebnisse/Folgeschritte, oft hartnäckig	sucht häufiger Ergebnisse, nicht immer hartnäckig	sucht selten Ergebnisse, spricht aber meistens weitere Schritte an	überlässt die Initiative zum Abschluss den Kunden
Kommunikationsverhalten intern	sucht und gibt Informationen, auch gegen Widerstände	sucht und gibt Informationen aus eigener Initiative	sucht selbstständig, gibt immer Informationen auf Anforderung	sucht und gibt nur unregelmäßig Informationen	sucht und gibt trotz Aufforderung keine Informationen
Teamverhalten	fördert das Arbeitsergebnis sehr stark, kann moderieren	leistet wertvolle Beiträge, hinterfragt, kann sich gut integrieren	leistet meistens Beiträge, braucht aber Anleitung	bringt Beiträge mit hoher Eigenprofilierung	kapselt sich ab, ist mehr Einzelkämpfer, kann sich nicht integrieren

= Beispiel für Soll-Profil

Abb. 60: Beispiel für Beurteilungskriterien (Forts.)

Quelle: Mercuri International

Verkaufsprozesse / Beurteilungskriterien	Ausbau-Verkaufsprozess: Cross Selling	Ausbau-Verkaufsprozess: Erhöhung des Lieferantenanteils	Ausbau-Verkaufsprozess: Erhöhung der Verwendungshäufigkeit	Ausbau-Verkaufsprozess: Neukundengewinnung	Basis-Verkaufsprozess: Ausbau-Stabilisierung	Basis-Verkaufsprozess: Abwicklung
Branchenwissen über • Stärken/Schwächen der Wettbewerber • vergangene Entwicklungen • Einschätzung der Zukunft	1	1	2	2	2	3
Kundenwissen über • Potenzialziele • Absatz-/Verarbeitungssituationen • Entscheider/E.-Zeitpunkte • Anforderungsprofile	1	1	2	2	2	3
Produktwissen über • Leistungseigenschaften • Konstruktionsdetails • Anwendung/Verwendung	1	2	2	2	...	2
Arbeitssystematik, Gebietsmanagement • Information, Analyse • Planung • Flexibilität	2	2	2	1	...	3
Arbeitsquantität • persönliche Kundenkontakte • Telefon/Schriftverkehr • Demonstrationen, Vorführungen	2	2	2	1	2	3
Arbeitsrichtung • Umsetzung Kundenschwerpunkte • Umsetzung Produktschwerpunkte • Absprechpartner beim Kunden • Zeitliche Verteilung der Kundenkontakte	1	1	1	1	1	3
Verkaufsverhalten*	1	1	2	1	2	3

1 = Sehr wichtig; 2 = Wichtig; 3 = Weniger wichtig

* Anmerkung zum Verkaufsverhalten siehe Kriterien der Abbildung 60 (Teil 2/Forts.)

Abb. 61: Anforderungsprofile für Vertriebsprozesse

Quelle: Mercuri International

FOKUS

1. **Beurteilungssysteme helfen ebenfalls, den Vertrieb zu motivieren und zu steuern. Sie fordern die erforderliche Qualität der Arbeit verbindlich ein und machen Erfolge direkter erlebbar.**

2. **Das Beurteilungssystem sollte in schriftlicher Form eingesetzt werden, um die gewünschten Effekte auch erzielen zu können.**

3. **Ein geeignetes Beurteilungssystem lässt sich in drei Schritten entwickeln. Da die Aufgaben pro Vertriebsprozess unterschiedlich ausgeprägt sind, muss mit Abstufungen gearbeitet werden. Damit kann es durchaus sinnvoll sein, dass die gleichen Aufgabentypen im einzelnen Prozess von unterschiedlichen Mitarbeitern ausgeübt werden.**

VII. Sales Process Training

Rund zwei Milliarden DM geben deutsche Unternehmen im Jahr für vertriebliche Aus- und Weiterbildung aus. Dies ist ein deutliches Indiz dafür, dass die Unternehmen den Stellenwert der Ressource »Mitarbeiter« anerkennen und gewillt sind, entsprechend zu investieren. In diesem Kontext spricht die Skandia Lebensversicherungs AG vom **Intellektuellen Kapital** oder auch den versteckten Werten des Unternehmens. *»Kein Unternehmen kann es sich leisten, seine wertvollsten Aktiva ungenutzt zu lassen: die intellektuellen Ressourcen seiner Mitarbeiter«* (Leif Edvinsson).

Andererseits äußern in einer Erhebung 70 Prozent der Befragten deutliche **Verbesserungspotenziale bei Trainings.** Sie bemängeln vor allen Dingen die mangelnde Wirksamkeit traditioneller Seminare. Nachfolgend sind einige Gründe dafür aufgeführt (Abb. 62). Mit Hilfe dieser Abbildung fällt es dem Leser leicht, die Qualität der eigenen Maßnahmen einzuschätzen.

Mit Hilfe von Verkaufsprozessen lassen sich wiederum Trainings an konkreten Aufgaben ausrichten und an definierten Kennziffern in ihrem Erfolg messen. Damit sind Praxisnähe und Messbarkeit gewährleistet. Es ergeben sich aber noch weitere Vorteile aus dem Prozessansatz:

- Wenn ein konkreter Verkaufsprozess als Ausgangsbasis dient, unterstützt das Training den Praxistransfer. Strategieformulierung und Umsetzung sind dann ideal miteinander verknüpft. Die Strategie kommt tatsächlich bei den Mitarbeitern an. Wie sie in den Verkäuferalltag übersetzt werden kann, wird diskutiert und trainiert.

- Prozessziele und anzustrebende Erfolgsquoten dienen als Ausgangspunkt. Das Training ordnet sich also den Marktzielen unter und wird Mittel zum Zweck. Es soll allen Beteiligten helfen, ihre Prozessziele zu realisieren.

- Dem strukturierten Erfahrungsaustausch kommt eine ganz wesentliche Rolle zu. Erkenntnisse, Erfolgsstories und Kennziffern pro Prozess werden systematisch erfasst. Damit wird ein professionelles Benchmarking entwickelt, das den Beteiligten weiterhilft.

- Die Führungskräfte lassen sich konkret als Prozesspromotoren und Coaches in ein Programm integrieren. Dadurch lässt sich sicherstellen, dass die Trainingsinhalte auch verbindlich umgesetzt werden. Die Manager müssen dazu allerdings die erforderlichen Rahmenbedingungen für den Verkaufsalltag schaffen.

Gründe	Kommentar	Trifft zu ja	nein
• Mangelnde Verknüpfung von Trainingszielen mit Marktzielen	• Letztlich muss sich ein Training an seinem Beitrag zur Realisierung der Marktziele messen lassen. Hier besteht jedoch häufig kein erkennbarer Zusammenhang.		
• Episodenhafter Trainingsansatz	• Ein isoliertes Training von Teilaspekten, z. B. Abschlusstechniken - ist für einen Verkäufer nur schwer in einen Gesamtzusammenhang zu bringen.		
• Einsatz von Standardmodulen	• Verkäufer reagieren erfahrungsgemäß sehr empfindlich, wenn sie das Gefühl haben, dass ein Seminar nicht den Verkäuferalltag widerspiegelt.		
• Trainieren eines theoretischen Optimums	• Ein Seminar wie »25 Techniken der Einwandbehandlung« bringt einen Verkäufer erfahrungsgemäß kaum weiter. Meist ist es besser zwei Techniken in den Vordergrund zu stellen und die entsprechend zu üben.		
• Trainer agiert als Guru und zu wenig Interaktion	• Seminare sind nicht zur Selbstdarstellung des Moderators da. Es kommt darauf an, den Lernprozess bei den Beteiligten zu initiieren und ihnen möglichst viele Möglichkeiten einzuräumen, neues Verhalten zu trainieren.		
• Mangel an Transferhilfen	• Jedem Verkäufer sollte am Ende eines Seminars klar sein »was mache ich morgen früh anders als bisher und wie kann ich das angehen«.		
• Kein Follow-up und mangelnde Unterstützung durch Führungskräfte	• Es besteht immer die Gefahr, dass gute Vorsätze im Nachgang zur Seminarveranstaltung aufgrund des Tagesgeschäfts schnell wieder versanden. Oft zeigen sich auch die Führungskräfte über die Schulungsinhalte schlecht informiert und sind im Extremfall sogar kontraproduktiv »kehren wir zurück zur Praxis.«		
• Fragwürdige Messung des Trainingserfolgs	• Die bekannten Teilnehmerbeurteilungen können sicher nur ein Baustein einer Erfolgsmessung sein. Aspekte wie »Einschätzungen der Unterbringung« haben sicher nur untergeordnete Bedeutung. In manchen Fällen sollte eine extrem gute Teilnehmerbeurteilung sogar eher skeptisch stimmen.		

Abb. 62: Gründe für die mangelnde Wirksamkeit traditioneller Trainings

Quelle: Mercuri International

- Durch den Sales Process Gedanken nimmt das Training den Charakter eines Projektes an. Damit verlängert sich in den Köpfen der Teilnehmer das Training und die Verbindlichkeit steigt.

Die mögliche Struktur und der Ablauf eines Sales Process Trainings zeigt die Abbildung 63. Bewährt haben sich dabei 4 Phasen.

Über die im letzten Abschnitt beschriebenen **Anforderungsprofile** (vgl. S. 161 ff.) lässt sich in der **ersten Phase** relativ leicht ermitteln, wo das Ist- vom Sollprofil pro Mitarbeiter und Aktivität abweicht. Damit kann das Training am konkreten Bedarf ausgerichtet werden, was wiederum die Akzeptanz erhöht. Überhaupt kann viel präziser analysiert werden, da die Mitarbeiter dabei beobachtet werden, wie sie **Aufgaben eines Prozesses lösen** und welche Optimierungsansätze es dort gibt. Wenn etwa Neukunden gewonnen werden sollen, muss der Mitarbeiter dabei begleitet werden, wie er diese Zielgruppe bearbeitet. In der **zweiten Phase** ist es besonders wichtig, dass die Führungskräfte als Prozesspromotoren integriert werden und hinter den Zielen und Vorgehensweisen stehen.

Wie ein Training inhaltlich für einen Neukundengewinnungsprozess aussehen kann, deutet nun eine weitere Abbildung (64) an.

Nicht immer werden neue oder andere Verhaltensweisen nach dem Workshop einfach übernommen. Oft fehlt Mut oder Motivation, eingefahrene Spuren zu verlassen. Folgende Transferhilfen haben sich besonders bewährt, um das angesprochene Manko zu beseitigen.

- **Erfahrungsaustausch zwischen den Beteiligten.** Die Projektteilnehmer treffen sich möglichst wöchentlich, um ihre Erfahrungen auszutauschen. Bei richtiger Moderation eignen sich diese Meetings, um Zuversicht und Mut für den weiteren Projektverlauf aufzubauen.

- **Individuelles, prozessorientiertes und situatives Coaching.** Der Trainer und/oder die Führungskraft unterstützen den Mitarbeiter in den einzelnen Prozessphasen. Das kann am Telefon, beim Kunden oder beim Pre-/After-Sales sein. Dabei wird nach dem Ansatz des situativen Führens die vorhandene Erfahrung und Motivation für die jeweilige Aufgabe berücksichtigt. In der richtigen Intensität und Qualität praktiziert, platzt hier in der Regel der Knoten.

- **Projektmanagement**: Schriftliche persönliche Protokolle, Sprechstunden mit den Projektleitern, Erfahrungsberichte und Erfolgsstories runden den Praxistransfer ab und vermitteln Sicherheit sowie Erfolgserlebnisse.

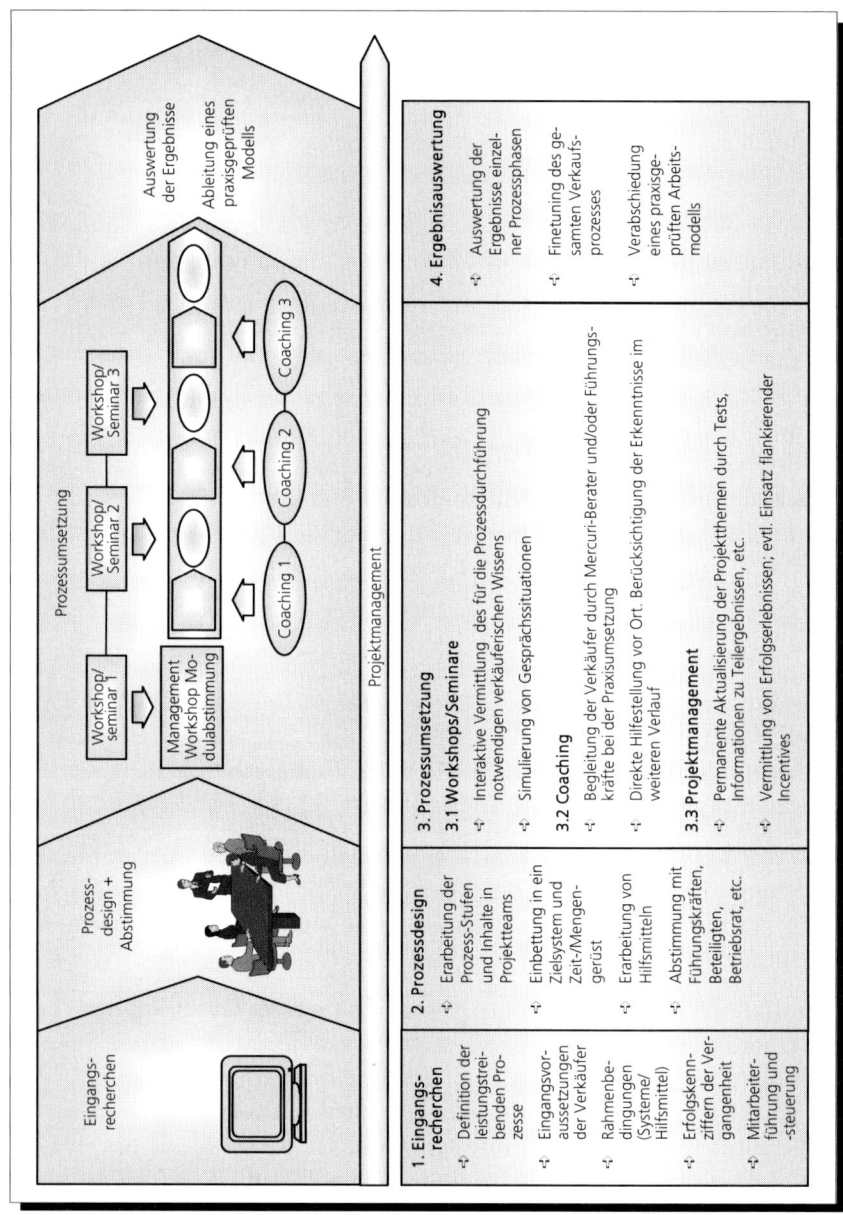

Abb. 63: Mögliche Struktur und der Ablauf eines Sales Process Trainings

Quelle: Mercuri International

Thema	Ziel	Zeit	Hilfsmittel/Methoden	Trainerhinweise
1. Mut zu neuen Kunden	Sensibilisierung für die Notwendigkeit der Neukundengewinnung	15 Min.	»Handelsblatt« Sonderdruck	⇨ Einführung am besten durch Geschäftsführer. Dauer: max. 15 Minuten. Tenor: Was sind unsere Marktziele? Wo wollen wir in zwei Jahren stehen? Wo stehen wir heute? Die Realisierung unserer ehrgeizigen Ziele erfordert zwangsläufig den Ausbau unserer Kundenplattform. Deshalb investieren wir in diese Aufgabenstellung. Keine 1 × Aktion, sondern kontinuierlicher Prozess. Externer Partner zur Unterstützung. Vorstellung des Aktionsmottos.
2. Aufgabe Mercuri International	Ergebnisorientierte Zusammenarbeit im Projekt	30 Min.	Präsentation Mercuri Projektübersicht	⇨ kein Seminar, sondern Projekt ⇨ Projekt im Überblick ⇨ Projektgruppen/-mitglieder, Sponsoren ⇨ Ergebnisorientierung und Praxisbezug herausarbeiten ⇨ Beitrag von MI in einzelnen Phasen ⇨ Kurzvorstellung MI ⇨ siehe Checkliste »Kommentierung der Eingangsrecherchen«
3. Status Neukundengewinnung bei Firma x	Widerspiegeln der bisherigen Aktivitäten Herausarbeitung von Stärken und Schwächen	45 Min.	Präsentation Mercuri	
4. Besonderheiten der Neukundengewinnung	Herausarbeitung der speziellen Herausforderung	30 Min.	Gruppendiskussion	⇨ Hohe Investition – oft mehrstufige Ansprache – geringe Anfangsumsätze – oft dauert es bis zu drei Jahren bis »break even« erreicht wird (siehe Beispiel Autovermietung) ⇨ man muss neue Türen öffnen können ⇨ persönlichen Hemmschwellen überwinden ⇨ mit Misserfolgserlebnissen klarkommen können ⇨ schnell Zugang zu Leuten finden ⇨ reaktionsschnell Situationen erfassen können ⇨ Hierarchiesicherheit ⇨ Stressstabiliät ⇨ Fleiß ⇨ Optimismus
5. Konkretisierung der Zielgruppe	Punktgenaue Benennung der Zielgruppe als Voraussetzung für gezielte Marktaktionen	30 Min.	Präsentation Mercuri	⇨ Auflistung potenzieller Zielgruppen und Vorstellung der bereits getroffenen Vorauswahl ⇨ Bewertung bzw. Begründung der Zielgruppen ⇨ Einschätzung von Erfolgswahrscheinlichkeiten ⇨ Aufzeigen der bis dato ungenutzten Potenziale bei diesen Zielgruppen
6. Definition des Erfolgspfades	Sicherstellen, dass Teilnehmer dem Erfolgspfad glauben und ihn als »Bibel« verinnerlichen	30 Min.	Präsentation Mercuri Diskussion	⇨ Erläuterung und Begründung des zukünftigen Soll-Prozesses der Neukundengewinnung ⇨ Konkretisierung anhand des Aktionsprogramms
7. Die gemeinsamen Aktionsziele	Identifikation mit persönlichen Projektzielen	120 Min.	Präsentation Mercuri Einzelarbeit Gruppendiskussion	⇨ Allgemeine Projektziele herausarbeiten wie – Umsatz steigern – Informationsgewinnung – Bekanntheit erhöhen – Abhängigkeiten verringern, etc. ⇨ Musterkalkulation: – Welcher Aufwand ist notwendig, um einen Neukunden zu Gewinnen (Anzahl Besuche, Telefonate, Angebote, etc. – Erarbeitung und Vereinbarung der Zielsetzung je Aktionsbeteiligten ⇨ Erarbeitung individueller Verkäufer-Pipelines und Abholen des Committments der Aktionsbeteiligten. Pipeline unterschreiben lassen

Thema	Ziel	Zeit	Hilfsmittel/Methoden	Trainerhinweise
8. Konsequenzen für das Zeit- und Eigenmanagement der Verkäufer	Sicherstellen, dass genügend Zeitpotenziale von den Verkäufern bereitgestellt werden	60 Min.	Präsentation Mercuri Gruppenarbeit	⇨ Bekanntgabe der evtl. Unterstützung durch Innendienst, Telemarketing, etc. ⇨ Kalkulation des wahrscheinlich verbleibenden Zeitaufwandes für die Verkäufer in Tagen ⇨ Unterteilung der Aktion in Teilaktionen (Verkaufsrunden) ⇨ Harmonisierung mit dem Verkäuferterminkalender ⇨ Berücksichtigung der notwendigen Follow-up-Kontakte aus den jeweils vorherigen Verkaufsrunden ⇨ Vornahme von entsprechenden Reservierungen im Terminkalender
9. Vorstellung des Trainingsprogramms	Voraussetzung für professionelle Aktionsumsetzung auf der Verhaltensebene schaffen	30 Min.	Präsentation Mercuri	⇨ Darstellung der Qualifikationsmaßnahmen entlang der Prozessschritte des Erfolgspfades der Neukundengewinnung ⇨ Ggf. Differenzierung Mitarbeiter/ Führungskräfte ⇨ Erläuterung des »Coaching« (ggf. Abbau von Vorbehalten) ⇨ Vornahme der entsprechenden Reservierungen im Terminkalender ⇨ Vorgehensweise zur Fixierung der Coachingtermine abstimmen (zu frühzeitigem Suchen geeigneter Termine drängen)
10. Bekanntgabe der Controllinginstrumente	Sicherstellung der Kommunikation und Zielerreichung im Projektverlauf	60 Min.	Gruppendiskussion	⇨ Begründung der Notwendigkeit von Berichten generell ⇨ Erläuterung der Einzelberichte ⇨ Definition des Berichtsweges und Zeiträume
11 Aktionsstart	Motivation	15 Min.		⇨ Bekanntgabe eines Incentives ⇨ 1 Glas Sekt ⇨ Aktion »Tischtennisball«

Abb. 64: Beispiel für einen Sales Process Trainingstag – Block Neukundengewinnung

Quelle: Aus einem Kundenprojekt

FOKUS

1. Sales Process Training unterscheidet sich von traditionellen Trainings u.a. dadurch, dass es Mittel zum Zweck ist, um konkrete Aufgaben und Ziele von Verkaufsprozessen zu realisieren.

2. Die Teilnehmer durchlaufen praxisnah vier Phasen, die helfen, die gesteckten Ziele auch zu realisieren.

VIII. Die unterstützenden Materialien und die VKF-Maßnahmen ausrichten

Die Verkaufsförderung (VKF) gehört zu den klassischen Marketinginstrumenten und wird bekanntlich der Kommunikationspolitik zugeordnet. Da VKF-Maßnahmen auf die Gesprächspartner bei Kunden zielen und von den Verkäufern umgesetzt werden müssen, sind Konflikte programmiert. Nicht umsonst gibt es eine Fülle von unterstützenden Materialien, die, vom Marketing teuer erstellt und auf Hochglanz poliert, nicht eingesetzt werden. Die jeweilige Kundensituation und teilweise auch die Kundenvorschriften, die den Einsatz limitieren, kennt letztlich der Verkäufer wesentlich besser als die Marketingmitarbeiter. Verkaufsförderungsaktionen sollen **einen attraktiven Zusatznutzen bieten und den Kauf erleichtern**. Schon deshalb müssen sie die Erwartungen und Wertvorstellungen der Zielpersonen möglichst genau treffen. Komplexe Märkte und Kundenstrukturen erschweren es, diesem Anspruch gerecht zu werden.

In der Regel liegen Wunsch und Wirklichkeit auch weit auseinander. Immer häufiger wird deshalb die Verantwortung für VKF-Aktionen dem Vertrieb oder gesonderten Handelsmarketingabteilungen übergeben. Dadurch entstehen allerdings neue Probleme. Das häufig fehlende strategische Bewusstsein der Verkäufer führt dazu, dass viele Aktionen nur dazu genutzt werden, um pauschale Kundenumsatzziele zu forcieren. So manche vom Vertrieb gesteuerte Maßnahme ist dann nichts anderes, als ein versteckter Rabatt. Werden nun die unterstützenden Materialien und Aktionen an den Verkaufsprozessen ausgerichtet, können sie zielgruppenspezifisch erstellt und eingesetzt werden. Der Verkäufer kann den Einsatz besser steuern und sie verkaufsfördernd einsetzen. So wird verhindert, dass etwa ein Großgebinde in Verkaufsförderungsaktionen einbezogen wird, obwohl der Verkaufsprozess für diese Produkte darauf ausgerichtet ist, neue Käuferschichten durch kleine Probiergrößen zu gewinnen. Wertvolle Werbekostenzuschüsse und Aktionsrabatte werden so verpulvert.

Effektive Ergebnisse lassen sich aber realisieren, wenn die VKF an einzelnen Verkaufsprozessen ausrichtet werden. Durch die präzisen Ziele und die verschiedenen Kennziffern, wird es leichter, die Aktion zu steuern und auszuwerten.

Die folgende Checkliste zeigt einige Grundregeln für prozessorientierte VKF-Maßnahmen auf, die helfen, die gewünschten Vertriebsziele schneller zu erreichen.

- Welche Vertriebsziele sollen mit Hilfe der Aktion realisiert werden?
- Wurden bei der Konzeption der Bedarf der Zielgruppen und ihre Entscheidungskriterien berücksichtigt?
- Wurde überprüft, ob die Maßnahme zu dem jeweiligen Verkaufsprozess passt?
- Wurde überprüft, ob keine internen Vorschriften der Kunden den Aktionseinsatz behindern?
- Wurden die Mitarbeiter über die Aktionsziele unterrichtet?
- Werden die Ergebnisse erfasst und bei künftigen Aktionsplanungen berücksichtigt?

Checkliste 8: Anforderungen an eine VKF-Aktion

FOKUS

1. **Werden VKF-Maßnahmen an Verkaufsprozessen ausgerichtet, lassen sie sich präzise planen, zielgruppenspezifisch erstellen und managen.**

2. **Die Marketingabteilung muss, wenn sie für die VKF verantwortlich ist, ebenfalls die Prozesse kennen und verstehen.**

IX. Sales Audit

Der Leser hat in dem 4. Teil des Buches kennengelernt, wie Verkaufsprozesse zu steuern und zu managen sind. Ordnet man die dort vorgestellten Steuerungsinstrumente und die Führungstätigkeit in einen Kontext mit den Verkaufsprozessen (Teil 1 des Buches), berücksichtigt die Struktur der Prozesse (Teil 2), die Arbeit mit Prozessen und ihre Organisation (Teil 3), dann hält man alle Fäden in der Hand, um **den Vertrieb strategiekonform einzusetzen und auszurichten.**

Die Methode, Ergebnisse und Vorgehensweisen im Vertrieb zu analysieren, Abweichungen zu den Zielen zu identifizieren, die Konsequenzen aktueller Vorgehensweisen zu beschreiben und logisch zu ordnen, wird **Sales Audit** genannt. Einfach ausgedrückt, wird analysiert, wie ein bestimmtes Vertriebsergebnis zustande kommt (oder eben auch nicht). Ebenso lässt sich mit einem Sales Audit auch planen, wie bestimmte Ziele erreicht werden sollen. Es lässt sich

— herausfinden, mit welchen Vorgehensweisen im Vertrieb die aktuellen Verkaufsergebnisse erreicht werden,

— identifizieren, wo die Vertriebsarbeit von der Strategie und ihren Zielen abweicht,

— beschreiben, welche Konsequenzen die derzeitigen Vorgehensweisen haben, um die zukünftigen Ziele zu erreichen.

Abbildung 65 faßt diese Gedankengänge noch einmal zusammen und zeigt die Aspekte, die ein Sales Audit berücksichtigt.

Unternehmensziele bilden den Ausgangspunkt eines **Sales Audits (Analyse)** oder der prozessorientierten Ausrichtung des Vertriebs (**Planung**). Sie müssen den »Prüfern« deshalb ebenso bekannt sein wie die Marketingziele. Darauf aufbauend lassen sich nun in einem **1. Schritt** die Vertriebsziele formulieren oder überprüfen. Es wird zunächst beschrieben, **was** durch den Vertrieb erreicht werden soll. Dazu muss klar vorgegeben sein

— welche Produkte bei welchen Kunden forciert,

— in welchen nationalen und internationalen Märkten die Kunden angesprochen,

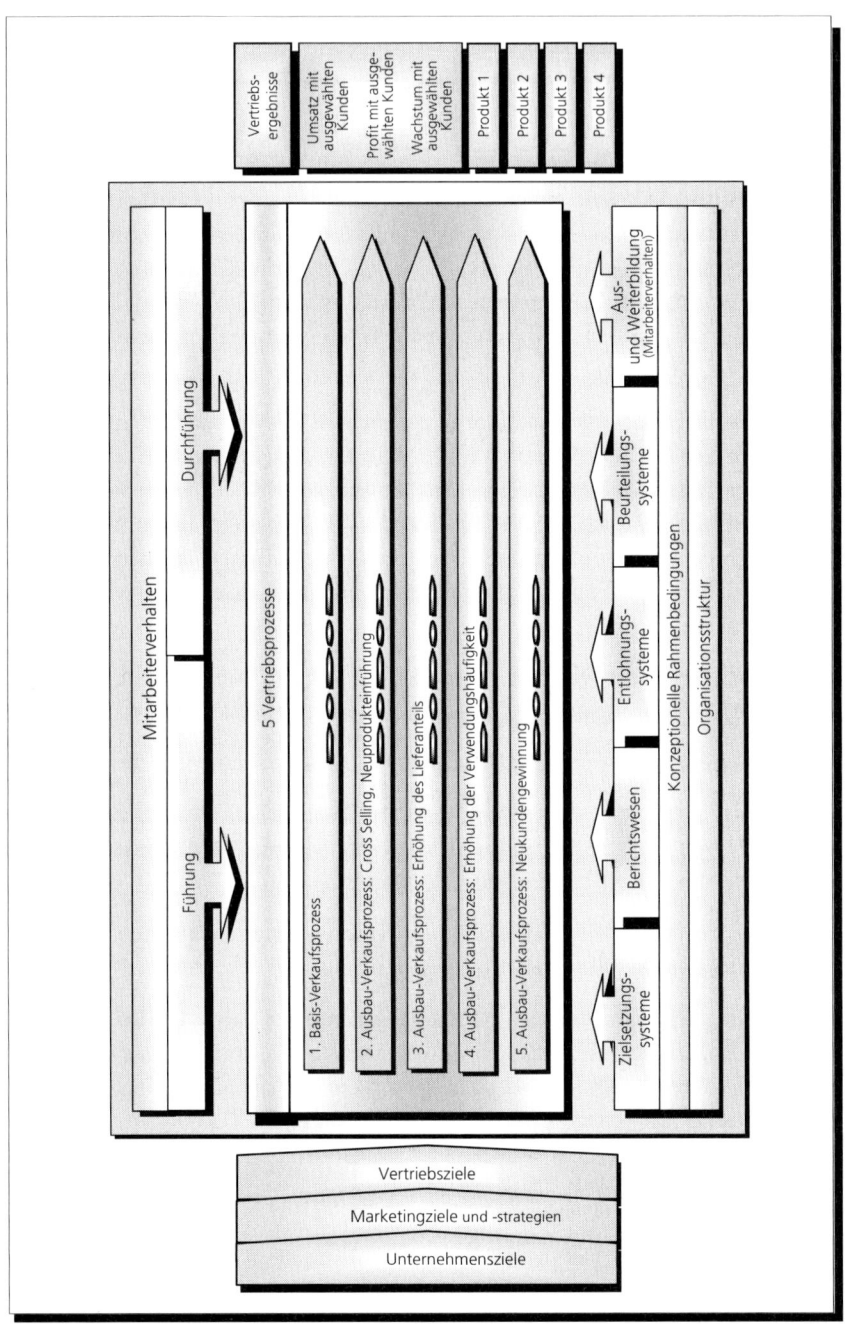

Abb. 65: Sales Audit

Quelle: Mercuri International

– welche Umsätze und Deckungsbeiträge in den definierten Produkt-/ Kundenkombinationen und jeweiligen Märkten erzielt,

– welche Kostenbudgets für die erforderlichen Aktivitäten ausgeschöpft werden sollen.

Das »was« alleine reicht jedoch keinesfalls aus. Fast wichtiger erscheint, **wie** die Ziele realisiert werden sollen. Eine **entscheidende Rolle spielen dabei die Verkaufsprozesse**. Sie werden im **2. Schritt** entwickelt oder überprüft. Dazu muss zunächst herausgefunden werden, welche Verkaufsprozesse relevant sind. Dann erst ist die Basis gelegt, um die Prozesse auch zu strukturieren. Jetzt werden

- die Zielkunden

- Kontaktstrategien

- Verhandlungsstrategien

- Erfolgskennziffern

- der jeweilige Zeitbedarf

pro Prozess erarbeitet bzw. kontrolliert. Sollte es sich um eine **Analyse** handeln, müssen natürlich die erzielten Ergebnisse mit den Vorgaben verglichen werden.

Mit Hilfe der Teilschritte innerhalb der Prozesse lässt sich wiederum definieren bzw. überprüfen, wie der Vertrieb zu organisieren ist, wer welche Aufgabe übernehmen soll/übernommen hat und in welcher Form die einzelnen Abteilungen zusammenarbeiten (sollen) **(Schritt 3)**. Sowohl aufbau- wie auch ablauforganisatorische Aspekte sollten zweckmäßig organisiert werden (sein). Der Komplexitätsgrad steigt dabei mit der Anzahl der verschiedenen Märkte, Regionen/Länder und unterschiedlichen Produkte.

In Schritt 4 werden die Steuerungssysteme untersucht. Damit die Vielzahl der in den diversen Verkaufsprozessen anfallenden Aktivitäten von den handelnden Personen auch strategiegerecht ausgeübt werden, müssen prozessrelevante Informationen erfasst und regelmäßig ausgewertet werden. Nur so ist es möglich, gegebenenfalls frühzeitig gegenzusteuern, wenn Abweichungen auftreten. Das Verhalten der Mitarbeiter ist in diesem Schritt besonders wichtig, da sie letztlich die Vorgaben aus den Prozessen umsetzen (sollen). Die Mitarbeiter werden geprägt durch die Steuerungssysteme, die Führungskräfte, aber auch durch ihre Kompetenz und Motivation.

Auf die Rolle der **Führungskräfte** als Prozesspromotoren ist bereits ausführlich eingegangen worden. Wie sie arbeiten (sollen), wird in **Schritt 5** hergeleitet.

Wer seinen Vertrieb so beschreibt, analysiert und managt, wird die gewünschten Ergebnisse erreichen. **Denn**: die Ergebnisse des Vertriebs begründen sich durch die der Parameter, aus der sich die Abbildung 65 zusammensetzt. Die Verkaufsprozesse bilden dabei den Mittelpunkt und geben den Weg zu den angestrebten Zielen vor.

FOKUS

1. **Verkaufsprozesse erwecken eine Vertriebsstrategie zum Leben und bilden von daher auch den Mittelpunkt eines möglichen Sales Audits.**

2. **Das Mercuri Verkaufsmodell bildet alle dafür relevanten Größen ab und ermöglicht es, Ursache und Wirkung der Vertriebsarbeit präzise zu beschreiben.**

X. Das Wesentliche im Rück-Blick

Der **Balanced Scorecard-Ansatz** als modernes Management- und Controllingsystem hilft dem Betrachter, den Zukunftswert eines Unternehmens einzuschätzen. Dazu werden auch nicht-finanzielle Steuerungsgrößen eingesetzt, die sich unter anderem an den internen Prozessen orientieren. Verkaufsprozesse sind deshalb ein wichtiger Teil in diesem Ansatz, weil sie helfen, den Vertrieb systematisch zu durchleuchten. Insofern sind sie auch Bestandteil einer übergeordneten Unternehmens-Scorecard.

Verkaufsprozesse wiederum erfolgreich umzusetzen, verlangt nach geeigneten **Steuerungsinstrumenten** sowie **qualifizierten Führungskräften**, welche die Mitarbeiter situativ begleiten und motivieren. Um ihrem Auftrag gerecht zu werden, müssen die Manager deutlich mehr Zeit in die Führung ihrer Mitarbeiter investieren, als in die eigene Betreuung von Kunden. Das ist aktuell in der Praxis eher nicht der Fall. Dort agieren die Verkaufsleiter oft genug als »Oberverkäufer«, weshalb ihre Mitarbeiter dann die gewonnenen Freiräume nach eigenen Vorstellungen ausgestalten. Führungskräfte sollten aber **Promotoren** sein, um Strategien mit Hilfe der Verkaufsprozesse umzusetzen. Deshalb müssen sie auch besser motivieren als selber verkaufen können. Um mögliche Fehlentwicklungen frühzeitig zu erkennen und gegenzusteuern, sind qualifizierte und verdichtete Informationen erforderlich. Ohne eine professionelle Technologie ist die komplexe Arbeit mit Prozessen nicht möglich. Dazu ist die Zahl der zu verarbeitenden Daten durch die zunehmende Internationalität, die Ausrichtung auf Einzelkunden und die Konzentration der Märkte zu komplex.

An präzisen und differenzierten **Zielen** können sich Verkäufer orientieren. Sie geben die Aufgaben vor, die von ihnen erledigt werden müssen, um eine Strategie umzusetzen. Verkaufsprozesse bieten ihrerseits zahlreiche Hilfen wie **Erfolgsquoten-, Aktivitäts- und Meilensteinziele**, wodurch etwa die Kapazitäten im Vertrieb zum Schutz der Mitarbeiter realistischer und präziser geplant werden können. Insgesamt gilt: Je genauer die Zielvorgaben, umso besser wird die Strategie umgesetzt. Die Arbeit der Verkäufer wird weiterhin von dem jeweiligen **Entlohnungssystem** gelenkt. Verkaufsprozesse bieten die Plattform, um sie nicht ausschließlich an Umsatz und Deckungsbeiträgen ausrichten zu müssen. Werden etwa Aktivitäten, Meilensteine und Erfolgsquoten als variable Bemessungsgrundlagen herangezogen, kann der kurzfristige Aktionsradius der Mitarbeiter verlängert werden. Die erforderliche Qualität lässt sich bei den Mitarbeitern im Verkauf wiederum durch **ein prozessorientiertes Training** aufbauen. Dadurch orientiert es sich an den Aufgaben und Meilensteinen eines Prozesses und beschleunigt damit die Umsetzung. Ordnet man nun die vorgestellten Steuerungssysteme in einen Kontext mit den Verkaufsprozessen und berücksichtigt dabei noch die Struktur und Organisation der Prozesse kann man erkennen, mit welchen Vorgehensweisen bestimmte Ergebnisse erwirtschaftet werden, wo es Abweichungen von den Zielen gibt und welche Konsequenzen das aktuelle Vorgehen für die Zukunft hat. Werden nun noch die **VKF-Aktionen** prozessorientiert gestaltet, werden die angestrebten Ziele schneller erreicht.

Teil 5
Blick in die Zukunft: Ausgewählte Megatrends im Vertrieb und die Rolle der Verkaufsprozesse

Überblick zu den einzelnen Kapiteln des Buches   Teil 5

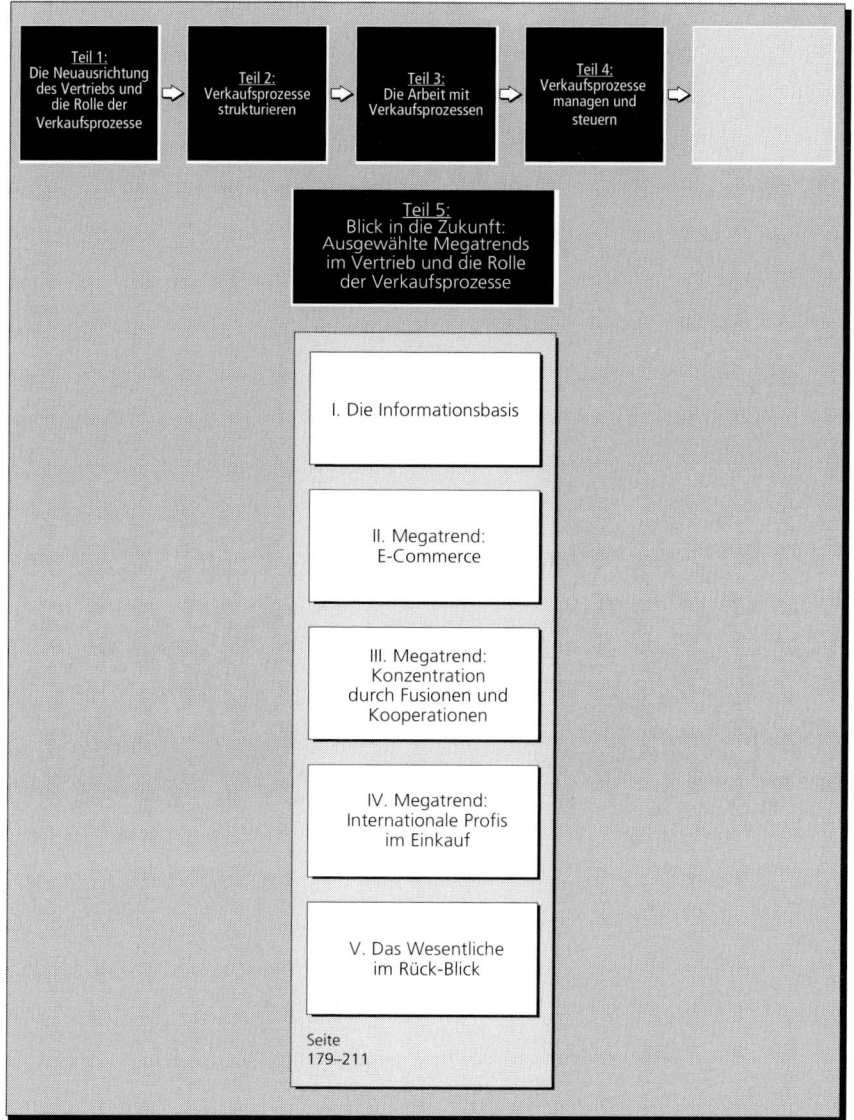

Teil 1:
Die Neuausrichtung des Vertriebs und die Rolle der Verkaufsprozesse

Teil 2:
Verkaufsprozesse strukturieren

Teil 3:
Die Arbeit mit Verkaufsprozessen

Teil 4:
Verkaufsprozesse managen und steuern

Teil 5:
Blick in die Zukunft: Ausgewählte Megatrends im Vertrieb und die Rolle der Verkaufsprozesse

I. Die Informationsbasis

II. Megatrend: E-Commerce

III. Megatrend: Konzentration durch Fusionen und Kooperationen

IV. Megatrend: Internationale Profis im Einkauf

V. Das Wesentliche im Rück-Blick

Seite 179–211

In diesem Kapitel werden Fakten **zu drei Megatrends**, die von uns befragte Experten für zukunftsweisend halten (I. Teil) mit ihren Konsequenzen für den Vertrieb beschrieben(I.–IV. Teil). Welche Rolle Verkaufsprozesse spielen, um diese Herausforderung zu meistern, wird dabei als zweiter wichtiger Aspekt diskutiert.

I. Die Informationsbasis

Neben der angesprochenen **grundsätzlichen Notwendigkeit**, mit Prozessen zu arbeiten, fordern einige aktuelle Entwicklungen den Verkauf auf, althergebrachte und liebgewonnene Wege zu verlassen. Dazu Herbert Henzler, Chairman von McKinsey Europe: »*Das Internet bietet jetzt die Möglichkeit, den Vertriebs- und Marketingaufwand, der im Durchschnitt 30% der Gesamtkosten ausmacht, drastisch runterzufahren.*«

Mit welchen Trends wird der Vertrieb zukünftig zu rechnen haben? Welche Rolle spielen dabei Verkaufsprozesse? Die wichtigsten Entwicklungen sind nachfolgend über das Internet, mit Hilfe einer aktuellen Delphi-Studie des Bundesministeriums für Bildung, Wissenschaft, Forschung und Technologie (BMBF) sowie ausgewählter Vertriebs- und Marketingexperten ausgewertet worden. Herausgekommen sind **drei Megatrends**. Sie werden für den Vertrieb von unseren Gesprächspartnern als richtungsweisend eingeschätzt.

Schon allein deshalb, weil wir alle immer rascher **nicht** wissen, was wir in Zukunft wissen werden, wir lediglich wissen, dass die **Innovationsdynamik** noch zunehmen wird, lassen sich **keine sicheren Prognosen** formulieren. Gegenwart und Zukunft theoretisch zu verbinden, erfordert, Trends zu beobachten. Trends sind Vorgänge, die eine Richtung haben, aber kein definierbares Ziel. Der Satz des Zukunftsforschers Gerd Gerken »*ein echter Trend ist ein kollektiver Glaube*«, versteht sich in diesem Sinne. Gleichwohl zeichnet sich die Beobachtung und Beschreibung von Trends, wie sie unsere Experten anbieten, durch eine beträchtliche Empirie-Nähe aus. Die vorgestellten Trends zeigen dem Leser immerhin, wie groß der Veränderungsdruck insgesamt ist und wie sehr er speziell auch auf dem Vertrieb lastet. Sicher ist auch, dass die Analysen gegenwärtig zu beobachtender Trends helfen, sich auf zukünftige Szenarien einzustellen und vorzubereiten. Darüberhinaus gilt: »*Jeder Trend hat klein angefangen. Je früher wir uns auf ihn* *einstellen, desto besser können wir auf dieser Welle reiten und desto weniger laufen wir Gefahr, von dieser Welle erschlagen zu werden.«* (Joseph Scheppach)

II. Megatrend: E-Commerce

1. Fakten und ihre Konsequenzen für den Vertrieb

(1) Fakten

Einer dieser Trends, der klein angefangen hat, heute jedoch unumkehrbar ist und mit großer Wucht global abläuft, ist die digitale **Netzverdichtung**. Das Internet revolutioniert die wechselseitige Abhängigkeit vom räumlichen und zeitlich entfernten Anderen. *»Das Internet ist die am schnellsten wachsende Struktur, die je vom Menschen geschaffen wurde.«* (Prof. Rudolf Beyer, Institut für Informatik der TU München) **Oder:** *»Das Internet wird der zentrale Marktplatz, wo wir einkaufen, verkaufen, uns informieren und wo wir investieren«* (Bill Gates). Ganesh Ramakrishman wurde bis vor kurzem belächelt, als der junge Gründer des New Yorker Start-ups Gobi Inc. Computer verschenkte. Die Idee, die er verfolgt, ist simpel und revolutionär zugleich: Wer einen Dreijahres-Vertrag für seinen Internet-Dienst unterschreibt, erhält einen PC mit Monitor und Modem. Der Mann hat die Zeichen der Zeit erkannt und investiert in die Zukunft, die ihm den Return-On-Investment bringen wird.

Keine Frage, das Geschäft über das Netz (**E-Commerce**) ist **aktuell das** Thema. Es herrscht eine Stimmung wie zu Zeiten der Goldgräber. Forrester Research, eine Consulting Firma für die Telekommunikation und das Internet, erwartet eine Explosion des online durchgeführten **Business-to-Business-Handels** von 43 Milliarden US$ 1998 auf eine Trillion US$ im Jahr 2003. Das wären 9% des gesamten Business-to-Business Umsatzes weltweit. Die Bedeutung der Online-Kommunikation für Kundeninformation, Akquisitionsunterstützung oder neue Formen der Kundenkooperation sind darin noch nicht enthalten. *»Ohne Electronic Commerce können 70% der Unternehmen bis zum Jahr 2001 ihre Wettbewerbsfähigkeit verlieren«*, schlagen Experten Alarm.

Zeitgleich entdecken immer mehr Endkonsumenten die Vorteile des **weltweit verfügbaren elektronischen Marktplatzes** für sich. Konsequent rechnet Microsoft-Chef Bill Gates in etwa 15 Jahren mit einer Milliarde Menschen weltweit, die als potenzielle Käufer das Internet nutzen werden. In Deutschland wird übrigens für das Jahr 2002 mit einem Umsatz von 16 Milliarden DM gerechnet. Damit handelt es sich um einen der größten Märkte im E-Commerce überhaupt.

Verwundert sind viele traditionelle Manager darüber, dass etwa ein Unternehmen wie EM-TV an der Börse fast so viel wert ist wie die Lufthansa. Bei vielen Unternehmen scheinen die Aktienkurse in keinem Verhältnis mehr zu den planbaren Erträgen zu stehen. Die Substanz dieser jungen Unternehmen besteht nicht aus Immobilien oder Maschinen. **Vielmehr leben sie von den Erwartungen in die Zukunft und von ihrem Wissen**[7]. Die Business-Pläne von Internet-Firmen sehen anders aus. Wer so viel wert ist, kann sich übrigens jede Substanz, die ein ordentlicher Kaufmann in der Bilanz sehen will, dazukaufen. So werden zur Zeit tollkühne Szenarien diskutiert: Wann kauft Amazon.com die Metro oder E-Bay einen deutschen Stromkonzern? Alles scheint möglich. Andy Grove, der ehemalige Chef der Firma Intel, fasste in einem Interview die Stimmung der Online-Pioniere zusammen, als er nach er nach dem Return-on-Investment des Online-Engagements seiner Firma gefragt wurde: *»Was mein ROI im elektronischen Handel ist? Sind Sie verrückt? Das ist wie Kolumbus in der neuen Welt. Wie war sein ROI?«*

Aber nicht nur die sogenannten »**Start ups**«, also die ganz neuen, »nicht sichtbaren Unternehmen«, revolutionieren die Marktverhältnisse. Immer **mehr etablierte Unternehmen** erkennen die Chancen des E-Business und erklären ihre eigene Internet-Aufrüstung zur Vorstandssache. Von ganz oben werden ausreichend Ressourcen zur Verfügung gestellt. Inzwischen zählen Adressen wie Babcock Borsig, Bertelsmann, die Commerzbank, die Deutsche Bank, die Metallgesellschaft oder die Post AG zu den E-Champions im Land. Parallel bündeln Automobilhersteller ihren Einkauf. Das jüngste Beispiel dazu liefern Daimler-Chrysler, Ford und GM, die mit ihrem Gemeinschaftsunternehmen im Internet einen gigantischen Marktplatz bilden, der Einsparungen in Milliardenhöhe bringen soll (FAZ, 26. Februar 2000).

 Aus welchen Gründen drängen also neue und auch etablierte Unternehmen mit Macht ins Internet? Erwin Staudt, Deutschland-Chef von IBM bringt es auf eine einfache Formel: *»Ein Computer für 2500 DM und ein Telefon reichen aus, um global ins Geschäft zu kommen.«* Und: *»Es ist im Internet-Zeitalter sehr viel effektiver, Bits reisen zu lassen als Menschen.«* Mit dem Internet lassen sich konkrete Kostenvorteile realisieren. So erkennen Volkswirte es als eine Triebfeder für den Aufschwung in Deutschland an. Es wird die Kosten in Verwaltung und Vertrieb deutlich senken. Kostet laut Fachverband Informationstechnik im VDMA und ZVEI der Erstkontakt zu Kunden auf konventionellen Wegen über Anzeigen oder Mails rund 300 DM, liegen im Internet die Kosten bei unter zehn DM. Eine konventionelle Banküberweisung schlägt mit drei Mark effektiven Kosten zu Buche, eine Telefonüberweisung kostet im Schnitt immer noch 1,30 DM, per Internet sind es nur noch 30 Pfennig.

---

7 Dieses Phänomen haben wir bereits im Kontext mit der Balanced Scorecard erwähnt (vgl. S. 135 ff.).

Auch die Zahl der unnötigen Reisen wird sinken. E-Mail, Diskussionsforen und Videokonferenzen über das Internet verbessern gleichzeitig die Kontaktintensität und die Arbeitseffizienz von (virtuellen) Meetings. Insgesamt lässt sich die Produktivität erheblich steigern, was gerade für den Vertrieb ja ein brisantes Thema ist. Neben der konkreten Möglichkeit Kosten zu senken, gibt es die inzwischen immer wieder genannten Vorteile wie **24 h-Service, weltweiter Zugang, Schnelligkeit** und **die Interaktivität**. Damit stellt sich für jedes etablierte Unternehmen die Frage, wie das Internet insgesamt genutzt werden soll und wie es speziell in den Vertrieb zu integrieren ist.

(2) Die Konsequenzen für den Vertrieb

1. Konsequenz: Substitution traditioneller Vertriebskanäle. Das Internet scheint Freund und Feind zugleich zu sein. Folgt man dem Bericht des European Communication Council (ECC), einer von der EU unabhängigen, privat investierten Forschungsgruppe, sind vor allem Händler, Distributoren oder Marktveranstalter wie Börsentreiber oder Auktionäre gefährdet, überflüssig zu werden. Traditionelle Formen des Handels, der Distribution und des Vertriebs geraten in jedem Fall in einen noch schärferen Preis- und Kostendruck. Wie das Internet die traditionelle Handelslandschaft verändert, zeigt Abbildung 66. Firmen wie der Computerbauer Dell klinken sich ganz aus den traditionellen Vertriebskanälen aus und setzen konsequent auf den direkten Vertrieb. Aber nicht nur Lieferanten umschiffen den klassischen Handel. Es entstehen ebenso neue Handelsformen. Das populärste Beispiel dazu ist der elektronische Buchhändler Amazon.

2. Konsequenz: Multi-Channel-Anbieter: Andere Unternehmen entwickeln neben ihren traditionellen Distributionskanälen E-Commerce als einen weiteren Absatzkanal. Nicht selten entstehen dadurch Konflikte mit Mitarbeitern (!) und mit Kunden, wenn nicht nachvollziehbar nach Produkten oder Leistungen getrennt wird. Nicht umsonst werden immer häufiger anfängliche E-Commerce-Abteilungen in eigene Online-Töchter ausgelagert. Ein Beispiel dafür liefert etwa die Post mit ihrem neuen E-Commerce-Services (ECS).

3. Konsequenz: Integration des Internet in bestehende Prozesse: Den nützlichen »Helfer Internet« bei Teilaufgaben von Verkaufsprozessen haben wir ja bereits in Teil 4 vorgestellt (vgl. S. 135 ff.). Hier bieten sich Chancen, etwa den Außendienst zu entlasten und für verkaufsaktive Aufgaben einzusetzen. Alcatel, Fujitsu Siemens, RWE und viele andere haben diesen Ansatz gewählt.

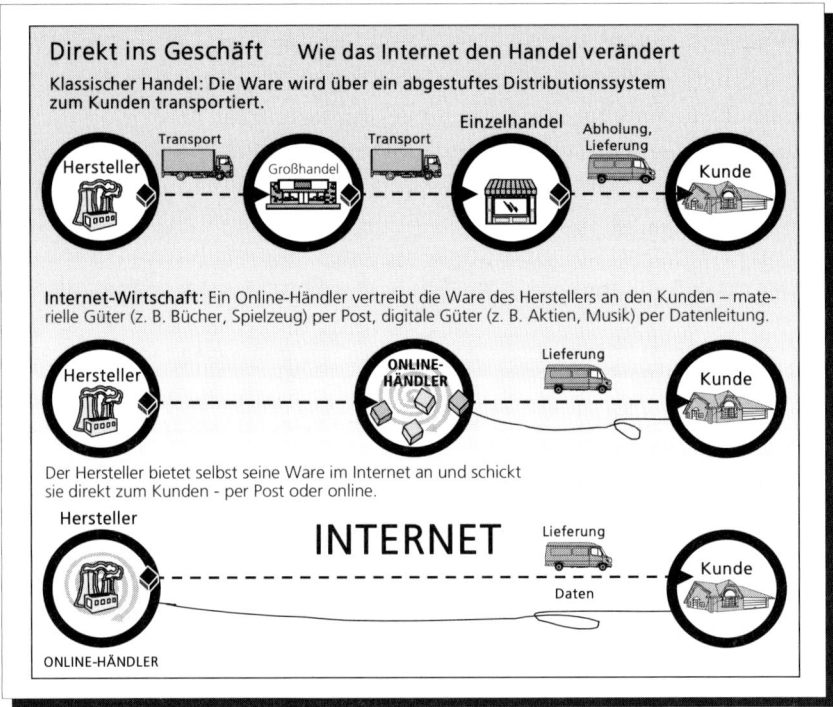

Abb. 66: Wie das Internet den Handel verändert

Quelle: Der Spiegel 3/2000

 4. Konsequenz: Druck und neue Anforderungen für den klassischen Verkäufer: Der klassische Außendienst-Mitarbeiter wird sich ebenso wie sein Kollege im Innendienst von den Routinejobs verabschieden dürfen (?) oder müssen. Daraus entwickelt sich ein neues Aufgabenspektrum. Teure Verkaufskapazitäten werden dort eingesetzt, wo die größten **Ausbau-Potenziale** im Markt liegen. Damit verändert sich das Jobprofil des Verkäufers entscheidend. Marketing und Vertrieb richten sich im Internet-Zeitalter immer weniger auf den anonymen Massenmarkt und immer stärker auf den individuellen Kunden aus. Das erhöht die Anforderungen. Abwicklungsaufgaben, ein Betätigungsfeld in dem viele Außendienst-Mitarbeiter in der Vergangenheit einen Großteil ihrer Zeit investiert haben, werden immer stärker standardisiert und von elektronischen Systemen übernommen. Vergleichbar mit der Automatisatisierung in der Produktion. Dadurch werden zwangsläufig auch Arbeitsplätze im Vertrieb überflüssig. **Qualität statt Quantität im Vertrieb** ist das Motto mit Zukunft. Allen Veränderungen zum Trotz wird auch in der Zukunft allein der Markterfolg den jeweiligen

Unternehmenswert steigern. Dazu müssen Marktanteile gewonnen und Gewinne verbessert werden. Schon deshalb wird der persönliche Verkauf immer eine wichtige Rolle spielen. Ein weiteres wichtiges Argument liegt in seiner **Einzigartigkeit**. Stärken der im Verkauf aktiven Menschen lassen sich kaum nachahmen und werden damit immer stärker zu **wichtigen Wettbewerbsvorteilen**. Wer will sich die schon nehmen lassen?

FOKUS

1. **E-Commerce ist der Megatrend. Experten schätzen, dass die Entwicklung gerade mal am Anfang steht.**

2. **Der Veränderungsdruck, der durch den elektronischen Handel auf den Vertrieb zukommen wird, ist enorm. So werden in Zukunft Vertriebskanäle substituiert und vor allen Dingen standardisierbare Aufgaben ersetzt werden. Der Einsatz des persönlichen Verkaufs wird noch stärker auf Sinn und Ergebnis geprüft werden. Der Verkäufer kann seinen Job nicht mehr interpretieren, wie es ihm beliebt.**

3. **Die Einzigartigkeit des Verkaufs lässt sich andererseits nicht kopieren.**

2. Die Rolle der Verkaufsprozesse

Vor diesem Hintergrund wird klar: E-Commerce beeinflusst die Vertriebsarbeit erheblich. Folgende Varianten sind denkbar und wirken sich in unterschiedlicher Weise aus:

- **Variante 1**: das völlig neue Unternehmen mit entsprechend vollständig neuen Wertschöpfungsketten (**Pure Player**). Es handelt sich um neue Unternehmen, die meistens als Händler im Netz, selten als Produzenten, auftauchen (Ausnahme: Dell Computer).

- **Variante 2**: zusätzlicher Vertriebskanal parallel zu den bereits bestehenden (**Multi-Channel-Anbieter**). Zur Zeit werden 72% aller Online-Umsätze durch Multi-Channel-Anbieter realisiert.[8]

- **Variante 3**: die Übernahme einzelner Aktivitäten innerhalb eines Verkaufsprozesses durch Internet-Lösungen (**Verbessern bestehender Verkaufsprozesse**).

Variante 1: Pure-Players können ihre Erwartungen mit konkreten, in die Zukunft gerichteten (Verkaufs-) Prozessen so präzise formulieren, dass potenzielle Kapitalgeber leichter zu überzeugen sind, ihr Geld auch tatsächlich zu investieren. Wer Prozesse einsetzt, macht das Risiko nachvollziehbarer und überschaubarer. Das vermittelt mehr **Sicherheit**. Denn die überwiegende Mehrheit der Firmen mit dem magischen Zusatz »de« oder »com« hat noch nie eine Mark Gewinn erzielt. Ihre Hoffnungen beruhen alleine darauf, heute die Claims im weltweiten Netz abzustecken. Aktienkurse sind aber nichts anderes als ein heute gezahlter Preis für künftige Gewinne eines Unternehmens.

Darüber hinaus gilt: Jedes Unternehmen, ob etabliert oder neu, muss Kunden betreuen, ausbauen und neue hinzugewinnen. Die Schnittstelle zum Markt ist das wichtigste Aktivum in der Bilanz der Start up's. Diese Regel gilt gerade beim Geschäft mit dem Internet. Wie sie eingehalten wird, muss dem Investor schnell transparent werden.

 Die sprichwörtliche Internet-Geschwindigkeit, ein Geschäftsjahr verkürzt sich auf wenige Monate (zumal Internet-Unternehmen ihre Historie ebenfalls in Monaten messen), fordert klare Vorgehensweisen, um nicht im Chaos zu enden. Je weniger Zeit verfügbar ist, umso besser muss sie **organisiert** sein. Folglich müssen Pure-Player sich überlegen, wie sie die Erwartungen, die in sie gesteckt werden, auch tatsächlich schnell und damit strukturiert realisieren können. Da sie beim Nullpunkt starten und schnell wachsen müssen, werden sie sich zu allererst auf die neuen Kunden (**Ausbauprozess**) konzentrieren, dann müssen sie stabilisiert (**Basisverkaufsprozess**) und zu guter letzt ausgebaut werden (z.B. über Cross Selling, Neue Produkte, usw.). Also muss systematisch geklärt werden:

- Wie können **neue Kunden** im Netz erreicht, angesprochen und gewonnen werden? Dazu muss es gelingen, potenzielle Kunden auf die eigene Webside zu bringen. Dies funktioniert über den **Vorverkauf** durch Werbung. Die dramatische Konsequenz ist nur, dass die Pure-Player einen großen Teil ihres bisherigen Umsatzes dorthin investieren müssen. Die in

---

8   Ergebnisse einer Studie von Boston Consulting 1999.

der bereits erwähnten Internet-Studie befragten Unternehmen geben bis zu 60% ihres Umsatzes dafür aus. Dieses Vorgehen kostet viel Geld, weil es wiederum Zeit und Durchhaltevermögen erfordert, eine Marke aufzubauen und zu etablieren. Die Besucher von Pure Player kommen in starkem Maße über Portale und Suchmaschinen, und über internet-spezifische Instrumente wie Banner Ads und Links. Folglich fließt hier ein großer Teil der Budgets hin.

- Wie können **die gewonnenen Kunden gehalten** und das Geschäft mit ihnen **ausgebaut** werden? Die Abwicklungsaufgaben des Basisverkaufsprozesses werden bei Online-Kunden zu über 60% über E-Mails erledigt. Benötigt werden dafür Mitarbeiter, die E-Mails auf Anbieter-Seite bearbeiten. Damit verzichtet man zwar auf die Vorteile des persönlichen Kontakts, reduziert allerdings die Prozesskosten erheblich. Vollständig werden die Pure-Player natürlich ihre Kundenkommunikation auch nicht automatisieren. Folglich wird etwa über Call Center auch ein direkter Kontakt mit Kunden stattfinden, um Anfragen zu klären und grundsätzlich zu informieren. Hier bietet sich dann die Möglichkeit, **aktiv zu verkaufen**. Dazu können die Mitarbeiter die bekannten Ausbauprozesse forcieren (direkter Verkauf) oder über das Telefon Hinweise zu neuen oder anderen Produkten geben (Vorverkauf). Der Kunde erhält den Kaufimpuls über den persönlichen Kontakt (**Überzeugen**) und vollzieht den Kauf im Netz. Um den Netz-Besuch des Kunden mit dem Call Center zu verbinden, wird mit **Call-me-back-Buttons** gearbeitet. Werden sie durch den Kunden angeklickt, meldet sich ein Mitarbeiter sofort oder zu dem gewünschten Zeitpunkt.

Variante 2: Multi-Channel-Anbieter. Etablierte Unternehmen, die ihre Produkte über mehrere Kanäle und dabei auch über das Internet, verkaufen, balancieren immer zwischen der **Chance**, die ihnen das Internet als Vertriebskanal bietet, und dem **Risiko**, den traditionellen Umsatz zu gefährden. Um diesen strategischen Konflikt zu lösen, unterstützen Verkaufsprozesse. Sie zeigen, wie der Online- auf den Offline-Vertrieb wirkt und umgekehrt (vgl. Abb. 67)[9]. Dazu muss herausgefunden werden, inwieweit das eigene Unternehmen vom E-Commerce betroffen sind.

---

9 Fragen zur Internet-Betroffenheit beantwortet E-Commerce-Spezialist Frank Herbertz: herbertz_frank@mercurl-international.de.
Einen entsprechenden Fragebogen finden Sie in der Anlage.

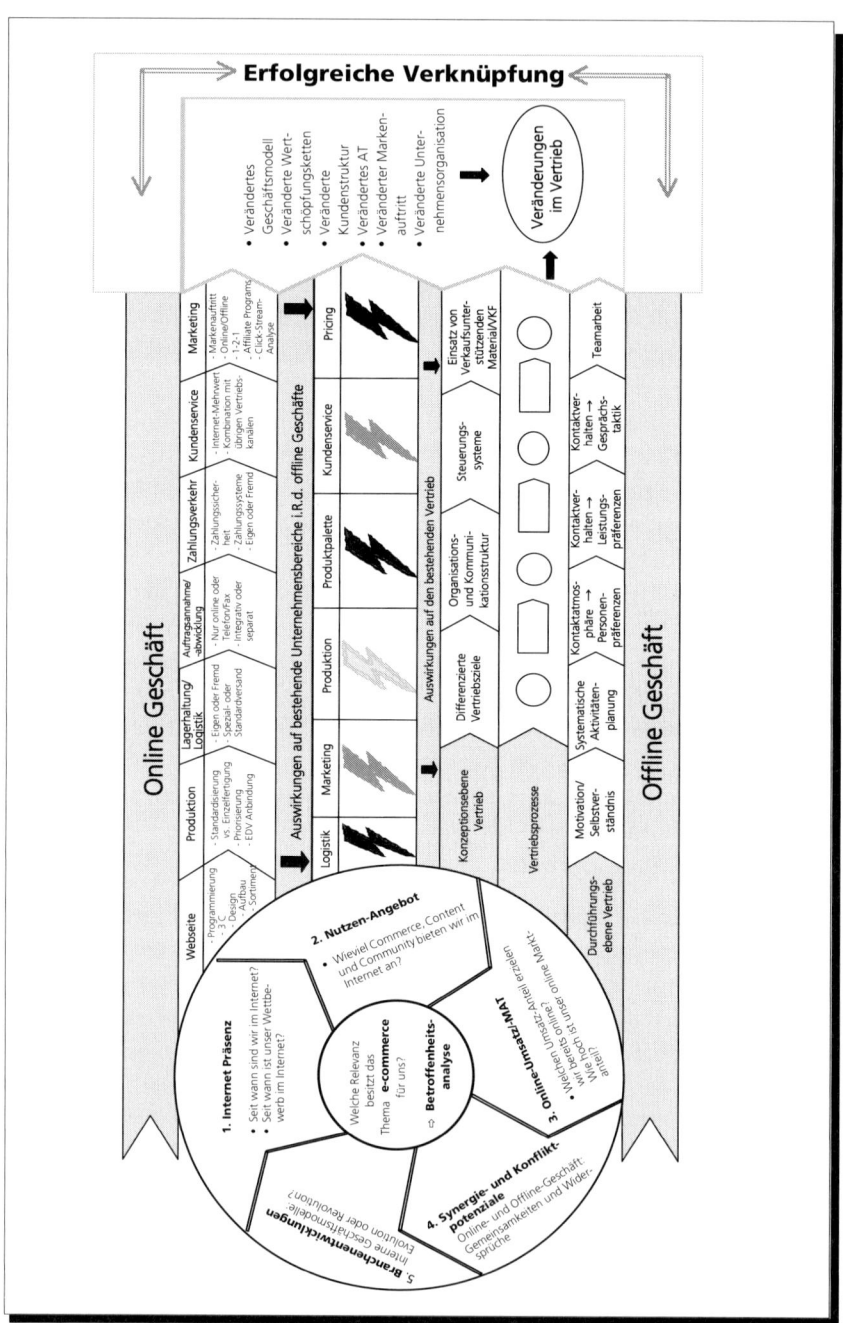

Abb. 67: Wie das Internet Verkaufsprozesse beeinflusst

Quelle: Frank Herbertz

Auch hier geht es wieder darum, Vertriebsziele zu realisieren und die vorhandenen Kapazitäten optimal zu nutzen. Zur Zeit kaufen weniger als 20% der Kunden von Multi-Channel-Anbietern über das Internet. Sie gehen eher die traditionellen Wege. Soll sich das aus Sicht des Anbieters ändern, kann der Bedarf mit Hilfe der folgenden Checkliste geklärt werden.

- Welcher Kunde soll über welchen Vertriebskanal mit welchen Produkten in welchem Umfang bedient werden?
- Lassen sich ganz neue Kundengruppen gewinnen?
- Welche Konflikte können dabei auftreten (z.B. Verärgerung von Handels-Partnern)?
- Wie können die Zielkunden dazu motiviert werden, über einen anderen Kanal einzukaufen?
- Wie lässt sich der persönliche Verkauf dazu nutzen, etwa kleinere Kunden auf ihre Vorteile aufmerksam zu machen, wenn sie etwa das Internet nutzen (Schnelligkeit, Kosten, etc.)?
- Welchen Ergebniseinfluss hat der neue auf die Ergebnisse des traditionellen Vertriebskanals (möglicherweise werden Umsätze substituiert)?
- Welche konkrete Nutzen entstehen für den Anbieter und den Kunden (z. B. Kostenersparnis)?
- Wie sollen die Vertriebskanäle zusammenarbeiten (z. B. Ausprobieren, Vorbereitung der Kaufentscheidung in stationären Läden/Orten, der eigentliche Kauf über das Internet)?

Checkliste 9: Welche Rolle kann das Internet spielen?

Verkaufsprozesse helfen diese Fragen systematisch zu lösen, sorgen für die erforderliche Transparenz und helfen die Kapazitäten genauer zu kalkulieren und einzusetzen.

Wer die Verkaufsprozesse oder die Aktivitäten eines Prozesses als Multi-Channel-Anbieter in das Internet verlagern will, profitiert zudem von der Bekanntheit durch die traditionellen Vertriebskanäle. Auch deshalb geben Multi-Channel-Anbieter wesentlich weniger für die Werbung aus, zumal ein Großteil der Webseiten-Besucher durch die Direkteingabe der Internet-Adresse zu ihnen gelangt. Mit anderen Worten: Es bietet sich die Chance, bereits vorhandene Kunden, die jetzt über einen neuen Vertriebskanal betreut werden, zu halten und gezielt auszubauen. Für sie können innerhalb des Basisverkaufsprozesses auch viele Abwicklungsaufgaben über das Internet erfolgen, wenn das akzeptiert wird. Aber auch bei den Ausbauprozessen können sie zukünftig über das Netz betreut werden. Je stärker der Vorverkauf über die Bekanntheit der Marke bereits erfolgt ist, umso weniger muss der Anbieter in die aktive Überzeugungsarbeit, etwa durch Verkäufer, investieren. Umgekehrt erhöht sich der Aufwand proportional, bei weniger bekannten Unternehmen. Je stärker wiederum der neue Vertriebskanal als völlig selbstständige Einheit aufgebaut wird, die sich möglichst wenig mit den traditionellen Vertrieb überschneiden soll, umso mehr gelten die Regeln des Pure Players. Ganz wichtig ist es, den Kunden die Vorteile des Netzes zu vermitteln. Der klassische Außendienst als bisherige persönlicher Kontakt zum Kunden ist dafür kaum geeignet, weil er sich sonst »den Ast absägt, auf dem er sitzt.«

Variante 3: Auch um **bestehende Verkaufsprozesse zu verbessern,** kann das Internet genutzt werden. Für welche Teilaufgaben das in den einzelnen Verkaufsprozessen grundsätzlich in Frage kommt, ist in Teil 4 ausführlich beschrieben worden. Als Beispiele, kurz noch einmal ins Gedächtnis gerufen, seien die Bestellannahme oder der After Sales Service genannt.

In allen drei angesprochenen Varianten muss der Anbieter seine Ergebnisse auswerten. So muss er wissen,

- wieviel Umsatz er insgesamt realisiert hat,

- wieviel davon auf die verschiedenen Vertriebskanäle entfällt,

- mit welchen Kunden und Produkten (pro Kanal), die Ergebnisse erzielt werden,

- was den Umsatz ausgelöst hat (welcher Verkaufsprozess dafür verantwortlich ist).

Nicht zuletzt im Online Geschäft tun sich viele Anbieter mit solchen Kennzahlen schwer. Gerade auch weil sie anfänglich keine Umsätze, sondern Erwartungen produzieren sollen. So wissen nur 32% der befragten Unternehmen, wie viel Besucher sie auf der Webseite pro Jahr haben. Gerade mal 23% kennen die Anzahl der Wiederholungskäufer.[10] Aber auch im Internet gilt: Langfristig ist nur erfolgreich, wer weiß, warum er erfolgreich ist. Irgendwann müssen die Erwartungen in konkrete Ergebnisse münden. Verkaufsprozesse bringen auch Licht ins Online-Dunkel.

---

10 Zahlen stammen aus der bereits angesprochenen Boston Consulting Studie.

FOKUS

1. **Das Internet beeinflusst in erheblichem Maß den Vertrieb. Der Grad der Betroffenheit hängt von der Absicht ab, das Netz zu nutzen. Mit dem ausschließlichen Verkauf (Pure Player), den Multi-Channel Anbieter und der Nutzung für einzelne Verkaufsaktivitäten sind drei Varianten denkbar.**

2. **Da alle Varianten helfen sollen zu verkaufen, spielen auch die Verkaufsprozesse eine wesentliche Rolle.**

III. Megatrend: Konzentration durch Fusionen und Kooperationen

1. Fakten und ihre Konsequenzen für den Vertrieb

(1) Fakten

 Übernahmen und Fusionen haben Konjunktur. Das spürt auch der Vertrieb. Weltweit schließen sich Großunternehmen zu noch größeren Konzernen zusammen. Einige Beispiele verdeutlichen, dass kein Zusammenschluss mehr undenkbar ist: In **Deutschland** waren Thyssen und Krupp, in den **USA** der Kauf der Telefongesellschaft MCI durch den Konkurrenten Worldcom für 30 Milliarden DM in aller Munde. Der größte deutsche Konzern Daimler-Benz und der amerikanische Autohersteller Chrysler haben sich ebenso zu einem Industriegiganten zusammengeschlossen wie die Deutsche Bank und Bankers Trust, Exon Mobil und BP, Amoco und UBS oder die Hypo mit der Vereinsbank, Ford und Volvo sowie AOL/Time Warner. Weitere Spekulationen kursieren nach der gescheiterten Fusion zwischen der Deutschen und der Dresdner Bank in der Bankenwelt, auch VIAG und VEBA planen »Großartiges«. Es lassen sich inzwischen auch Tausende von nicht so spektakulären Fällen nennen, die für die Betroffenen mindestens ähnlichen Einfluss haben.

Auch die Anzahl und der Wert von **Allianzen**, also den losen Verbindungen zwischen Unternehmen, die sich nur auf einzelne Geschäftsfelder oder Projekte beziehen, steigt jedes Jahr um ein Drittel. Bis 2004 werden solche Kooperationen ein Volumen von 25 bis 40 Billionen Dollar erreichen. Diese unfassbare Summe zeigt, wie wichtig Kooperationen inzwischen sind.

Was veranlasst Unternehmenslenker dazu, ihr Heil verstärkt im Schulterschluss mit Konkurrenten oder Partnern aus ganz anderen Branchen zu suchen? Inzwischen belegt eine Vielzahl von Studien, dass Fusionen selten einen zusätzlichen Shareholder Value schaffen und jede 2. scheitert. Auch bei 61% aller Allianzen bleibt der gewünschte Erfolg aus. Zumindest behauptet dies eine Untersuchung der Beratung Andersen Consulting.

Die Schmalenbach Gesellschaft stellte anlässlich des 53. Deutschen Betriebswirtschafter-Tages mit dem Thema Management von Akquisitionen ebenfalls nüchtern fest: »*In vielen Zusammenschlüssen muss eher das Ergebnis eines Modetrends, denn einer kühlen, rationalen Abwägung gesehen werden.*« Es scheint also Zwänge zu geben, denen sich die Marktteilnehmer nur schwer entziehen können.

Ein Blick hinter die Kulissen zeigt: Zunächst drückt die **Globalisierung**. 400 Top-Vorstände äußerten in Interviews, dass der internationale Wettbewerb zu größeren Einheiten zwingt. So sind durch Liberalisierung und Deregulierung in den letzten Jahren ehemals nationale Märkte zusammengewachsen. Die EU ist nur ein Beispiel von vielen. Weiterhin lassen sich durch moderne Technik – Computer und Telekommunikation voran – Zeit und Raum ohne Probleme überwinden. Die Transaktionskosten dafür sind rapide gesunken. Wer gestern noch über eine respektable Stellung in einem angestammten Heimatmarkt verfügte, sieht sich dadurch heute einer schnell wachsenden Zahl von Wettbewerbern gegenüber. Um die eigene Stellung im Markt zu behaupten, so scheint es, benötigt man eine bestimmte Größe und vor allen Dingen die damit **verbundene Finanzkraft**. So investieren inzwischen viele Unternehmen Milliardenbeträge, um die **Rationalisierungsmöglichkeiten** der neuen Informations- und Kommunikationstechnologien überhaupt nutzen zu können.

Gestiegene **wirtschaftliche Risiken** in vielen Branchen wie etwa der Pharmaindustrie erhöhen ebenfalls den Fusionsdruck. So sind die Entwicklungskosten für einzelne Arzneimittel dramatisch gestiegen. Zugleich wird es selbst für die Experten immer schwieriger, die Chancen eines neuen Medikaments richtig einzuschätzen. Geteiltes Leid ist sprichwörtlich halbes Leid. Kleinere Unternehmen stoßen bei den erforderlichen Investitionen schnell an ihre Grenzen.

Fusionsfördernd wirkt darüber hinaus **der Zwang, Gewinne zu maximieren**. Er verbirgt sich in der Managementformel **Shareholder Value**. Scheinen die Möglichkeiten zur Rationalisierung im eigenen Unternehmen ausgeschöpft, verspricht der Kauf eines anderen Anbieters mehr Gewinn. Synergieeffekte sollen genutzt werden, etwa indem Produktion oder Marketing und Vertrieb gemeinsam erfolgen. Erleichtert werden die Einkaufstouren außerdem durch niedrige Zinsen am Kapitalmarkt.

Am Beispiel der deutschen Bankenlandschaft lässt sich erklären, wie wenig Spielraum den Konzernlenkern letztlich bei ihren Überlegungen bleibt. So meint der Vorsitzende der Geschäftsführung der J. P. Morgan Deutschland, Claus Löwe, dass . . .»*ohne einen Konzentrationsprozess in der deutschen Bankenbranche die hiesigen Geldinstitute im internationalen Vergleich noch weiter zurückfallen*«. Die Kostenstruktur im Filialgeschäft scheint offensichtlich zu teuer. Außerdem müssen die nationalen Banken in die **neuen Informationstechnologien investieren**, um zukünftig wettbewerbsfähig zu werden. Weiterhin verlagert sich das klassische Bank(kredit)geschäft verstärkt zum Investmentbanking. Es erscheint hier extrem schwierig, in kurzer Zeit konkurrenzfähig zu werden. Alleine schon aus einem jungen Mitarbeiter mit deutschem Hintergrund einen international erfahrenen Investmentbanker zu machen, kostet viel Zeit. Natürlich lassen sich auch erfahrene Profis am Markt für viel Geld gewinnen, wobei diese Mitarbeiter dann in gewachsene, traditionelle Strukturen zu integrieren sind. Mit gezielten Kooperationen erscheint vieles leichter.

So betrachtet, wird die Vielzahl der Fusionen nachvollziehbar. Jeder Schulterschluss sorgt bei den anderen Marktteilnehmern wiederum für neue Zwänge. Enorm ist auch der psychologische Druck, den Anteilseignern erklären zu müssen, aus welchen Gründen man die Fusion des Wettbewerbers nicht selber angestrebt und vorgeschlagen hat. Zumindest die Gründe für einen Alleingang müssen strategisch nachvollziehbar sein.

(2) Die Konsequenzen für den Vertrieb

Unternehmens-Zusammenschlüsse verändern die Struktur und die Arbeit des Vertriebes. Wie umfangreich diese Veränderungen sind, hängt wiederum davon ab, ob es sich um

– einen vollständigen Zusammenschluss (Absorption),

– eine Teilfusion, also um eine partielle mit Einbeziehung des Vertriebs **oder**

– eine Teilfusion, bei der der Vertrieb unabhängig bleibt, allerdings kooperiert, indem die nationalen Vertriebskanäle bei grenzüberschreitenden Transaktionen genutzt werden, **oder**

– Teilfusionen, die sich überhaupt nicht auf den Vertrieb auswirken,

handelt. Die Gefahr eines jeden Zusammenschlusses: Das neue Unternehmen beschäftigt sich über einen längeren Zeitraum nur mit sich selber und vernachlässigt seinen Markt. Das liegt an der Vielzahl der Herausforderungen, die es schnell zu lösen gilt. Hier ein Auszug der Fragen, die der Vertrieb zu lösen hat (vgl. Checkliste 10):

- Welche Ergebnisse, Kennziffern und Erfolgsquoten wurden in den getrennten Organisationen mit welchen Kapazitäten realisiert?
- Welche Überschneidungen tauchen in der Bearbeitung der Kunden auf?
- Welche Ziele sollen mit dem Vertrieb realisiert werden? Wer soll welche Produkte bei welchen Zielgruppen verkaufen?
- Wie groß soll die Vertriebsmannschaft sein? Welche Kapazitäten werden für welche Aufgaben benötigt?
- Wie soll die Führung im Vertrieb aussehen?
- Wie lassen sich die Steuerungssysteme, also Ziele, Anforderungsprofile, Informationstechnologie, Berichtswesen, Aus- und Weiterbildung, harmonisieren?

Checkliste 10: Vertriebszusammenschlüsse

Damit eine Fusion aber auch die gewünschten Effekte bringt, müssen neben den genannten **vertriebsspezifischen**, noch weitere Aufgaben gelöst werden. So müssen zum Beispiel

- das Sortiment und die Produkte,

- die Produktbezeichnungen, Verpackungen, Codierungen, Stammdaten,

- den gesamten Marketingauftritt (Werbeauftritt, Werbemittel, VKF, Straßenschilder, etc.),

- die Preislisten,

- die technische Dokumentation,

- die Vertriebssteuerungssysteme (Entlohnung, EDV, Anforderungsprofile, Qualifikation, Kunden-/Marktdaten, etc.)

harmonisiert bzw. neu ausgerichtet werden. Sollte es sich darüber hinaus um eine internationale Kooperation handeln, wovon heute fast immer auszugehen ist, wächst die Komplexität weiter. Internationale oder Europa- lösen Landesstrukturen ab. Nationale Kompetenzen, Organisationen, etc. werden durch internationale ersetzt. Kulturelle Unterschiede müssen erkannt und integriert werden. Parallel ist von den Mitarbeitern mehr sprachliche und kulturelle Internationalität zu fordern. Das alles kostet viel Zeit und bindet Kapazitäten. Dadurch wiederum reduziert sich die **aktive Verkaufszeit** im Vertrieb. Umso wichtiger ist es, die überhaupt noch verfügbare Zeit optimal zu nutzen.

Zusätzlich reagieren nicht alle Kunden auf eine Kooperation oder Fusion begeistert oder erkennen für sich einen unmittelbaren Nutzen durch den nun größeren Anbieter. Sie warten manchmal nur auf einen Grund, um sich von dem Lieferanten verabschieden zu können. Schon deshalb müssen die neuen Partner schnell mit Hilfe geeigneter Systeme die Marketing- und Vertriebsarbeit normalisieren und koordinieren. Mitarbeiter, die Fusionen miterlebt haben, beklagen folgerichtig, dass sie kaum mehr Zeit für ihre Kunden haben, da sie in die zahlreichen internen Projekte eingebunden sind.

FOKUS

1. **Die neunziger Jahre werden als Jahrzehnt der Fusionen in die Geschichte eingehen. Dieser Trend zur Konzentration der Unternehmen wird sich fortsetzen.**

2. **Unternehmens-Zusammenschlüsse beeinflussen auch den Vertrieb. So werden z. B. Vertriebsorganisationen konzentriert, um entsprechende Synergien zu realisieren. Dadurch wird die Zahl der Vertriebsmitarbeiter abnehmen, die Verkaufsprozesse werden komplexer und anspruchsvoller.**

2. Die Rolle der Verkaufsprozesse

Verkaufsprozesse helfen sowohl **vor** einer Kooperation bzw. Fusion als auch **bei** der konkreten Durchführung. Das zeigt die Abbildung 68. **Im ersten Fall** werden die möglichen Kandidaten, die kooperieren oder zusammengehen, bewertet. Dabei helfen einmal die etablierten finanziellen Kennzahlen, wie Return on Investment, Umsätze, Erträge, Markanteile, usw., aber auch die Größen, mit denen sich der **Zukunftswert** beschreiben lässt. Wie hat sich das Unternehmen auf die Herausforderungen der Märkte eingestellt? Wie innovativ sind die Produkte, wie qualifiziert die Mitarbeiter? Wie wird das Unternehmen von der Börse oder potenziellen Anlegern gesehen?

Diese Werte lassen sich über die Balanced Scorecard abbilden. Einer ihrer wesentlichen Bestandteile sind **Prozesse** und damit auch die **Verkaufsprozesse**. Sie zeigen, wie ein Unternehmen den Markt bearbeiten will und wo

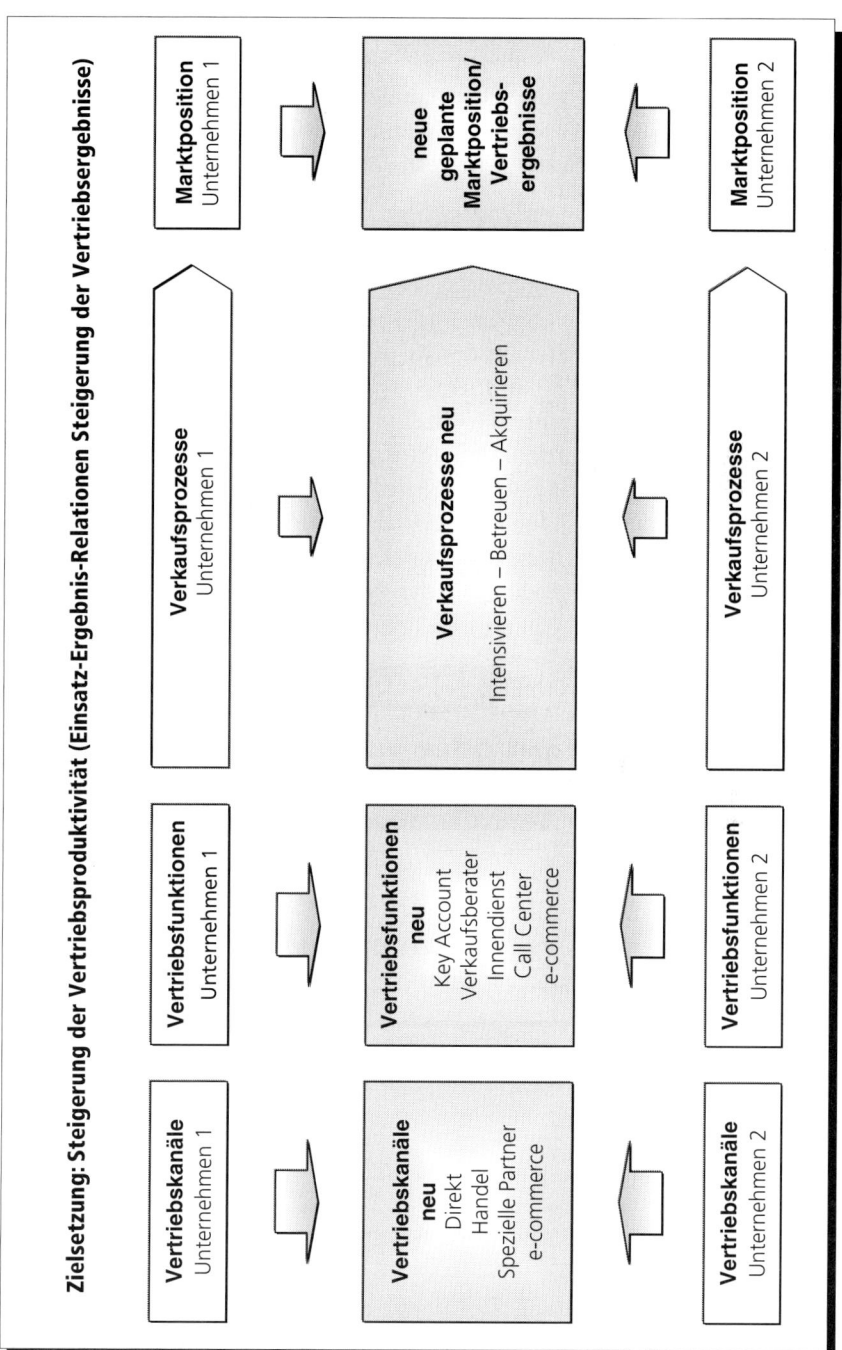

Abb. 68: Verkaufsprozesse und Fusionen

dafür die Erfolgskomponenten liegen. Für jedes Unternehmen ist es wichtig, seine Leistungsstärke nachvollziehbar abbilden zu können. Das Beispiel Mannesmann/Vodafone zeigt: Übernahmen, Kooperationen und Fusionen müssen nicht nur die anderen Unternehmen treffen. Sie können im Gegenteil jeden treffen. Vorzubereiten ist deshalb besser, als hektisch und übereilt nachzubereiten.

Im zweiten Fall geht es um Unternehmen, die Fusion oder Kooperation durchführen müssen. Sie sollten das sehr schnell erledigen, um den Markt nicht aus dem Auge zu verlieren und Kunden zu verprellen (**Außenwirkung**). Auch die Mitarbeiter, in der Regel stark verunsichert und beunruhigt, müssen das Gefühl bekommen, dass die Herausforderungen, die ein Zusammenschluss oder eine »Hochzeit« mit sich bringen, geordnet und nachvollziehbar gelöst werden. Verkaufsprozesse erfüllen diese Anforderungen für den Vertrieb. Mit Hilfe des Sales Audit, dessen Mittelpunkt Verkaufsprozesse bilden, können die vertrieblichen Fragestellungen schneller gelöst werden. Partner einer Fusion oder Kooperation erhalten eine Plattform, die es leichter macht, den Vertrieb zu harmonisieren.

FOKUS

1. **Vor einer Fusion oder vor einer Kooperation helfen Verkaufsprozesse den tatsächlichen Wert der Unternehmen präzise offenzulegen.**

2. **Bei der Abwicklung fällt es leichter, unterschiedliche Vertriebsorganisationen anzupassen. Das spart Zeit.**

IV. Megatrend: Internationale Profis im Einkauf

1. Fakten und ihre Konsequenzen für den Vertrieb

(1) Fakten

Der dritte Trend beschreibt **den Einkauf. Der ist professionell und international geworden.** Experten gehen von einer **totalen Transparenz der internationalen Beschaffungsmärkte** aus. Moderne Informationstechnologien erlauben den kostengünstigen Einkauf rund um die Uhr, an jedem Ort und mit allen erforderlichen Informationen. Damit bietet sich dem Einkauf eine neue Plattform, um die richtigen Entscheidungen zu treffen. Transparente Preise, wegfallende Währungsrisiken und Transaktions- und Währungssicherungskosten erleichtern außerdem den Sprung über den nationalen Einkaufszaun. General Electric zum Beispiel kauft immer mehr Teile via Internet. Ein wichtiges Instrument dabei ist das firmeneigene Trading Process Network (TPN). Mit seiner Hilfe können qualifizierte Lieferanten Produktspezifikationen abrufen und Angebote eingeben. TPN erfordert kaum persönliche Kommunikation und ist im Vergleich zum konventionellen Einkauf außerordentlich kostengünstig.

Andererseits hat sich die **Qualität und vielfach auch die Anzahl der Gesprächspartner** auf Einkaufsseite (Multi Level Selling) weiter deutlich erhöht. Wurde früher der ehemalige Lagerarbeiter in den Einkauf geschickt, so trifft man jetzt den internationalen Global Player, der interdisziplinär mit allen Regionen und Unternehmenssegmenten zusammenarbeitet. Der moderne Einkäufer besitzt technisches Verständnis, hohe soziale Kompetenz und interkulturelle Fähigkeiten, die durch Auslandsaufenthalte erworben wurden.

Permanentes Lieferanten-Scoring, in einigen Branchen schon lange harter Alltag, hat sich schnell etabliert. Der traditionelle Einkauf wird durch das *strategische Beschaffungsmanagment* abgelöst. Die alte hanseatische Weisheit »*im Einkauf liegt der Segen*« wird zielstrebig und systematisch umgesetzt. Es wird vermutet, dass Unternehmen bis zu 15% ihrer Einkaufskosten einsparen können. Voraussetzung dazu ist: sich auf die Kernkompetenzen zu konzentrieren und mehr zu zukaufen, statt selber zu produzieren. Im Vergleich zu 1985 wird der Anteil der externen Wertschöpfung bis zum Jahr 2005 von 30 auf 80 Prozent in den Unternehmen ansteigen. Schon deshalb wird der Einkauf ertragreicher für die Unternehmen.

In Deutschland spielen zur Zeit Konzerne wie RWE, VW oder Daimler/ Chrysler die Vorreiterrolle in der strategischen Beschaffung. In der Pharmaindustrie und im Automobilbau konnten die Kosten im Zeitalter des globalen Einkaufs um bis zu 25% gesenkt werden. Rudolf Schwan, Mitglied des Vorstandes bei RWE, will bei einem jährlichen Beschaffungsvolumen zwischen 30 bis 35 Milliarden DM bis zu 480 Millionen DM einsparen. Der Kunde wird sein Verhältnis zu den traditionellen Lieferanten neu überdenken.

(2) Konsequenzen

1. Konsequenz: Partnerschaft: Nach Verkäufer- und Käufermarkt folgt jetzt der Partnermarkt. Zunächst werden Lieferanten stärker als bisher **gemeinsam** mit dem Kunden denken und handeln müssen. Der Begriff **Partnering** umschreibt diese Herausforderung. Dabei wird sich das gesamte Unternehmen als ausgelagerte Abteilung des Kunden verstehen müssen. Einzelne Abteilungen der beiden Unternehmen wie die Logistik, die EDV oder die Lagerhaltung werden eng miteinander kooperieren. Das nachfolgende Beispiel aus der Halbleiterindustrie zeigt die firmenübergreifende Zusammenarbeit bei der Entwicklung neuer Produkte (vgl. Abb. 69)

Dieser Schritt erfordert ein hohes Maß an Vertrauen, da sich Kunde und Lieferant gegenseitig in die Karten schauen. Dazu muss der Lieferant über einen interessanten Marktanteil verfügen (also A-Lieferant sein), um überhaupt als Partner in Frage zu kommen. Der klassische Verkäufer mit tiefen Produktkenntnissen alleine unterläuft die genannten Herausforderung. Stefan Pichler, Bereichsvorstand Vertrieb bei der Lufthansa fordert deshalb: »*Wir brauchen keine Einzelkämpfer mehr. Wir suchen Teamplayer.*« Der Verkäufer muss zum Teammitglied in einem Vertriebs-, Marketing- und Logistiknetzwerk werden. Damit hat der traditionelle Verkäufer, der Einzelverträge mit Einkäufern aushandelt, ausgedient. Der Beziehungsmanager ist auf dem Vormarsch.

2. Konsequenz: Internationale Betreuung: Besonders für die vielen Industriegüterunternehmen wird es immer wichtiger, internationale oder globale (Schlüssel-) Kunden auch tatsächlich international oder global zu betreuen. Insgesamt gibt es weltweit mehr als 44.000 transnationale Unternehmen. Davon sind wiederum ca. 7.000 in Deutschland beheimatet. Auf der internationalen Beschaffungsseite führt dies zu

- zentralen Einkaufsstrukturen,
- verstärkten zentralen Verhandlungen,
- zentralen Kaufabschlüssen für weltweite Lieferungen und Leistungen mit einem weltweit Verantwortlichen.

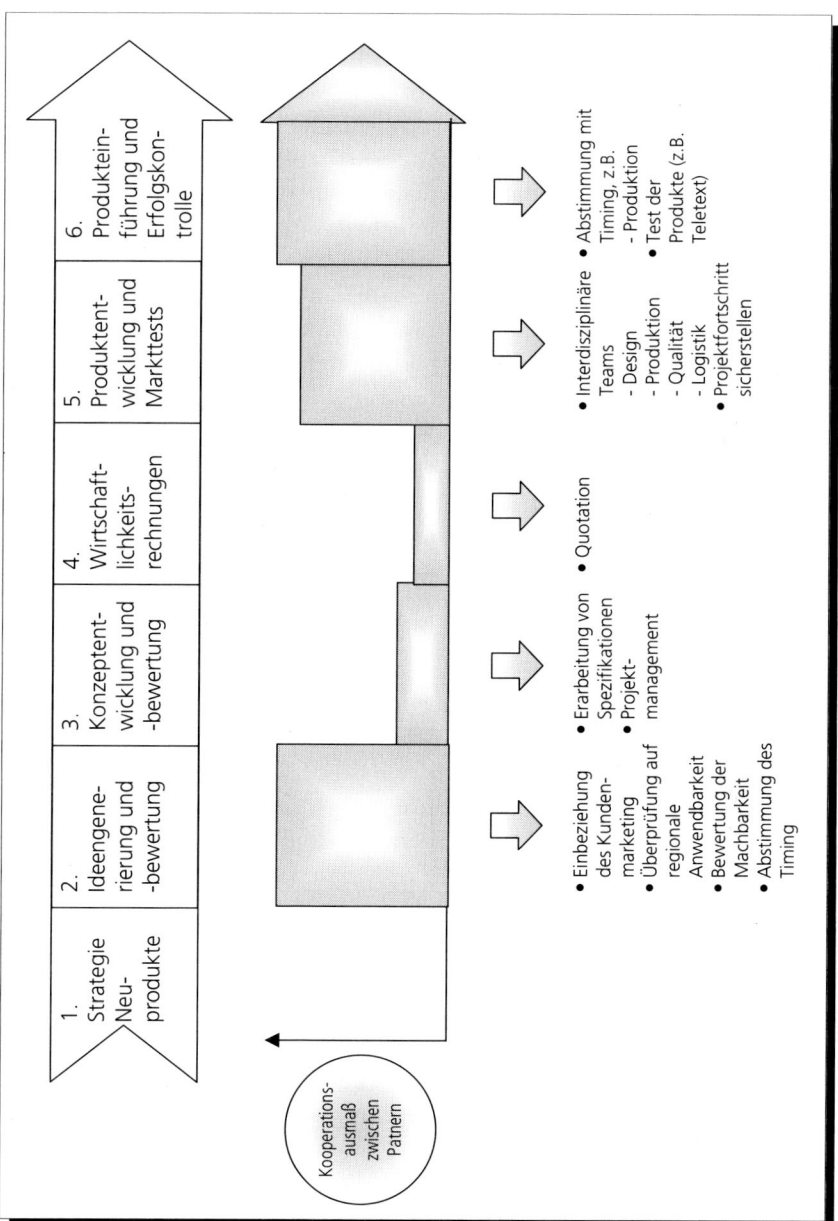

Abb. 69: Beispiel für eine firmenübergreifende Zusammenarbeit

Quelle: Wilhelm Lerner

Diese Erkenntnisse sind keineswegs neu, spätestens seit EURO und Internet-boom sind sie jedoch akut. Mit der Umsetzung bekannter Methoden und Konzepte hapert es in den meisten Branchen, die Konsumgüterindustrie können wir hier außen vorlassen. Die Umsetzung ist allerdings auch beson-ders schwierig, weil die Vertriebseinheiten der verschiedenen Länder mit über Jahre gewachsenen, unterschiedlichen Vertriebskonzeptionen (Steue-rungssysteme, Organisationen) ihre liebgewonnen Freiräume aufgeben müssen. Warum? Die Bündelung aller kundenspezifischen Aufgaben bei **einer organisatorischen Einheit innerhalb der Vertriebsorganisation** ver-teilt die Arbeit neu. Wer sich länderübergreifend am Kunden und an **welt-weiten** Geschäftschancen orientiert, der ersetzt regionales Denken und Handeln. So greifen Key Account-Manager über Ländergrenzen hinweg in die bisherigen Kompetenzen eines lokalen Managers oder so genannten »Länderfürsten« ein. Das wird wiederum als massiver Eingriff in die eigene Länderhoheit interpretiert.

2. Konsequenz: verschärftes Anforderungsprofil für die Vertriebsmitar-beiter: So wird der Umgang mit dem Einkauf für den Vertrieb härter und anspruchsvoller. Die klassischen Einkaufskriterien wie Produktqualität und Preise werden zwar nicht unwichtiger, sind jedoch nur noch Basisvorausset-zung, um im Konzert der Lieferanten mitspielen zu dürfen. »*Standardpro-dukte werden demnächst nur noch über das Internet verkauft*«, war die einheit-liche Meinung in einer Expertenrunde zum Thema Vertrieb 2010. Es gilt, neue Ansprechpartner mit unterschiedlichen Themen zu begeistern. Wie der Lieferant Mehrwert schafft, ist die entscheidende Frage. Verkäufer wer-den zum Wertschöpfungspartner. Netzwerke sind aufzubauen, Kunden auf internationaler Ebene ganzheitlich zu betreuen. Weniger große Kunden werden wichtiger, die Abhängigkeit von ihnen steigt. Folglich nimmt die Komplexität und Konzentration der Vertriebsarbeit zu. In weniger verfüg-barer Zeit gilt es, die »Big Points« zu erzielen. Der einzelne Verkäufer muss sich dazu in die Obhut **internationaler Verkaufsteams** begeben. Diese Teams zu managen und sich als akzeptiertes Mitglied einzubringen, ist äußerst schwierig, da unterschiedliche Kulturen, Sprachen, Interessenlagen und Hintergründe aufeinandertreffen. Francisco Garcia Sanz, Mitglied des Vorstandes bei VW macht deutlich, was das bedeutet: »*Die Bindung zu den*

einzelnen Lieferanten wird enger, aber wir sind kein Harmonieclub, es kommt auf die Leistung an, und wer die nicht bringt, muss gehen. Deshalb haben wir auch immer Alternativen parat. Konkret: nur die Besten werden überleben. Sie erhalten längerfristige Verträge und mehr Sicherheit. Die anderen bleiben außen vor, bei abnehmender Zahl möglicher Kunden weltweit.« Das Gesagte verdeutlicht: Vertriebsmitarbeiter werden noch stärker herausgefordert. In welcher Form zeigt exemplarisch die nachfolgende Abbildung 70.

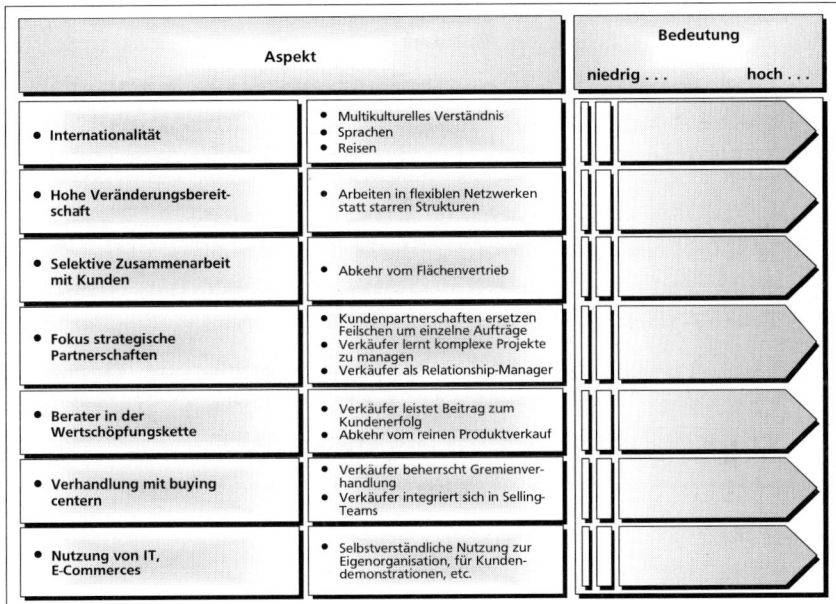

Abb. 70: Das veränderte Kompetenzprofil des Verkäufers 2005

Quelle: Mercuri International

Mitarbeiter mit solchen Profilen am Markt zu finden, ist zur Zeit schwer. Über aufwendige Vertriebsaudits[11] wird im eigenen Unternehmen versucht, die Potenziale der vorhandenen Mitarbeiter zu identifizieren. Der Stellenmarkt für hochkarätige Vertriebsmitarbeiter ist andererseits sehr eng.

---

11 Unter Vertriebsaudit wird hier ein Test verstanden, welche Potenziale Mitarbeiter für die Vertriebsaufgaben der Zukunft besitzen. Mercuri International führt diese Audits inzwischen für viele Kunden durch.

FOKUS

1. **Der Einkauf wird professioneller.** Experten gehen von einer totalen Transparenz der internationalen Beschaffungsmärkte aus.

2. **Gleichzeitig werden Entscheidungsprozesse immer komplexer (Multi Level Selling),** zumal Verkaufen wesentlich stärker auf internationaler Ebene stattfindet.

3. **Der Anspruch an das Verkaufen steigt.** Qualität und strategisches Verkaufen werden stärker gefragt sein als Quantität.

2. Die Rolle der Verkaufsprozesse

Die Konsequenzen des professionellen und internationalen Einkaufs: Die knappen Vertriebsressourcen sind gezielt und sorgfältig einzusetzen, da auf internationaler Ebene Kunden-Lieferantenbeziehungen **äußerst komplex und aufwendig** sind. Je knapper jedoch die verfügbaren Ressourcen, um so wichtiger ist, sie systematisch einzusetzen. So müssen etwa im Business-to-Business-Geschäft neben den Verkäufern, Produktmanager, Logistikexperten, Anwendungs- und Servicetechniker, usw. eingesetzt werden. Gerade den Teams kommt bei der internationalen Key Account-Betreuung eine Schlüsselfunktion zu. Internationale Teams müssen konsequent gesteuert und gemanagt werden. Ansonsten übersteigen die Kosten schnell die geplanten Erträge, einmal abgesehen von möglichen Imageverlusten bei Kunden. **Erfolgsfaktoren** für effizientes und wirkungsvolles Key Account Management sind:

- die Möglichkeit für den Key Account Manager, Einfluss auf die internationalen Kunden ausüben zu können und über Ländergrenzen hinweg Entscheidungs- und Weisungsbefugnis zu haben,

- zentrale Infrastrukturen mit länderübergreifend kompatiblen Informationstechnologien,

- effektive Steuerungssysteme mit kundenorientierten Reporting-, Management- und Entlohnungssystemen.

Der Key Account Manager ist in die internationale Organisation zu integrieren. Er wird so zum zentralen Baustein der Vertriebsorganisation. Dieses Konzept umzusetzen erfordert:

- klar definierte Ziele (Kunden, Produkte),

- Wege und Vorgehensweisen, um die Ziele zu erreichen (Verkaufsprozesse)

- und Erfolgskennziffern, um die Vertriebsaktivitäten zu beobachten (dies ist besonders wichtig, da das Key Account-Geschäft strategisch und damit langfristig ausgelegt ist).

Dabei spielen Verkaufsprozesse zwangsläufig eine wichtige Rolle. Sie helfen

- die unterschiedlichen Wege aufzuzeichnen, um die Key Account-Kunden zielgerichtet zu betreuen,

- das internationale Geschäft und besonders das globale Key Account-Geschäft aufgaben- und teamorientiert zu organisieren,

- Aufgaben- und Anforderungsprofile zu definieren,

- die Steuerungsinstrumente auf die internationalen Belange auszurichten und zu harmonisieren,

- die Informationstechnologie länderübergreifend zu entwickeln oder anzupassen.

Weiterhin lässt sich die Vertriebsarbeit pro Land in Form eines Sales Audits systematisch erfassen und vergleichen. Das wiederum erleichtert es, die Marktbearbeitung zu harmonisieren. Betrachtet man Kunden, die ihre Einkaufsentscheidungen zentral treffen, aus der internationalen Perspektive, verschieben sich wahrscheinlich die erreichbaren Potenziale. Internationale Kunden werden anders segmentiert und betreut werden müssen. Ein nationaler A-Kunde, dessen Potenzial in einem Land bereits weitestgehend ausgeschöpft wurde (relevant in dem Fall ist der **Basis-Verkaufsprozess**), kann international ein B-Kunde mit hohem Potenzial sein (relevant sind jetzt vor allen Dingen die **Ausbauprozesse**). Anderseits kann ein internationaler B-Kunde, national ein C-oder D-Kunde sein. Hier ergeben sich ganz andere Geschäftsmöglichkeiten, die eine nationale Vertriebseinheit systembedingt gar nicht wahrgenommen hätte.

FOKUS

1. **Verkaufen auf internationaler Ebene ist komplex und aufwendig. Umso wichtiger ist es, die knappen Vertriebsressourcen über Verkaufsprozesse zu steuern.**

2. **Auf internationaler Ebene können Kunden eine andere Bedeutung und andere Potenziale haben, als aus der nationalen Perspektive. Verkaufsprozesse machen das transparent.**

3. **Mit Hilfe eines Sales Audits können die unterschiedlichen nationalen Vertriebskonzepte harmonisiert werden.**

V. Das Wesentliche im Rück-Blick

Drei Megatrends fordern den Vertrieb heraus. Wer genau hinsieht, erkennt, dass die Trends nicht wirklich neu sind. Als **wichtig** eingeschätzt wurden sie schon immer, aber nicht unbedingt als **dringend**. Weder E-Commerce, noch der verstärkte Wettbewerb über Konzentration, noch der professionelle, internationale Einkauf sind neue Entwicklungen. Sie zeichnen sich im Gegenteil schon lange ab. Allerdings besitzen **Härtegrad** und **Geschwindigkeit der Trends** eine neue Dimension.

Schon deshalb hat der Vertrieb nicht mehr die Zeit abzuwarten. Die neue Epoche erzeugt eine Dynamik, ... »*als wenn Dampfmaschine, Automobil, Fernseher und Computer innerhalb eines Jahres erfunden worden wären*«. Chronische Zweifler und Zauderer werden sich vor dem Druck der Märkte immer schwerer tun, mit ihren Bedenken den Aufbruch zu blockieren. Verkaufsprozesse helfen, die drei Megatrends zu meistern. So werden die Herausforderungen und Chancen **des E-Commerce** besser erkannt und strukturiert. Start up-Unternehmen können etwa mit Hilfe von Verkaufsprozessen offenlegen, wie sie ihre Zukunft gestalten werden. Das lässt potenzielle Investoren besser in die Zukunftsaussichten der jungen Unternehmen einblicken. **Multi-Channel-Anbieter** erkennen und managen mögliche Überschneidungen der Vertriebskanäle frühzeitig. Weiterhin werden durch Prozesse die Aufgaben identifiziert, die durch das neue Medium Internet übernommen werden können. Insgesamt lässt sich der Vertrieb so produktiver organisieren.

Der zweite wichtige Trend **Fusionen und Kooperationen** fordert zum einen von den Unternehmen ihren Zukunftswert präzise zu beschreiben. Zum zweiten müssen sie bei einem Zusammenschluss mit einem anderen Partner schnell die dabei anfallenden Aufgaben lösen. Ansonsten drohen Verluste im Markt. Kunden warten nicht, bis man sich endlich organisiert hat. Beide Herausforderungen werden anhand von Verkaufsprozessen schneller und damit besser gelöst. Der dritte Trend beschreibt den **professionellen und internationalen Einkauf**. So verschärfen sich die Anforderungen an die Ausrichtung der Vertriebsarbeit, weil die internationale Marktbearbeitung stärker harmonisiert werden muss. Verkaufsprozesse bieten eine einheitliche und nachvollziehbare Plattform diesen Schritt zu gehen. Weiterhin verschärfen sich die Anforderungen an die Mitarbeiter im Vertrieb. Um Profile aufzustellen und Mitarbeiter zu entwickeln, empfiehlt es sich ebenfalls, mit Verkaufsprozessen zu arbeiten. Auf internationaler Ebene wird letztlich alles komplexer und teurer. Auch deshalb gilt es, nachvollziehbar und geordnet zu agieren. Das erleichtert letztlich auch, nationale Zweifler zu überzeugen.

Wer im Vertrieb arbeitet ist zwar daran gewöhnt, dass sich das eigene Management in regelmäßigen Abständen an neuen Organisationsmodellen versucht, die durch Berater entwickelt werden. So mancher erfahrene Außendienstmitarbeiter nimmt die Schlagworte und neuen Trends schon gar nicht mehr ernst: »*Lean Selling, Hybrid Marketing, Cyber Selling, Clienting oder welches Rezept sonst versucht wurde, wir haben sie alle überlebt*«. Mit diesem Selbstverständnis trotzen die Verkäufer seit Jahren allen Veränderungsprozessen. Man hat es gelernt, mit schlechten Nachrichten zurechtzukommen. Immer wieder wurde gerechnet, gedroht und gemahnt. Immer, so zeigte es sich am Ende, ist alles irgendwie gut gegangen. Vor dieser routinierten Auffassung kann nur gewarnt werden. Prozesse werden zum Alltag im Vertrieb gehören (müssen), die Mitarbeiter damit arbeiten (müssen).

Wird durch Verkaufsprozesse nun der letzte Freiraum im Unternehmen »verkauft«, weswegen sich viele Mitarbeiter lange Zeit dort so wohl gefühlt haben und motiviert waren? Geht ein Freiraum verloren, in dem Ideen, Spontaneität, Emotionen, Talente, Überzeugungskraft, Pokern, Fight und am Ende der Kompromiss geschäftsfördernd wirkten (Friedhelm Pälike)?

Eindeutig nein. Dem Vertrieb bleiben genügend Spielräume erhalten, um motiviert zu arbeiten. Auch gilt: »*Die Individualität ist die eigentliche Quelle allen Fortschritts*« (Mahatma Gandhi). Zudem findet der Verkauf zwischen Menschen statt, so dass das »Bauchgefühl« immer einen wichtigen Ausschlag in der Kaufentscheidung bilden wird. Gott sei Dank! Auch wenn sich alles verändert: auch zukünftig wird allein der Markterfolg den jeweiligen Unternehmenswert steigern. Dazu müssen Marktanteile gewonnen und Gewinne verbessert werden. Dazu der Vorstandssprecher der Metro AG, Hans-Joachim Körber mit den Worten: »*Es gibt kein Überleben in Stagnation.*« Schon deshalb wird der persönliche Verkauf immer eine entscheidende Rolle spielen.

Wenn Sie die Zukunft im Verkauf mit Hilfe von Verkaufsprozessen meistern wollen, kommt es jetzt auf Sie an! Denn:

»*In unserer industriellen Wirtschaft gibt es nur einen Unterschied grundsätzlicher Natur zwischen einem Unternehmen und einem anderen, das auf demselben Arbeitsgebiet tätig ist – er liegt in den Menschen.*

Denn die gleichen Rohmaterial-Quellen stehen allen zur Verfügung. Die gleiche

Ausstattung wird jedem geliefert, der sie sich kaufen kann. Der technische Höchst-Standard ist ganz allgemein eine Sache, die jeder im betreffenden Industriezweig kennt. Auch die gleichen Märkte sind gegeben, auf denen man sich der gleichen Mittel und Wege bedient. Die gleichen Kapitalien werden jenen zur Verfügung gestellt, die sich dafür zu qualifizieren vermögen.

Alle diese Möglichkeiten stehen eben jedem offen, und man kann auch sagen, zu den ungefähr gleichen Bedingungen.

Der einzige größere Unterschied liegt in den Menschen!« (Sloan)

Glossar

Aktive Verkaufszeit
Der Teil der knappen Arbeitszeit, den ein Verkäufer im direkten Kundenkontakt, also persönlich mit dem Kunden oder am Telefon, verbringt. Wird mit AVZ abgekürzt.

Ausbau-Verkaufsprozesse
Eine Marktposition soll aktiv ausgebaut werden. Dazu bestehen vier Möglichkeiten: es werden dem Kunden neue und/oder andere Produkte verkauft, der Lieferanteil der bereits eingesetzten Produkte wird ausgebaut, die Verwendungshäufigkeit wird erhöht oder neue Kunden werden hinzugewonnen.

Ausbau-Verkaufsprozess Cross Selling
Kunden mit Potenzialen sollen zusätzliche Produkte kaufen, die sie bisher noch nicht verwenden. Das können aktuelle oder aber neue Produkte sein.

Ausbau-Verkaufsprozess Erhöhung des Lieferanteils
Kunden mit noch nicht ausreichend »abgeschöpften« Potenzialen sollen mehr der bereits eingesetzten oder verbrauchten Produkte kaufen. Also müssen vom Wettbewerb Kunden hinzugewonnen werden.

Ausbau-Verkaufsprozess Erhöhung der Verwendungshäufigkeit
Kunden decken bei dem Lieferanten bereits 100% des bisherigen Verbrauchs ab. Der Anbieter versucht den Kunden davon zu überzeugen, von dem bestehenden Produkt mehr zu verwenden oder auf Lager zu legen (also den Bedarf vorzuverlegen).

Ausbau-Verkaufsprozess Neukundengewinnung
Neue Kunden (mit hohem Potenzial oder gutem Image) sollen von dem Nutzen der Leistungen des Lieferanten überzeugt werden und sie kaufen.

Balanced Scorecard
Hilft den Zukunftswert eines Unternehmens besser einzuschätzen. Spielt bei Unternehmensbewertungen daher eine zunehmend wichtigere Rolle. Verkaufsprozesse sind ein Teil einer Balanced Scorecard und liefern Erkenntnisse zu den Ursache-Wirkungszusammenhängen.

»Black Box«
In vielen Unternehmen weiß keiner so genau, warum der Vertrieb erfolgreich oder auch nicht so erfolgreich ist. Dieses Phänomen wir mit einer »Black Box« verglichen.

Basis-Verkaufsprozess
Kunden mit hoher Ausschöpfung und vielen genutzten Produkten sollen gehalten bzw. stabilisiert werden.

E-Commerce
Zauberwort für die Volkswirtschaften, junge Unternehmer und bedrohlich für die Etablierten. Beschreibt Geschäfte im Internet.

Erfolgskennziffern
Verdeutlichen Leistungstreiber und Leistungsverhinderer. Außerdem erklären sie, wie erfolgreich einzelne Verkaufsaktivitäten abgeschlossen wurden.

Ergebnisse
Sind am Ende eines Prozesses die logische Folge der einzelnen Teiletappen. Verdienter Lohn oder gerechte Strafe für die richtige oder aber mangelnde Qualität, die Quantität und die Richtung der Vertriebsarbeit.

Fusionen

Finden zur Zeit überall statt (Fusionitis). Zwei Unternehmen schließen sich. Verkaufsprozesse helfen, schnell und nachvollziehbar zu integrieren.

Kapazitäten

Können mit Hilfe von Verkaufsprozessen exakt geplant und gesteuert werden.

Organigramm-Analyse

Ein Instrument, das hilft wichtige Kunden zu durchleuchten und die Qualität der eigenen Kontakte zu analysieren. Wird vor allen Dingen bei Basis-Verkaufsprozessen eingesetzt.

Push- und Pull-Strategie

Bei der Push-Strategie hat der Kunde bereits einen Bedarf für bestimmte Produkte bzw. er setzt sie bereits ein, oder er könnte einen regelmäßigen Bedarf entwickeln. Somit wird der Kunde aktiv auf seinen Bedarf angesprochen. Bei der Pull-Strategie versucht der Verkäufer Anlässe anzubieten, die das Interesse des Kunden wecken. Im Bedarfsfall spricht der Kunde dann den Verkäufer an.

QQR

Um die gewünschten Ergebnisse einer Strategie zu produzieren, steuert die Führungskraft die Aktivitäten seiner Mannschaft. Dazu stehen drei Parameter zur Verfügung:
Quantität: purer Fleiss, ausgedrückt durch eine Anzahl an Aktivitäten
Qualität: das Richtige tun (also effizient sein)Richtung: Fischen, wo Fische sind. Es hat keinen Sinn, wenn man fleißig ist und gut arbeitet, aber in die falsche Richtung rennt, sprich, mit den falschen Kunden und Ansprechpartnern spricht.

Sales Audit

Methode, um Ergebnisse und Vorgehensweisen im Vertrieb zu analysieren, Abweichungen zu den Zielen zu identifizieren, die Konsequenzen aktueller Vorgehensweisen zu beschreiben und zu ordnen.

Sales Lead Time

Bezeichnet die Zeit vom ersten Kontakt zum Kunden bis zum ersten Auftrag. Wer sie kennt, weiß, dass oft genug Geduld angesagt ist. Wer sie nicht kennt, glaubt, ein erfolgreiches Verkaufsgespräch muss zwangsläufig mit Umsätzen verbunden sein.

Sales Process Training

Unterstützt die Mitarbeiter dabei, ihre Verkaufsprozesse erfolgreich zu meistern. Im Gegensatz zu traditionellen Trainings, die sich ausschließlich auf das Verhalten der Mitarbeiter konzentrieren.

Stabilitätsanalyse

Bewertet die Kundenbeziehung. Macht transparent, an welchen Stellen Gefahrenpotenziale durch Wettbewerber lauern. Besonders zu empfehlen bei den wichtigen Kunden.

Verkaufsprozesse

Beschreiben eine Serie von Arbeitsschritten, die erforderlich ist, um zu verkaufen. Das Verkaufen selber wiederum ist so komplex, dass unterschiedliche Vorgehensweisen erforderlich sind. Sie werden durch 5 Verkaufsprozesse typologisiert.

Verkaufsaktivitäten

Der Begriff steht stellvertretend für alle verkäuferischen Aktionen wie Kundenbesuche/-verhandlungen, Telefonate, Erstellung von Angeboten, Präsentationen oder auch Marktanalysen. Art und Umfang der Aktivitäten werden so erfasst.

Zeitbedarf

Erforderliche Zeit, um einen Verkaufsprozess abzuschließen. Im B-to-B-Bereich sind dazu bis zu zwei oder drei Jahre möglich.

Literaturverzeichnis

Albers, S.; Hassmann, V.; u.a.: Verkauf, Kundenmanagement, Vertriebssteuerung, E-Commerce. Wiesbaden 1999.

Backhaus, K.: Industriegütermarketing , 4. Auflage, München 1997.

Backhaus, K.; Bonus, H.: Die Beschleunigungsfalle oder der Triumph der Schildkröte, Stuttgart 1994.

Backhaus, K.; Büschken, J.; Voeth: Internationales Marketing, Stuttgart, 2. Aufl. 1998.

Becker, J.: Vertrieb in den Zeiten des E-Commerce. In: Technischer Vertrieb, März 99, S. 26 ff.

Belz, Chr.; Reinhold, M.: Internationaler Industrievertrieb, St. Gallen 1999.

Belz, Chr.; Schuh, G.; Groos, S.A.; Reinecke, S.: Industrie als Dienstleister St. Gallen 1999.

Belz, Chr.; Bußmann, W.: Szenarien für den Vertrieb 2005 – Verkaufen im 21. Jahrhundert, St. Gallen 1999.

Belz, Chr.; Tomczak, T. (Hrsg.): Best Practise im Marketing, Empirische Erfolgsstudie zum aufgabenorientierten Ansatz. Forschungsinstitut für Absatz und Handel an der Universität St. Gallen: Thexis-Verlag 1998.

Belz, Chr.; Tomczak, T. (Hrsg.): Die Implementierung globaler Marketing-Strategien in Investitionsgüterunternehmen. Ergebnisse einer explorativen Untersuchung. Forschungsinstitut für Absatz und Handel an der Universität St. Gallen: Thexis-Verlag 1999.

Bunk, B.: Produktneueinführung in Gebrauchsgütermärkten – Votum für ein Tempolimit, absatzwirtschaft 11/98, S. 50–53.

Bußmann, W.: Lean Selling, 2. Auflage, Landsberg /Lech 1995.

Bußmann, W.: Rutschke, K.: Team Selling – Gemeinsam zu neuen Vertriebserfolgen, Landsberg /Lech 1996.

Bußmann, W.: Der Verkäufer wird zum strategischen Berater. In: acquisa 10/99.

The Boston Consulting Group: »Mission Critical: Mobilizing for Business-to-Business E-Commerce«; 2/2000.

Brunowsky, R.-D.: Internet-Firmen ohne Substanz? Capital 1/2 2000, S. 258.

Cole, T.: Erfolgsfaktor Internet. Warum kein Unternehmen ohne Vernetzung überleben wird. Düsseldorf, München 1999.

Dannenberg, H.: Vertriebsmarketing – Wie Strategien laufen lernen, 3. Auflage, Neuwied/Kriftel/Berlin 1997.

Diez, W.: Wenn das Internet als Verkäufer arbeitet. Mit dem Netz lassen sich Kosten im Verkauf erheblich senken – das Neuwagengeschäft illustriert es. In: HARVARD BUSINESS manager 1/2000, S. 22–29.

Doppler, K.; Lautenberg, Chr.: Change Management, 3. Auflage Frankfurt/New York 1994.

Drosten, M.; Hessler, A.: Marktplatz Internet: Supply Chain neu ausrichten, in: absatzwirtschaft, 12/99, S. 44 ff.

Ehret, M.: Business-to-Business-Märkte: Das Entwicklungslabor für den E-Commerce. In: Technischer Vertrieb, März 1/99, S. 8 ff.

Fischer, G.; Risch S.: Wo bitte geht's zum Kunden? In: manager magazin, Juli 1999, S. 164 ff.

Giersberg, G.: Von der grauen Maus im Unternehmen zum Pionier im Internet. Das Berufsbild und das Image des Einkäufers wandelt sich. In der FAZ, 22. Januar 1999.

Gouillart, F. J.; Kelly, J. N.: Business Transformation, Wien 1995.

Gronwald, S.; Rust, H.; Schmalholz, C.G.: Von draußen nach oben. In: manager magazin, 8/99, S. 137 ff.

Guggenberger, B.: Das digitale Nirvana, 1997.

Hammer, M.: Das Prozessorientierte Unternehmen, Frankfurt 1997.

Hanser, P.: Vertriebsorganisationen in Deutschland – Noch nicht in Bestform, in: absatzwirtschaft, Nr. 10, 1997, S. 35 –42.

Hanser, P.: High Speed Vertrieb, Die Kraft der Umsetzung, Ergebnisse der asw-Vertriebsumfrage '99, in: Absatzwirtschaft, Nr. 10/1999, S. 58–58–66.

Hanser, P.: Mit Wissen wachsen. Balanced Scorecard »Spielkarte für Strategen«, in: absatzwirtschaft, Nr. 1/1999, S. 34–36.

Huckemann, M; ter Weiler, D.: Messen Meßbar Machen – Die 5 trojanischen Pferde des Messe-Marketing, 2. Auflage, Neuwied/Kriftel/Berlin 1999.

Huckemann, M; Dinges, A.: Euro-Preis-Marketing – Wie Sie mit der richtigen Preisstrategie gewinnen, Neuwied/Kriftel/Berlin 1998.

Kalakota, R.; Whinston, A. B.: Electronic Commerce, A manager's guide, Massachusetts 1997.

Kaplan, Robert S.; Norton, David P.: Balanced Scorecard: Strategien erfolgreich umsetzen. Stuttgart 1997.

Kram, E.-S.: Goldene Zukunft für Verkäufer. In: Sales Profi 2/2000, S. 8 ff.

Krause, J.: Electronic Commerce und Online-Marketing, Chancen, Risiken und Strategien. München, Wien 1999.

Krause, J.: Praxishandbuch Electronic Commerce: Installation und Einrichtung professioneller Online-Shops am Beispiel von Internetshop 3.0. München, Wien 1999.

Kreikebaum, H.: Organisationsmanagement internationaler Unternehmen, Wiesbaden 1998.

Kulessa, V.; Frank, Chr.; Stangl, R.: Internationales Key Account Management in der Investitionsgüterindustrie – am Beispiel IBM. In: Thexis 4, 1999, S. 18 ff.

Machatschke, M.: Fusionitis ohne Heilung. In: DIE WELT, 27. 11. 1998.

Machatschke, M.: Drang zur Größe. In: DIE WELT, 8. 5. 1998

Mei-Pochler, A.; Rasch, Rasch, St.: E-Commerce in Deutschland: Vom Goldrausch zur Goldgewinnung, München 1999.

Marzian, S.: Der Vertrieb ist tot . . . es lebe das Market-Engineering! In: absatzwirtschaft, 10/99, S. 74–76.

Müller, E.; Preissner, A.: Ihre Chancen im Cyperspace. manager magazin 2/2000, S. 141 ff.

o. V.: Management-Szenarien 2005, hrsg. Christian Belz und Wolfgang Bußmann

o. V.: Außendienstbewertung in der Praxis. In: Verkaufsleiter Service, 6. November 1999, S. 2 ff.

o. V.: Internet 2001 – das Jahr mit dem virtuellen Kundenkontakt. In: absatzwirtschaft 1-2/2000, S. 117 ff.

Probst, G.; Raub, St.; Romhardt, K.: Wissen Managen. Wie Unternehmen ihre wertvollste Ressource optimal nutzen. Frankfurt 1999.

Ribbentrop, D.; Würtenberger, L.; Boos, P.: Die Online-Revolution. In: Der Spiegel, 3/2000, S. 91 ff.

Rohner, K.: Der Internet-Guide für Manager. Neue Chancen nutzen, wertvolle Informationen sammeln, Produkte und Dienstleistungen optimal vermarkten, Landsberg/Lech 1977.

Sattelberger: Wissenskapitalisten oder Söldner? Wiesbaden 1999.

Schebach, J.: Leben im 21. Jahrhundert. Wie man in Zukunft Karriere macht. Düsseldorf; München 1997.

Schröder, E. F.: Stagnierende Märkte als Chance erkennen und nutzen – Konzepte, Führung, Steuerung, Landsberg/Lech 1988.

Schumacher C.; Schwartz, R.; Stadler, R.: Eroberer einer neuen Welt. Topunternehmen suchen ihre Strategie für das globale Zeitalter. In: Focus 14/1999, S. 234 ff.

Seiler, A.: Marketing – erfolgreiche Umsetzung in die Praxis, 3. Auflage, Zürich und Wiesbaden 1995.

Sharpio, C.; Varian, H.: Information Rules: A Strategic Guide to the Network Economy. Boston/Ma. (Harvard Business School Press) 1999.

Simon, H.: Kollision der Kulturen. In manager magazin, Juni 1999, S. 96 ff.

Stippel, P.: Trends und Visionen: Was planen Marketing- und Vertriebschefs für das Jahr 2000? In: absatzwirtschaft 9/99, S. 30 ff.

Tomczak, T.; Reinecke, S. (Hrsg.): Best Practise in Marketing – Erfolgsbeispiele zu den vier Kernaufgaben im Marketing, St. Gallen/Wien 1998.

Tusch, R.: Jede Verbesserung führt zunächst zu einem Rückschritt. Was können Deutschlands Verkäufer von den Skispringern der Weltelite lernen? In: absatzwirtschaft 12/99, S. 30.

Winkelmann, P.: Innovatives Außendienst-Management, Verlag Norbert Müller 1999.

Wolf, J. ; Tusch, R.: Skisprung und Nordische Kombination, Rahmentrainingsplan. Schriftenreihe des Deutschen Skiverbandes, Heft 31. Graefeling 1997.

Yergien, D.; Stanislaw, J.: Staat oder Markt, 1998.

Zahn, E.: Vertrieb und Verkauf 2000, Zahlen, Fakten, Trends, Norbert Müller Verlag, München, Zürich Dallas 1997.

Zerdick, A.; Picot, A.; Schrape, K.: Strategien für die digitale Wirtschaft. Berlin et al. 1999.

Autoren-Kurzbiografie

Wolfgang F. Bußmann

Diplom-Kaufmann, ist CEO der Mercuri International Group und Autor verschiedener Bücher zum Verkaufsmanagement (u. a. Lean Selling, Team Selling, Vertriebsszenarien 2005). Seine weiteren beruflichen Stationen: 3M und Gemini-Consulting.

Holger Dannenberg

Diplom-Kaufmann, Geschäftsführer Mercuri International Deutschland GmbH, Meerbusch

Holger Dannenberg absolvierte sein Betriebswirtschaftsstudium an der Universität Münster. Beim Unilever-Konzern war er in verschiedenen Absatzfunktionen tätig, bevor er als Geschäftsführender Gesellschafter ein bundesweit erfolgreich tätiges Kfz-Dienstleistungsunternehmen gründete.

Seit 1989 ist Holger Dannenberg Partner der Unternehmensberatung Mercuri International und berät mit seinem Team namhafte Unternehmen aller Branchen bei der Umsetzung von Marketingstrategien im Vertrieb.

Er ist Autor des Fachbuches »Vertriebsmarketing – Wie Strategien laufen lernen«, das inzwischen in 3. Auflage in Deutsch und in Holländisch erhältlich ist.

Dr. Matthias Huckemann

Diplom-Kaufmann, Partner Mercuri International Deutschland GmbH, Meerbusch

Dr. Matthias Huckemann ist seit 1987 Mitarbeiter und seit 1992 Partner der Unternehmensberatung Mercuri International Deutschland GmbH. Er arbeitet zur Zeit u. a. mit den Unternehmen Dresdner Bank, Henkel, 3M, ARAG und Hüls Degussa zusammen.

Er ist Autor der Fachbücher »Messen Meßbar Machen« (2. Auflage) und »Euro-Preis-Marketing«, das er zusammen mit Andreas Dinges von der 3M geschrieben hat.

Martin Hundgeburth

Diplom-Kaufmann, Partner Mercuri International Deutschland GmbH, Meerbusch

Martin Hundgeburth fokussierte nach dem Betriebswirtschaftsstudium in Köln seinen beruflichen Weg mit dem Start bei Wilkinson Sword frühzeitig auf Marketing und Vertriebsaufgaben. Im Rahmen der Zugehörigkeit zu einem bundesweit führenden Dienstleistungsunternehmen stand dann der Aufbau von Vertriebsniederlassungen sowie die Geschäftsführung einer Tochtergesellschaft im Bereich Consumergoods im Vordergrund. Die Aufgabe der kaufmännischen Leitung der Muttergesellschaft folgte. Seit 1996 gehört Martin Hundgeburth als Partner zur Unternehmensberatung Mercuri International.

Schwerpunkte seiner umsetzungsorientierten Vertriebsprojekte sind namhafte Kunden der Markenartikel- und Automobilindustrie sowie Dienstleistungsunternehmen.

Kontakt zu den Autoren:

Mercuri International Deutschland GmbH
Theodor-Hellmich-Straße 8
40667 Meerbusch
Tel: (49) 21 32 / 93 06-0
Fax: (49) 21 32 / 29 81
e-Mail: mercuri@mercuri-international.de
Internet: www.mercuri-international.de

Stichwortverzeichnis